Let's get to know
Ancient Egypt

神秘のミステリー！
文明の謎に迫る

古代エジプトの教科書

河江肖剰［監修］

ナツメ社

はじめに

古代エジプトを包括的に扱う本はこれまでにも多々刊行されている。個人的に好きなのは、イアン・ショーとポール・ニコルソンの『大英博物館　古代エジプト百科事典』（1997年）だ。この本には当時の最新情報が簡潔にまとめられた600に及ぶ見出し語と、それぞれの項目には主だった参考文献が記載されている初学者向けの良書といえる。ただこれはその名の通り事典であるため写真やイラストも限られており、一般的な読み物として楽しめるものではない。英語ではCompleteシリーズとして知られている『図説 王家の谷百科』（1998年）、『図説 ピラミッド大百科』（2000年）、『古代エジプト神殿大百科』（2002年）、『古代エジプト神々大百科』（2004年）、『古代エジプト都市百科』（2015年）など、テーマ別の詳しい書籍の翻訳本も、日本のエジプト学者たちの尽力によって刊行されている。さらに最近では、最新研究が反映された『古代エジプト全史』（2021年）も出版された。詳しくは巻末の参考文献を見てほしい。

今回の本は、そういった書籍を参考にしながら、3名のライターがテーマ別に、写真

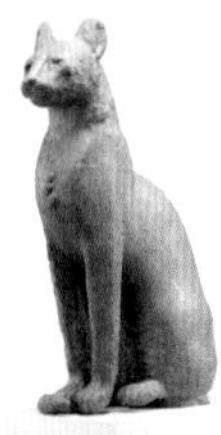

やイラストをふんだんに使い、古代エジプトのわかりやすい入門書としてコンパクトにまとめたものだ。内容は「歴史と王（ファラオ）」、「神々と死生観」、「ピラミッド」、「王家の谷」、「神殿」、「暮らし」と六つの章に分かれており、監修者が行っているギザのピラミッドの3D計測調査や、物議を醸したツタンカーメン王墓にあるのではないかと推測された部屋の仮説など、アップデートされた様々な研究成果もできる限り反映した。

2022年は、ツタンカーメン王墓発見100周年（1922年）、ヒエログリフ解読200周年（1822年）と、エジプト学にとって記念すべき年だった。この200年を振り返ると、これまでは欧米の研究者中心で発掘調査が進んでいたものが、現在は日本の研究者も加わり、さらに現地のエジプト人考古学者の活躍も著しい。古代エジプト文明についての研究手法も日進月歩で進んでおり、古ゲノム学、宇宙線ミューオンによる透視、古環境研究などを用いた分野横断型の調査が行われている。古代エジプト文明はこれまで以上に多種多様な観点から楽しむことができる。この本が、異なる興味をもつ、多くの読者の古代エジプトへの「入口」として読んで頂ければ嬉しく思う。

河江肖剰

目次

2 はじめに

プロローグ

古代エジプトことはじめ

10 基礎を知ろう!
古代エジプトの地理的範囲と風土

14 世界と比較!
古代エジプトの時代

16 学問の歴史
エジプト学とは?

1章 古代エジプトの歴史と王（ファラオ）

22 歴史の基礎知識
古代エジプトの時代区分

24 王の存在意義
ファラオとは何者か?

30 時代の変遷をたどる
古代エジプト史と主な王

第1王朝 ナルメル …… 30
第3王朝 ジェセル（ネチェリケト） …… 32
第4王朝 クフ／カフラー／メンカウラー …… 34
第11王朝 メンチュヘテプ2世 …… 36
第18王朝 ハトシェプスト …… 38
第18王朝 トトメス3世 …… 41
第18王朝 アメンヘテプ3世 …… 42
第18王朝 アクエンアテン（アメンヘテプ4世） …… 44
第19王朝 ラメセス2世 …… 46
第22王朝 シェションク1世 …… 49
プトレマイオス朝 クレオパトラ7世 …… 50

2章 古代エジプトの神々と死生観

52 古代エジプトの宗教と神々の特徴
54 古代エジプトの創世神話
56 主な古代エジプトの神々図鑑

❶太陽神
アメン …… 56
ラー …… 57
アテン …… 57

❷ヘリオポリス創世神話の神
アトゥム …… 58
テフヌト …… 58
シュー／ゲブ／ヌト …… 59
オシリス …… 60
イシス …… 61
ネフティス …… 61
セト …… 62

❸動物・昆虫の姿の神
ホルス …… 63
バステト …… 64
アヌビス …… 65
トト …… 66
セベク …… 66
ケプリ …… 67
クヌム …… 67
ハトホル …… 68

❹人間の姿の神
プタハ …… 69
ベス …… 69

70 古代エジプトの死生観
72 葬送文書
78 ミイラづくりと葬儀
82 素材も形も様々
護符カタログ

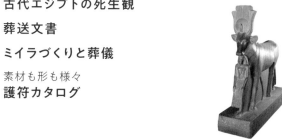

3章

王の埋葬施設❶ ピラミッドに迫る

84 ピラミッドの歴史

86 ピラミッドの場所と形状

88 ピラミッドは複合施設

90 ピラミッドの建設方法

96 ギザの三大ピラミッドに迫る

クフの大ピラミッド …… 98

カフラーのピラミッド …… 104

メンカウラーのピラミッド …… 108

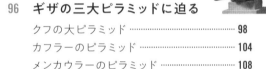

110 大スフィンクス史ビジュアル総覧

112 謎の建造物大スフィンクスとは?

116 ピラミッド・タウンの生活

120 その他のピラミッド

ジェセルの階段ピラミッド …… 120

スネフェルのピラミッド …… 122

第5王朝の太陽神殿 …… 124

センウセレト2世のピラミッド …… 125

アメンエムハト3世の黒のピラミッド …… 126

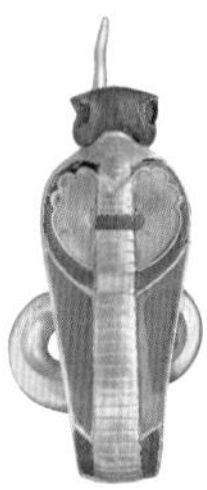

4
章

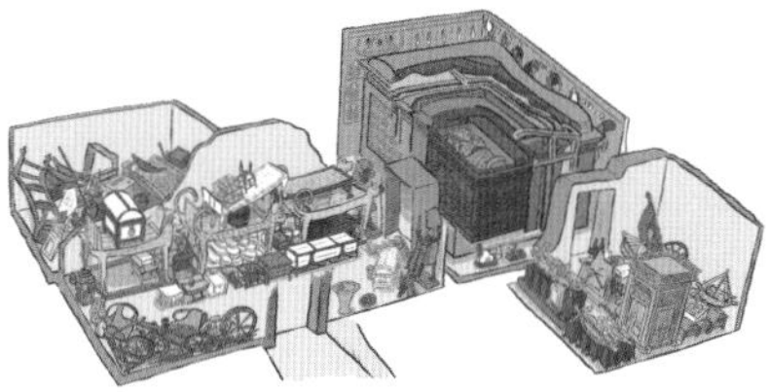

王の埋葬施設❷ 王家の谷

128 王家の谷とは?

130 歴史的大発見 ツタンカーメンの墓

136 その他の王家の谷の王墓

KV34・第18王朝 トトメス3世 …… 136

KV17・第19王朝 セティ1世 …… 138

KV9・第20王朝 ラメセス6世 …… 140

QV66・第19王朝 ネフェルトイリ …… 144

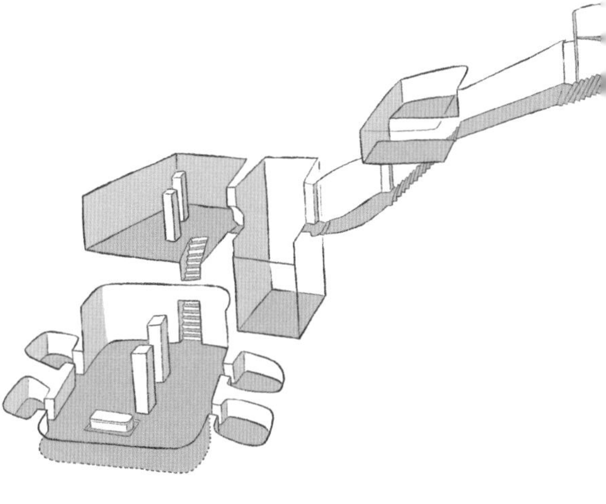

5章 古代エジプトの神殿

146 神殿とは?
148 神殿の祭礼
150 神殿ができるまで
152 新王国の神殿の基本構造
154 主な神殿を徹底解説
カルナク神殿 …… 154
ルクソール神殿 …… 158
ハトシェプスト女王葬祭神殿 …… 160
ラメセウム …… 162
アブ・シンベル神殿 …… 164
エドフのホルス神殿 …… 168

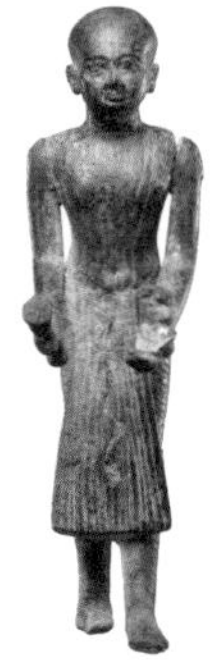

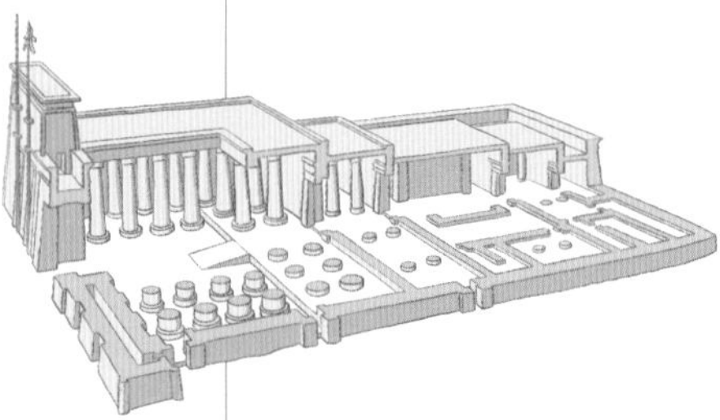

6章

古代エジプト人の暮らし

170 古代エジプト人の一生
172 古代エジプトの職業図鑑
178 古代エジプトの農業
182 古代エジプト人の食生活
186 古代エジプト人のファッション
古代エジプトの衣服の着方 …… 188
194 古代エジプト人のヘアスタイル
196 古代エジプト人の住居
198 古代エジプト人の娯楽
200 古代エジプトにいた動物
202 索引
207 参考文献

写真協力:河江肖剰、アフロ、メトロポリタン美術館、PIXTA

p35: Rogers Fund and Edward S. Harkness Gift, 1920／p61: Purchase, Lila Acheson Wallace Gift, 1991／p52,p64: Gift of Darius Ogden Mills, 1904／p64: Purchase, Edward S. Harkness Gift, 1926／p77: Rogers Fund, 1944／p78: Gift of Theodore M. Davis, 1909／p79: Rogers Fund, 1928／Gift of James Douglas, 1890／Gift of Mrs. Frederick F. Thompson, 1915／Gift of Darius Ogden Mills, 1904／p82: Gift of J. Pierpont Morgan, 1917／Bequest of Mary Anna Palmer Draper, 1915／Gift of Norbert Schimmel Trust, 1989／Gift of Helen Miller Gould, 1910／The Cesnola Collection, Purchased by subscription, 1874–76／Gift of Mr. and Mrs. V. Everit Macy, 1923／Gift of J. Pierpont Morgan, 1917／Rogers Fund, 1944／Rogers Fund and Edward S. Harkness Gift, 1922／The Cesnola Collection, Purchased by subscription, 1874–76／Bequest of Mary Anna Palmer Draper, 1915／Gift of Egypt Exploration Fund, 1900／p110: Gilman Collection, Purchase, William Talbott Hillman Foundation Gift, 2005／p112: Bequest of William H. Herriman, 1920／Rogers Fund, 1931／p149: Edith Perry Chapman Fund, 1947／p172,194: Rogers Fund, 1926／p183: Gift of Ernst E. Kofler, 1961／p190: Funds from various donors, 1886／p192: Gift of J. Pierpont Morgan, 1912／Fletcher Fund, 1922／Gift of Helen Miller Gould, 1910／Purchase, Edward S. Harkness Gift, 1926／p194: Rogers Fund, 1926／Bequest of Nanette B. Kelekian, 2020／Rogers Fund, 1911／Rogers Fund, 1930／p197: Rogers Fund, 1919／p198: Rogers Fund, 1916

基礎を知ろう!

古代エジプトの地理的範囲と風土

国土の多くを砂漠が占める古代エジプトの大地は、
ナイル川の自然現象により豊かで多様な環境であった。

古代エジプトの周辺環境

アフリカ大陸の北東端に位置し、陸部の北東をアジア、西をリビア、南をスーダン、さらに地中海と紅海の二つの海洋に面するエジプトは、古くから海とナイル川を交通手段として、多くの人や商品が行き交う土地であった。

同じナイル流域でありながら文化的に距離のあったヌビアとは古王国時代から交易が行われ、エジプト産のオイルや布がヌビア産の黒檀(こくだん)や乳香(にゅうこう)に交換された。また、紅海北端のシナイ半島から採掘された銅やトルコ石は装身具や彫像などの資材としてエジプトに運び込まれた。活発な交易の一方、砂漠と狭い渓谷からなる地形が防壁となり、外部からの侵入を阻んだ。

大いなる緑

w3ḏ-wr

アレクサンドリアの海岸風景。エジプト北部には地中海の海が広がる。諸説あるが、古代エジプトでは地中海のことを〈大いなる緑〉と呼んだ。

古代エジプトの南端アスワンを流れるナイル川。

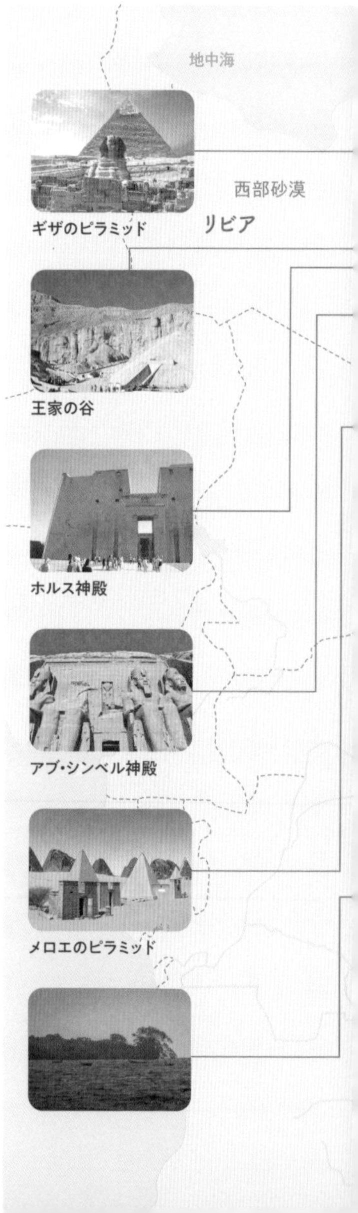

歴史の父・ヘロドトス

紀元前5世紀頃のエジプトを旅し、伝聞記録を著した古代ギリシャの歴史家。有名なナイル川に関する言葉は、ナイル川によるエジプトの繁栄を表すものとして広まっているが、実際にはデルタ地域について述べたものである。

「エジプトはナイルの賜物」

× ナイル川の水のおかげで古代エジプトは繁栄した

○ ナイル川の堆積作用でナイルデルタ(三角州)がつくられた

ナイル川とエジプト

国土を南北に縦断するナイル川は、エチオピアのタナ湖源流の青ナイルとウガンダのヴィクトリア湖源流の白ナイルの二つの支流からなり、スーダンの首都カルトゥームで合流した後、ヌビア渓谷を超えてエジプトに到達する。水と豊穣をもたらすナイル川は、国土の9割を砂漠が占めるエジプトの生命線である。

1970年にアスワン・ハイダムが建設されるまで、ナイル川は毎夏に氾濫(はんらん)し、肥沃(ひよく)な土を流域に堆積した。豊かな土壌がもたらす農耕の発展は古代エジプトの経済的基盤となった。ナイル川の氾濫(はんらん)サイクルは古代エジプトの暮らしに密接に関わり、1年はアケト〈増水季〉、ペレト〈播種(はしゅ)季〉、シェムウ〈収穫季〉の三つの季節に分けられていた(p.178)。

カイロの街を流れるナイル川。

エジプトの砂漠の風景。

古代エジプトの国土

古代エジプトの国土は、ナイル川下流のデルタ地帯・下エジプトとナイル川上流の渓谷地帯・上エジプトの二つに大別される。渓谷が連なる上エジプトと緑地が広がる下エジプトは、環境や景観が異なり、別の文化体系を有していた。また、古代エジプトの人々は、ナイルの氾濫によって緑に覆われた河谷をケメト〈黒い大地〉、過酷な砂漠地帯をデシェレト〈赤い砂漠〉と呼んだ。人々にとって養分と真水を含んだ黒い大地は生命の源であり、砂漠の赤土は死を象徴した。

赤い砂漠　　黒い大地

ナイルがもたらす豊穣を享受する人々は自分たちをレメチュ・エン・ケメト〈黒い大地の民〉と呼んだ。破壊と再生を繰り返すナイルと対照的な南北の景観は、古代エジプト人の死生観に大きな影響を及ぼした。

上下エジプトの違い

上エジプト〈タ・シェマウ〉

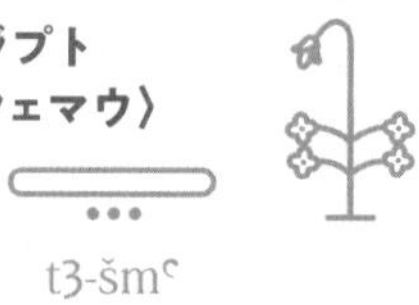

葦の土地。王冠はヘジェトと呼ばれる白色の冠でハゲワシの女神ネクベトが守護神。ロータス（ハス）は上エジプトを象徴する植物とされた。エジプト語でタ・シェマウといい、「国」と「ロータス」のヒエログリフで表された。

下エジプト〈タ・メフウ〉

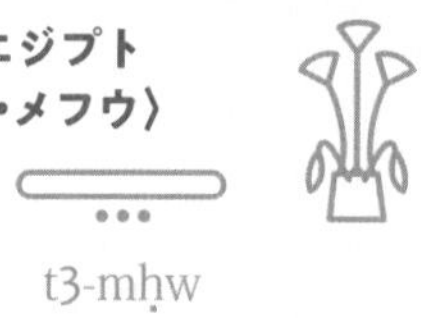

パピルスの土地。湿地帯に群生するパピルスは、下エジプトの象徴。王冠はディシュレトと呼ばれる赤冠で、コブラのウアジェト女神が守護神。エジプト語でタ・メフウといい、「国」と「パピルス」のヒエログリフで表された。

古代エジプトの地域区分とノモス

上下エジプトには、州や県に相当する行政区分ノモスがあり、上エジプトには22、下エジプトには20のノモスが存在した。各ノモスに行政の中心地があり、王に任命された州候によってそれぞれ管理されていた。先王朝時代にはノモスのシステムがある程度確立されており、租税として徴収された余剰穀物は中央に集められ、神官や職人への支給、パンやビールの製造、オイルや布との交換にあてられたほか、労働対価の支払いや飢饉用の備蓄として国民に再分配された。ノモスの中心地には、地域で信仰される神を祀る神殿があり、その神の名がノモス名や標章に採用されていた。

上下エジプトとノモス

下エジプトのノモスの標章

1 白い壁
2 前肢
3 西方
4 南の楯
5 北の楯
6 山の雄牛
7 西の銛
8 東の銛
9 アンジェティ
10 黒い雄牛
11 雄牛の勘定
12 子牛と雌牛
13 繁栄する笏
14 東方の第一のもの
15 トキ
16 魚
17 ベフデト
18 南方の王子
19 北方の王子
20 羽毛飾りを戴くハヤブサ

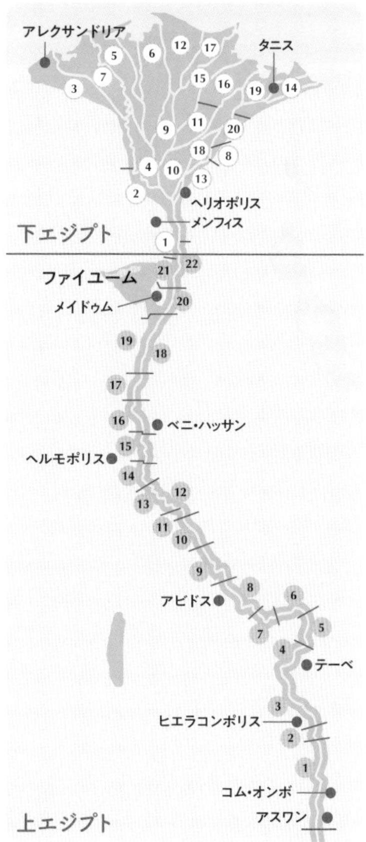
アレクサンドリア
タニス
ヘリオポリス
メンフィス
下エジプト
ファイユーム
メイドゥム
ベニ・ハッサン
ヘルモポリス
アビドス
テーベ
ヒエラコンポリス
コム・オンボ
アスワン
上エジプト

上エジプトのノモスの標章

1 タァ・セティ
2 ホルスの玉座
3 祠堂
4 笏
5 2羽のハヤブサ
6 ワニ
7 シストルム
8 大いなる地
9 ミン
10 コブラ
11 セト
12 蝮の山
13 南のシカモアと蝮
14 北のシカモアと蝮
15 野兎
16 オリックス
17 ジャッカル
18 ネムティ
19 二本の笏
20 南のシカモア
21 北のシカモア
22 ナイフ

世界と比較！

古代エジプトの時代

約3000年間続いた古代エジプトの歴史。王朝創始から
現在までの約5000年間の中で、いかに長く繁栄していたかがわかるだろう。

古代エジプト3000年

古代エジプト初の統一王朝の成立は、紀元前3000年頃とされ、31の王朝に区分されている。この区分はエジプト人神官のマネトによるものだが、時代区分は国内が一つの王朝によって統合された「王国時代」、分裂期の「中間期」に分けられている(p.22)。最初の初期王朝からプトレマイオス朝まで、実に約3000年もの間王朝が続いていたことになる。エジプト王朝が終焉を迎えたとき、日本は弥生時代である。

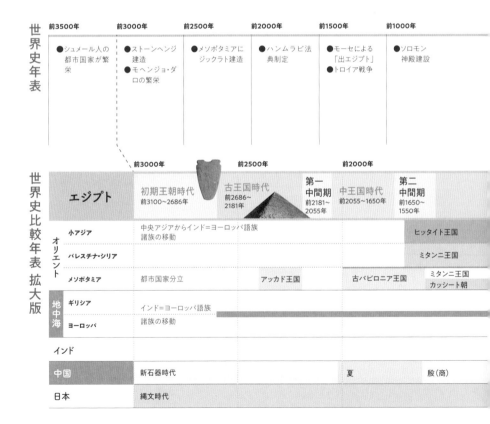

世界史年表

前3500年	前3000年	前2500年	前2000年	前1500年	前1000年
●シュメール人の都市国家が繁栄	●ストーンヘンジ建造 ●モヘンジョ・ダロの繁栄	●メソポタミアにジックラト建造	●ハンムラビ法典制定	●モーセによる「出エジプト」 ●トロイア戦争	●ソロモン神殿建設

世界史比較年表 拡大版

		前3000年	前2500年	前2000年	
エジプト		初期王朝時代 前3100~2686年	古王国時代 前2686~2181年	第一中間期 前2181~2055年 / 中王国時代 前2055~1650年	第二中間期 前1650~1550年
オリエント	小アジア	中央アジアからインド=ヨーロッパ語族諸族の移動			ヒッタイト王国
オリエント	パレスチナ・シリア				ミタンニ王国
オリエント	メソポタミア	都市国家分立	アッカド王国	古バビロニア王国	ミタンニ王国 / カッシート朝
地中海	ギリシア	インド=ヨーロッパ語族			
地中海	ヨーロッパ	諸族の移動			
インド					
中国		新石器時代		夏	殷(商)
日本		縄文時代			

古代エジプトの終焉後

古代エジプトの歴史は、プトレマイオス朝最後の女王クレオパトラ7世がローマに敗退して自死した、紀元前30年に幕を閉じた。その後ローマ帝国への吸収によってエジプト文化とギリシャ文化の融合が進む中、3世紀にはエジプトの伝統的な多神教がローマ帝国国教のキリスト教に改宗された（コプト時代）。キリスト教の伝播のために神殿は破壊されて教会や修道院となり、ヒエログリフやデモティックは、ギリシャアルファベットと融合したコプト語に置き換えられた。

その後7世紀にアラブの侵略によってイスラム教国家となると、キリスト教徒は減少し、古代エジプトの影響を残したコプト文化もマイナーなものになっていった。

フィラエ島のイシス神殿に設置されたコプト時代の台座。

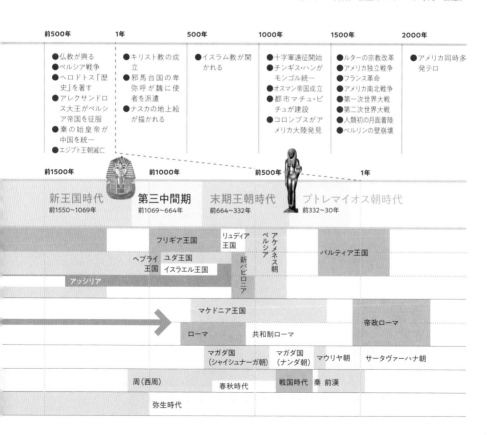

前500年	1年	500年	1000年	1500年	2000年
●仏教が興る ●ペルシア戦争 ●ヘロドトス『歴史』を著す ●アレクサンドロス大王がペルシア帝国を征服 ●秦の始皇帝が中国を統一 ●エジプト王朝滅亡	●キリスト教の成立 ●邪馬台国の卑弥呼が魏に使者を派遣 ●ナスカの地上絵が描かれる	●イスラム教が開かれる	●十字軍遠征開始 ●チンギス・ハンがモンゴル統一 ●オスマン帝国成立 ●都市マチュ・ピチュが建設 ●コロンブスがアメリカ大陸発見	●ルターの宗教改革 ●アメリカ独立戦争 ●フランス革命 ●アメリカ南北戦争 ●第一次世界大戦 ●第二次世界大戦 ●人類初の月面着陸 ●ベルリンの壁崩壊	●アメリカ同時多発テロ

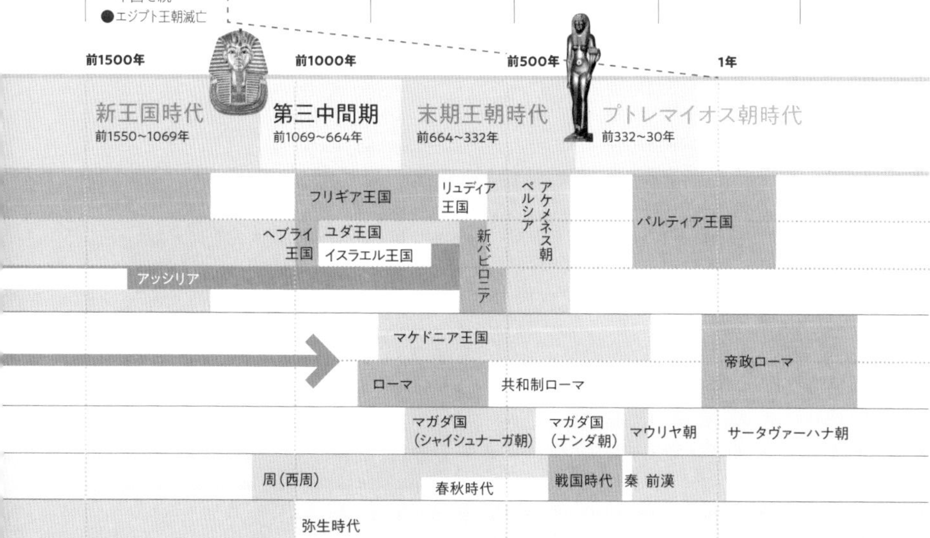

学問の歴史

エジプト学とは？

古代エジプトに関する研究を「エジプト学」という。多くの人物が古代エジプトの遺産の解明に熱中し、現在に至るまで調査が続けられている。

古代エジプトの時代

エジプト最初の考古学者？

第19王朝ラメセス2世の第4子カエムワセトは、おそらく高い教養をもつ知識人で、古王国時代の建築遺構に強い関心を寄せた初のエジプト人であった。メンフィスのプタハ神殿の大司祭をつとめたほか、古王国時代の建造物を調査し、修復を行ったことが「最初の考古学者」と呼ばれる所以である。

紀元前3～2世紀

古代の観光地

紀元前3～2世紀頃になると、国内の上流階級や世界からの旅行者がメンフィスやテーベなどの古代都市に巡礼や観光のために訪れるようになった。第18王朝アメンヘテプ3世のメムノンの巨像はとくに人気で、後のローマ皇帝ハドリアヌス帝も訪問するほどであった。人気観光地の壁や岩肌に旅行者が残した落書きは、ギリシャ語やラテン語のほか多言語にわたり、古代のエジプトブームを証明している。

メムノンの巨像

6～9世紀

破壊と侵入の時代

6世紀、エジプトはイスラムの支配下に置かれ、ピラミッドや神殿は取り壊され、新たな町の建設資材として使用された。9世紀、イスラム国の権威者アル=マアムーンはピラミッドに魅せられギザを訪問。大ピラミッドの北外壁に盗掘用の穴を開け、内部への侵入を果たしたという。「千夜一夜物語」には、ピラミッド内部に関する初の記述がある。

クフの大ピラミッドのアル=マアムーンが開けた盗掘口。

16世紀～

冒険と略奪の時代

ルネッサンス期、冒険者とは名ばかりの古物蒐集者がエジプトに大挙して訪れ、数々の美術品を国外へともち出した。そんな中、フランス人神父のクロード・シカールやイギリス人旅行者のリチャード・ポコックなど、美術品の略奪を目的としない旅行者も登場。彼らの残した記録は、エジプト学の礎（いしずえ）となった。

1798年

ナポレオンのエジプト誌 エジプト学の誕生!!

ナポレオンのエジプト遠征での記録「エジプト誌」。
(近畿大学中央図書館)

1798年、ナポレオンは多くの学者や測量技師、画家、建築家など170人以上を引き連れ、大規模なエジプト遠征を敢行した。この遠征は1801年に英国軍の勝利によって幕を閉じたが、3年に渡る学者たちの詳細な現地調査は、建造物やナイルの灌水(かんすい)システム、動植物の生息分布、文化に至るまで幅広く記録された。ロゼッタ・ストーンをはじめとする多くの資料が英国に没収されたものの、辛うじて手元に残せた資料はパリにもち帰られ、その成果は20巻の『エジプト誌』として出版された。極めて完成度の高いこの大冊が、エジプト学の出発点となった。

19世紀前半①

トレジャーハントの時代

ナポレオンの遠征以後、ヨーロッパではエジプトブームが再燃し、旅行者による略奪の時代が再び訪れた。フランス総領事ベルナルディ・ドロヴェッティとイギリス総領事ヘンリー・ソルトはどちらも狂信的な古物蒐集者で、競うように乱暴な発掘と美術品の略奪を行った。中でも英国軍人ハワード・ヴァイズは、クフのピラミッドをダイナマイト爆破したことで知られるが、この暴挙によって重量軽減の間(p.100)が発見され、大ピラミッドの埋葬者である「クフ」の文字が発見された。

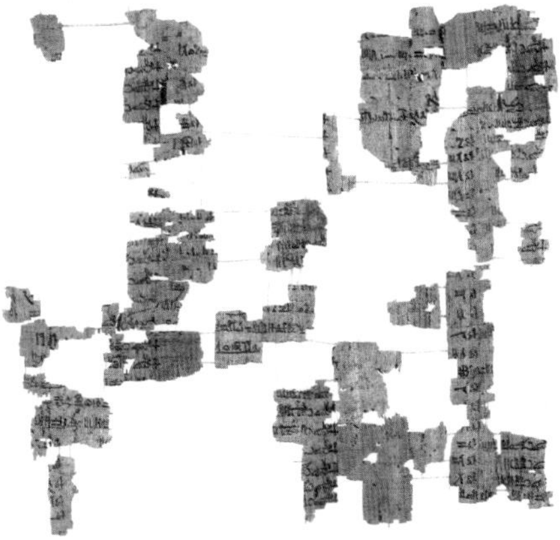

トリノ王名表(写真上、p.22)の名前の由来は、トリノのエジプト博物館による。トリノ博物館はカイロ・エジプト博物館に次ぐ規模をほこるが、そのコレクションの基盤はドロヴェッティの収集品による。
(Bridgeman Images/アフロ)

ハワード・ヴァイズによるダイナマイト発掘が行われたクフの大ピラミッド。

水力学を学んだ男ベルツォーニ

イギリス総領事ソルトの相棒のイタリア人ジョバンニ・ベルツォーニは、水力学の技術者でありながら、サーカス所属の怪力男という変わった経歴のもち主であった。ソルトに雇われたベルツォーニはラメセス2世の巨大な頭部をロンドンへ移送する命を受け、2mの巨体と知識を駆使して短期間でこの業務を遂行した。仕事ぶりに満足したソルトに王家の谷の調査を任されたベルツォーニは勢力的な調査を続け、ついにセティ1世の墓を発見。玄室に置かれたエジプト・アラバスター製の石棺は、古代エジプトの最高傑作とされる。また、ベルツォーニはエジプト最南端を探検し、砂に埋もれていたアブ・シンベル宮殿の入口を発見した。

ベルツォーニ
(1778~1823)

アブ・シンベル神殿の発見

地形を読む能力に優れていたベルツォーニ。砂に埋没されていたアブ・シンベル宮殿の入口を発見した。

セティ1世の墓の発見

セティ1世の墓は岩盤を100m近く掘ったもので、室内はすばらしい壁画で覆われていた。

ラメセス2世像を運び出す

大英博物館にあるラメセス2世の巨大な頭部像。ベルツォーニによって輸送された。

(高田芳裕/アフロ)

1822年

シャンポリオンによるヒエログリフの解読

ナポレオン遠征時、ラシードの要塞でヒエログリフ、デモティック、ギリシャ語の三つの言語が記されたロゼッタ・ストーンが発見されると、ヨーロッパの学者は一斉にその解読に熱中した。フランスのエジプト学者ジャン=フランソワ・シャンポリオンもその一人で、同じ頃、カルトューシュ（王名を囲む長円形の枠）の王名枠からヒエログリフは表音文字ではないかと考えていたイギリスの物理学者トーマス・ヤングの推察をヒントに解読に成功。ロゼッタ・ストーンの発見は、エジプト学に大きく貢献した。

ナポレオン遠征軍によって発見されたロゼッタ・ストーンは、現在大英博物館に保管されている。
(Iberfoto／アフロ)

シャンポリオン
(1790～1832)

トーマス・ヤング
(1773～1829)

19世紀後半❶

略奪行為を規制したマリエット

傍若無人な略奪行為に一定の規制をかけたのが、ルーヴル美術館からエジプトに派遣されたフランス人学芸員オーギュスト・マリエットである。発掘調査と遺跡・遺構の保護活動に傾倒したマリエットは、エジプトから「ベイ」の称号を授かり、1858年設立の考古局の初代長官に任命された。発掘権を制度化するとともに新たな遺跡の保護・管理を推進。1863年に創立したエジプト初の考古学博物館は、遺物の国外流出を食い止める一助となった。

マリエット
(1821～1881)

カフラー像

カイロ・エジプト博物館所蔵のカフラー王座像。博物館の中庭にはマリエットの棺と立像もある。

セラペウム

1851年サッカラでマリエットによって発見された聖牛アピスの遺骸を埋葬する地下墓所。
(AP／アフロ)

19世紀後半❷

エジプト考古学の父 ピートリ

1880年、イギリスの考古学者フリンダーズ・ピートリはクフの大ピラミッドの科学的測量調査を実施した。管理された調査手法の大切さを説いたピートリは、すべての物質文化に尊重して敬意を払う姿勢を貫いた。ピートリは調査記録に写真を活用するアメリカのジョージ・ライスナーとともに若い考古学者を養成し、優秀な考古学者を多数輩出した。

ピートリ
(1853~1942)

ピートリはギザの三大ピラミッドを綿密に測量した。

20世紀

大調査の時代へ

2代目の考古局長官ガストン・マスペロが、後援者や外国機関から基金を受けた各国の学者たちの大規模発掘を認可すると、爆発的な数の調査隊がエジプトを訪れる大調査時代に突入した。しかし、マスペロの次に長官となったピエール・ラコーは発掘権を見直し、それまでの発掘品をエジプトと発見国とで50%配分する方法の撤廃を主張。海外への流出を防ぎ、遺物の多くをエジプト博物館に収蔵すべきと唱え、活気にあふれた大調査時代は終わりを告げた。しかしラコーが考古局長官として関わったのが、ハワード・カーター(p.131)による世紀の大発見ツタンカーメン王墓の発掘であった。

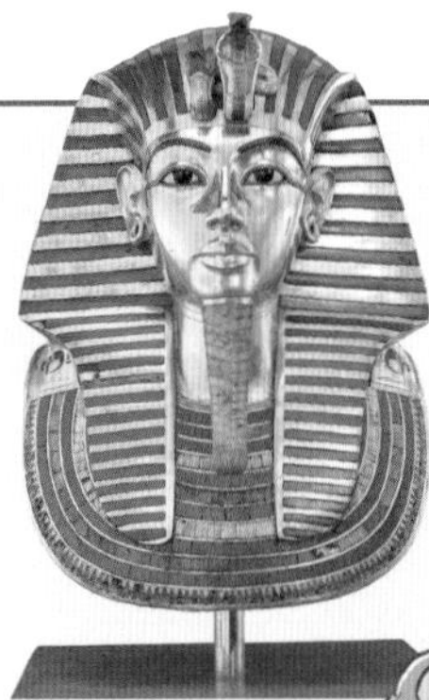

1922年、ハワード・カーターによって発見されたツタンカーメンの黄金のマスク。
(アフロ)

ピエール・ラコー
(1873~1963)

現在

学際研究への取り組み

現代の調査は、素粒子ミューオンによる透視調査やドローンによる3D計測、DNAやCTスキャンなど、最新の科学技術を統合した「学際研究」が進められている。多分野の研究者が協力し、新たな視点での発見が期待される。ヒエログリフ解明から200年、エジプト学への注目は再び高まっている。

ドローンによる3D計測の様子。

1章

古代エジプトの歴史と王（ファラオ）

古代エジプトの歴史を、
上下エジプトを統一したナルメルから
プトレマイオス朝終焉時のクレオパトラ7世まで、
王の功績とともにたどっていこう。
意外と知らない「ファラオ」の概念などにも触れる。

歴史の基礎知識

古代エジプトの時代区分

日本史に「平安時代」や「江戸時代」といった時代区分があるように、
古代エジプトの歴史も分類されている。その時代区分を紹介しよう。

古代エジプトの歴史編さん

古代エジプトの歴史は、31の王朝に分けられる。この区分を行ったのは、紀元前3世紀の神官マネトで、彼は第1王朝メネス(おそらくナルメル)からアレクサンドロス大王による征服前のダレイオス3世までの歴史を31の王朝に分け、歴史書『エジプト史』を記した。現在はマネトの王朝区分をもとに、王朝をいくつかの「王国」と「中間期」に分類している。

マネト以前にも歴史記録自体は行われており、パレルモ・ストーンやアビドスの王名表(p.29)、カルナク王名表、サッカラ王名表などの年代記が知られている。

歴史家マネトとは?

現在のエジプト史に大きな影響をあたえたマネトだが、彼自身については、ほとんどわかってない。ただ、神官であったマネトは、当時の知の殿堂であった神殿の図書館(文書庫)に出入りできる身分だったのだろう。その知識を駆使して、ギリシャ語が主流だった時代にヒエログリフを理解し、ギリシャ語で『エジプト史』を記した。しかし、彼の記した『エジプト史』の原本は残っていない。

パレルモ・ストーン

玄武岩の石板に記された年代記で、第5王朝時代にまとめられた。内容は、神々や半神半人の王が統治した時代から、人間の王の時代までの主要な出来事が記されている。

(Bridgeman Images/アフロ)

最古の年代記!

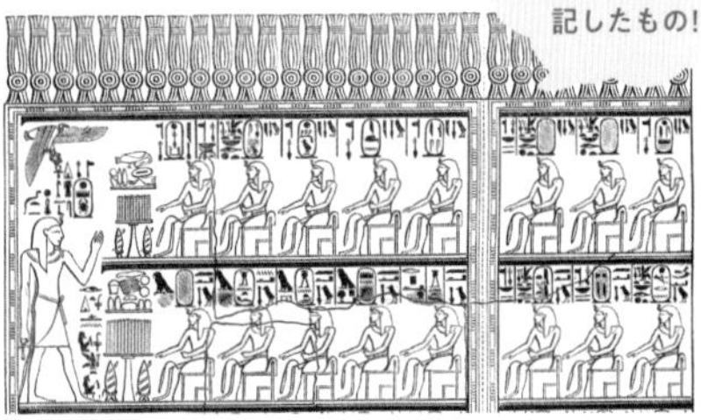

王名表は、歴代の王の名を記したもの!

(アフロ)

カルナク王名表

カルナク王名表の復元イラスト。第18王朝トトメス3世によるもので、カルナク神殿の同王の祝祭殿に描かれたもの。ほかの王名表には記されていない第二中間期の王たちの名前がある。

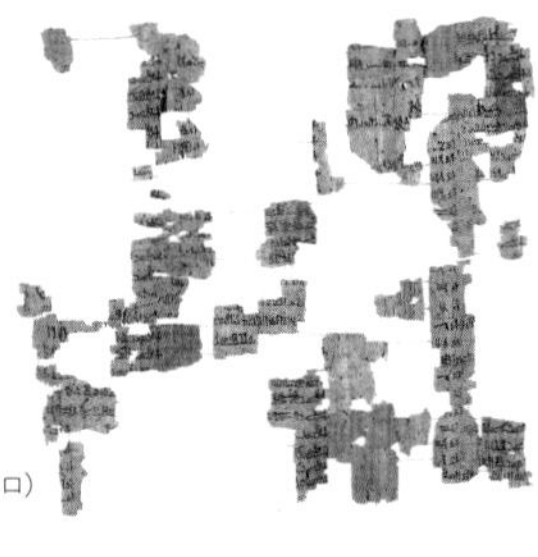

トリノ王名表

第19王朝ラメセス2世の時代のパピルス。かなりの部分が失われてしまっているが、300人を超える王の名が記されていたとされる。異民族に支配されていたヒクソス時代の王たちも記されているのが特徴。

(Bridgeman Images/アフロ)

古代エジプトの時代区分

時代区分	年代	主な王	王朝	
新石器時代〜先王朝時代	前5500-3100年	―	―	農耕と牧畜を行うナイル北の下エジプトでファイユーム文化、南の上エジプトでバダリ文化、さらに発展したナカダ文化が生まれる。王朝時代の礎となった。
初期王朝時代	前3100-2686年	ナルメル／アハ／ジェル／デン／ペルイブセン／カセケムイなど	第1〜2王朝	ナルメルが上下エジプトを統一し、メンフィスに王都が設置。民衆暦が成立し、ヒエログリフが発展した。デンの時代に上下エジプト王の称号の使用が始まる。
古王国時代	前2686-2181年	ジェセル／スネフェル／クフ／カフラー／メンカウラー／ウセルカフ／ウナス／ペピ2世など	第3〜6王朝	ジェセルの階段ピラミッド造営を皮切りに、クフ、カフラー、メンカウラーらがギザの三大ピラミッドを建設。ピラミッド建設の絶頂期を迎える。
第一中間期	前2181-2055年	ケティ／メンチュヘテプ1世／アンテフ1世など	第7〜11王朝	王権が弱体化し、古王国は終焉。各地で勢力を増した豪族らが対立し、混乱期となる。とくにヘラクレオポリスとテーベの対立が激しかった。
中王国時代	前2055-1650年	メンチュヘテプ2世／メンチュヘテプ3世／アメンエムハト1世／センウセレト1世／アメンエムハト3世など	第11〜14王朝	テーベの君主メンチュヘテプ2世がエジプトを再統一。メンチュヘテプ3世がワディ・ハンママートへ遠征隊を派遣。アメンエムハトが新都の建設を行った。
第二中間期	前1650-1550年	カムディ／タアア2世／カーメスなど	第15〜17王朝	王権の弱体化で再び混乱期に入る。アジア地域よりヒクソスがエジプトに侵入し、第15王朝と対立。エジプト史上初の異民族王朝が興る。
新王国時代	前1550-1069年	イアフメス／ハトシェプスト／トトメス3世／アメンヘテプ3世／アクエンアテン／ツタンカーメン／セティ1世／ラメセス2世など	第18〜20王朝	イアフメスがヒクソスを追放し、第18王朝を設立。トトメス3世のアジア遠征で、領土が最大に。アメンヘテプ3世がナイル西側に王宮を建設。最盛期を迎える。
第三中間期	前1069-664年	スメンデス／シェションク1世／オソルコン3世／ピイ／タハルカ／タヌタマニなど	第21〜25王朝	軍司令官スメンデスが王を名乗り、下エジプトに第21王朝を開く。上エジプトはアメン大司祭が治めた。第22王朝のシェションク1世の時代にエジプトは再統一。
末期王朝時代	前664-332年	プサメテク1世／ネカウ2世など	第26〜31王朝	タハルカの時代にアッシリアがエジプトを征服し、支配下に置かれるが、プサメテク1世がアッシリアと同盟を結ぶ。第27王朝時代にヘロドトスが「歴史」を著す。
プトレマイオス期時代	前332-30年	アレクサンドロス大王／プトレマイオス1世／クレオパトラ7世など	―	将軍プトレマイオスが即位し、プトレマイオス朝を開く。クレオパトラ7世がローマにやぶれ自死。プトレマイオス朝が滅亡し、ローマ帝国支配の時代に。

王の存在意義

ファラオとは何者か？

古代エジプトの長い文明の中で継承され続けてきたファラオは、
どのような役割を担っていたのだろうか。

古代エジプトの王=ファラオではない？

　ファラオという言葉は〈大きな家〉を意味するエジプト語「ペル・アア」が、ギリシャ語を経由して生まれたもので、もともとは王宮や王家の土地を表す言葉であった。古代エジプトの国王を指す言葉して使用されるようになったのは、トトメス3世が治世した第18王朝以降である。

　古代エジプトの国王は、オシリス神とイシス神から生まれたホルス神の化身とされ、太陽神ラーの息子と位置づけられる神性な存在で、神と人間を結ぶ唯一の仲介人であった。王は現実の政治を通して、宇宙の秩序であるマアト神の理念を広め、地上を秩序のある世界にする役割を担っていた。初期王朝から末期王朝まで、31の王朝で200人を超える王がいたと推測される。

最古の称号はホルス名

王の五つの称号

古代エジプトの王は5種類の称号をもっていた。第1王朝成立時はホルス名だけだったが、中王国時代には五つの称号が定着した。

ホルス名

王がホルス神の化身であることを示した称号。王宮モチーフの枠（セレク）の中に、ハヤブサの姿のホルス神で描かれている。

二女神名（ネブティ名）

上エジプトの守護神ネクベト女神と下エジプトの守護神ウアジェト女神で構成。王が全土の支配者であることを意味する。

黄金のホルス名

王権の永遠性を願う称号で、黄金の上にホルス神がのっている。神々の肉体は、朽ちない黄金でできていると見なされていた。

即位名（上下エジプト名）

スゲとミツバチは、王と先王たちを意味し、歴代の王とのつながりを示す。王は人間であり、神でもあるという二重性を表すとも。

誕生名（太陽の息子名）

太陽とオナガガモで表される、王の誕生時につけられる名前。太陽神との結びつきを示す。太陽信仰が高まった第4王朝に登場。

王権とマアト

王の役割を語るうえで重要なのが「マアト」の概念である。その姿はダチョウの羽根をつけた女神、または羽根のみで表現される。マアトは秩序や倫理、正義など「すべての善」であり、死者の裁判で死者の生前の罪を量る天秤にはマアトの羽根が乗せられ、審判が下される(p.74)。

古代エジプト人にとってマアトは、宗教や思想、道徳の核となるものであり、秩序と調和が保たれた平和な生活を送るにはマアトの維持が必要不可欠であると考えられた。王の最も重要な役割は、現実の世界でマアトを維持・管理し、地上の秩序を保つことであった。

マアトは羽根のみで表現されることも

第19王朝ネフェルトイリ王妃の墓に描かれたマアト神。 (Science Photo Library/アフロ)

即位30年目に行うセド祭(王位更新祭)

在位30年を超えると、儀礼的な死によって王の活力の再生・復活を祈願する神事「セド祭」が行われる。しかし、実際には在位30年未満の王が開催することも多かったようだ。「王位更新祭」とも呼ばれるこの儀式は、以後、原則3年ごとに執り行われた。王は神と人を仲介する神聖な存在だが、同時に年齢とともに衰える肉体をもつ人間でもある。支配者にふさわしい強靭な肉体と精神の保持を示すため、王は長距離走や穀物束を模したジェド柱建立などの儀式を行い、王としての力が健在であることを証明した。

ジェセルの階段ピラミッド内部に描かれたセド祭のレリーフ。儀式の一つで、王が走り、目印の石で折り返す場面が描かれる。

王の強靭な肉体をアピール!

王の象徴

彫像や壁画に表現される王の姿は、儀式や状況に合わせて様々な被り物や装飾品を身につけ、神聖な王の威厳を示している。ハヤブサの姿のホルス神や雄牛の尻尾など、代表的な王権の象徴や王権を守護するモチーフを紹介する。

つけひげ

つけひげはもともと王が生ける神であることを表すもので、耳に紐をかけてあごに固定され、先に向かって広がる形状が一般的。死後は、オシリス神のように先端が曲がったひげの姿で描かれた。

笏杖(しゃくじょう)

ウアス

神々の多くが手にするウアスは、支配の象徴であり、もち手の部分にセト神の顔が彫られたものが多く見られる。二股に分かれた杖先はヘビをつかむためのものという説もある。

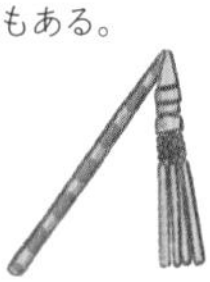

ネケク

脱穀の際に用いられる打ち棒が原型のネケクは、農耕の盛んだった下(しも)エジプトの象徴。王や冥界の王オシリス神はネケクとヘカの2本を手にして表される。

ヘカ

握り手がカギ状に曲がった杖で、上(かみ)エジプトの王権を象徴する。ネケクが農民の竿を表すのに対し、ヘカは牧民の杖を表している。

ジェセルの階段ピラミッド内部のレリーフ

腰布

男性は身分の上下に関わらず腰布を着用した。王の腰布には細かいひだや前垂れ(まえだれ)、縞柄の布が用いられ、黄金のプレートなどで装飾された。

雄牛の尻尾

王の図像では、腰布の裏から雄牛の尾を吊り下げる場合もあり、野生動物の獰猛さ、力強さを表し、秩序を守るためには冷酷さもいとわない王を表現している。蠍(サソリ)王のメイスヘッド(こん棒の頭部分)に描かれた雄牛の尾が最古のもので、以後、王族衣装の定番となった。

冠

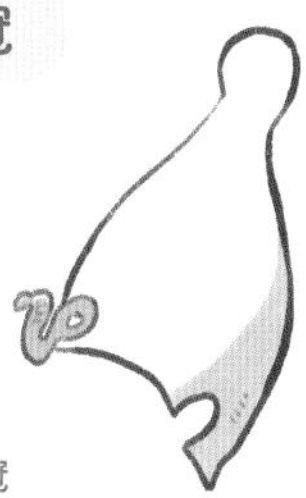

白冠

上エジプト王の象徴でヘジェド〈白〉、あるいはシェマァ・ス〈上エジプトの冠〉と呼ばれる。冠の遺物は発見されておらず、材質は不明。

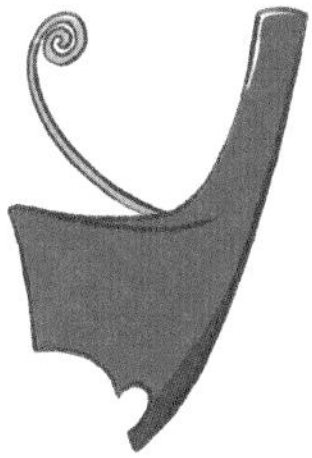

赤冠

下エジプト王の象徴で、デジェレト〈赤〉、あるいはメフ・ス〈下エジプトの冠〉と呼ばれる。

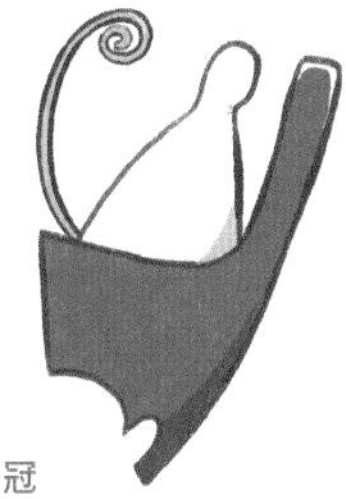

二重冠

上下エジプトの王を象徴する冠。白冠と赤冠の二つを合わせたもので、セケムティ〈二つの力強きもの〉と呼ばれる。

ネメス頭巾

最も一般的な頭巾で、頭の両脇に垂れ下がり、後頭部で結ばれている。額に王権の守護神ウラエウスや上下エジプト王の象徴であるネクベト女神、ウアジェト女神が施されている。

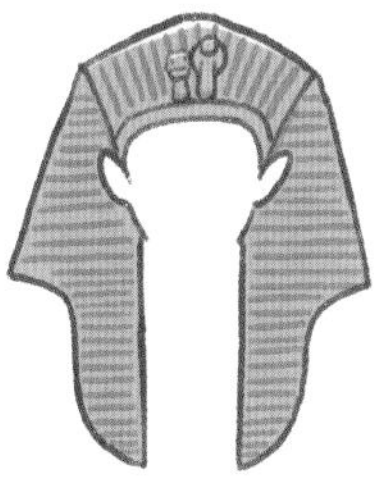

青冠

戦闘時、軍事面での王権を示すための冠。ケペレシュと呼ばれる。材質は不明だが、頭を守るヘルメットのようなものと考えられ、新王国時代のレリーフに見られる。

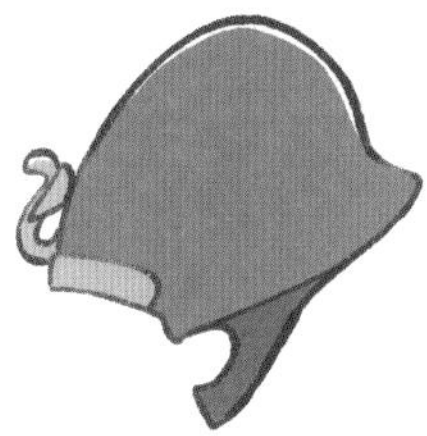

カフラーの彫像

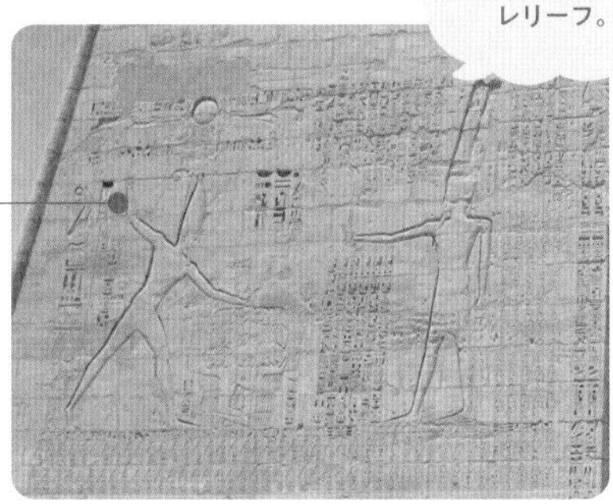

神々の守護

王族の衣装には王が神々によって守られていることを示すモチーフが使用され、王の神性が強調された。カフラー座像のネメス頭巾には、ホルス神を表すハヤブサが羽根を広げて王を守護し、神聖な王の威厳を表している。

敵を打ちすえるモチーフ

ラメセス3世葬祭神殿第一塔門の壁画。ラメセス3世がエジプトに侵攻する敵の髪をつかみ、こん棒で打ちすえる様子が描かれている。敵や捕虜を殴打する場面は、王の絶対的支配を象徴するために用いられるモチーフであった。

王妃と後宮

王妃は3種類あり、正妃ヘメト・ネスウ・ウェレト〈王の大いなる妻〉、ムト・ネスウ〈王母〉、側室のヘメト・ネスウ〈王の妻〉である。〈王の大いなる妻〉は正妃として王に次ぐ権力を有し、王位を継ぐのは基本的に彼女たちが生んだ王子であった。正妃の子が王位を継承したときには、「王母」として権力を振るうこともあった。王妃たちの子どもは乳母によって育てられ、王家の養育係が専門的な教育を行う。

側室たちも、侍女とともに後宮で生活した。中には外交のための政略結婚でエジプトの王と結婚した異国の妃もいた。後宮には定期的な物資の配給があり、侍女たちは機織りなどの労働も行っていた。

王位継承

王の神性は、生まれながらに備わったものではなく、王位を継承することで獲得されると考えられた。王位は父から息子へ引き継がれることが理想とされ、基本的には娘には継承されない。王子らは自身が先王の子であることや、正統な後継者であることをレリーフや碑文によって示そうとした。また、王家の血統の女性との婚姻や、亡き先王の葬祭神殿と墓の完成を保証することで、自身の継承の正当性が証明された。

王位の正統性を、壁画や彫像でも表現。

ルクソール神殿・中庭のラメセス2世像。ラメセス2世は、彫像や壁画に描かれた先王の記述を自身の名前に書き換えることを度々行った王である。これは、ロイヤル・カー〈王家のカー〉という考えにもとづくものであった。「カー（p.77）」とは生命力ともいわれる概念で、王家のカーは創造神からあたえられるものと考えられていた。王が死ぬと、そのカーは一度創造神に戻され、次の王へと受け継がれていく。そのため先王のつくった建造物も、かつての自分（カー）がつくったものであるとされ、名前を現世での自分の名に書き換えたのである。

ラメセス3世の暗殺事件!?

古代エジプトの王権争い

第20王朝のラメセス3世は晩年、王としての統制力が衰えると、側室の一人であるティイが息子に王位を継承させるべく、家臣や後宮の女性らと共謀し、ラメセス3世暗殺を企てた。しかし、計画は事前に発覚し、暗殺は未遂に終わった。息子と共謀者する家臣らは裁判で死刑となったが、主犯のティイや後宮の女性たちの処遇については記録が残されていない。

歴代の王を記した「王名表」

セティ1世の葬祭神殿回廊に残るアビドス王名表は、エジプト史の重要な資料の一つである。アマルナ様式の影響を受けた王名表には、メニ(=メネス=ナルメル?)からセティ1世まで76人の王名が2段に並ぶが、第二中間期の王や、女王ハトシェプスト、異端の王アクエンアテンの名は記されていない。王名の横にセティ1世と息子のラメセス2世の姿が刻まれ、自身の王位継承の正当性を主張している。

メニ(ナルメル?)の名
メニからセティ1世まで76人の王の名が刻まれている。

第1王朝　第2王朝　第3王朝

第9・10王朝

セティ1世
先王に呼びかけ、自らの王位の正統性を主張するセティ1世。

ラメセス2世
セティ1世の息子、ラメセス2世。父とともに、先王たちに呼びかけている。

1・2段目はセティ1世以前の76人の王の名が刻まれているが、ハトシェプストやアクエンアテン、ツタンカーメンの名は記されていない。

3段目はセティ1世の即位名と誕生名が繰り返され、2段目までに記された偉大な王たちの系統であることを表し、王位継承の正当性が強調されている。

(Erich Lessing/K&K Archive/アフロ)

時代の変遷をたどる

古代エジプト史と主な王

古代エジプト3000年史と、著名な王を時代ごとに紹介していこう。

第1王朝

ナルメル

上下エジプト統一を遂げた最初の王

上下エジプトを統一した初代王ナルメル。アビドスの王名表やトリノ王名表には「メニ（ギリシャ語でメネス）」の名があり、マネトの『エジプト史』にも第1王朝の王はメネスとされる。一般にメネス=ナルメルと考えるが、第1王朝の初代王はアハで、ナルメルは直前の第0王朝最後の王という説もあり、謎は残される。ナルメルは上（かみ）エジプトのナガダ王家の子孫と婚姻関係を結び、それがエジプト統合の決め手となった。

裏

ナルメルの名前

こん棒

牛の神
バト神

ナルメル
白冠を被り、つけひげをつけて、牛の尾をたらす、王の図像表現としてスタンダードな姿で異国人を打ちすえる。

ホルス神
ハヤブサ姿で、パピルスをふみつぶしている。パピルスが生い茂る北の地を、南の王（ナルメル）が支配し、エジプト統一を果たしたことを表す。

王から逃げる2人の敵

（Erich Lessing／K&K Archive／アフロ）

表

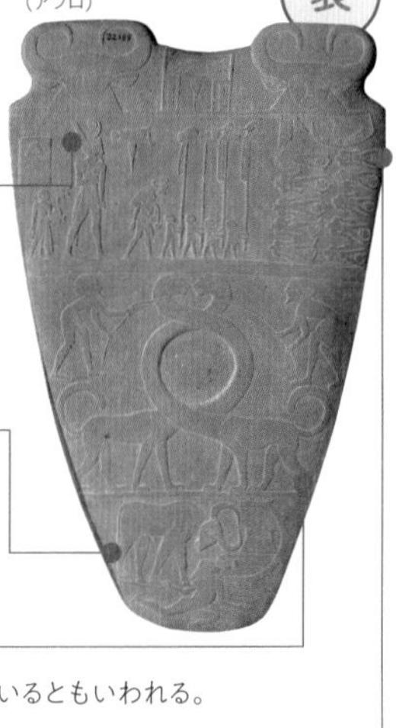

（アフロ）

ナルメル
旗手の行列の中で、赤冠を被っている。行列は、戦勝の式典を表すといわれる。

雄牛
敵をふみ、城塞を壊す雄牛。王の化身で、王の力強さの象徴。

2頭の怪獣
上下エジプトを表しているともいわれる。

捕虜とホルス神
首を切られた捕虜の遺体が並ぶ。捕虜の上には、ハヤブサ姿のホルス神が聖船に乗っている。

ナルメルのパレット

1898年にヒエラコンポリスで出土したナルメルの儀式用パレット（写真）は、ナルメルが2国の統一王であることが示している。こん棒を振り上げ、敵の髪をつかむ表現は、王権の象徴として後世でも好んで使用された。こうした表現様式は、以後3000年続く古代エジプトのスタンダードなものとして定着していく。

初期王朝時代 前3100-2686年

第1王朝　前3100-2890年

前3100年頃：ナルメル
前3100年頃：アハ
前3000年頃：ジェル
前2980年頃：ジェト
前2950年頃：デン
前2950年頃：（メルネイト王妃）
前2925年頃：アネジイブ
前2900年頃：セメルケト
前2890年頃：カア

第2王朝　前2890-2686年

前2890年頃：ヘテプセケムイ
前2865年頃：ラーネブ
ニネチェル
ウェネグ
セネド
前2700年頃：ペルイブセン
前2686年頃：カセケムイ

ピラミッド時代の礎を築く

文明開墾の時代

上下のエジプトが統合され、一つの国家が成立した初期王朝時代は、それぞれの固有の文化や伝統が融合し、古代エジプトの文化的土台として定着し始めた時代である。ハヤブサの姿で王を守護するホルス神、ヒエログリフの発展、セド祭などの儀式は初期王朝時代に始まった。

行政面では、上下エジプトの境界で防衛と交易の拠点となるメンフィスを王都とし、国家による国営調査によって、官僚的な支配と中央集権国家の基礎が築かれた。

カセケムイ

第2王朝末期の王で、前王時代の内乱を鎮めた。アビドスに埋葬された最後の王で、以後、葬祭施設はサッカラへ移った。レンガづくりの巨大な葬祭周壁は階段ピラミッド複合体（p.120）への道筋となった。

（Bridgeman Images／アフロ）

アビドスにあるジェルの墓。中王国時代になるとオシリス神の墓と信じられ、人々が参拝に訪れた。

（Alamy／アフロ）

第3王朝

ジェセル（ネチェリケト）

王墓を方形からピラミッド型へ発展

等身大の王像としては最古のものとなる、ジェセル像。階段ピラミッドで発見された。目の部分には、水晶と黒曜石がはめ込まれていたが、盗掘にあい、くり抜かれている。王を象徴するネメス頭巾とつけひげをつけている。この像には、ホルス名のネチェリケトの名が記されている。

（New Picture Library／アフロ）

最初のピラミッドを築いた王

ホルス派とセト派の戦いを鎮めたカセケムイの息子だと考えられるジェセルは、初のピラミッドを建設した第3王朝の王である。〈神聖な〉という意味がある「ジェセル」の名が有名だが、この名は新王国時代以降に使われるようになったもの。ジェセル以前の王墓は、日干し煉瓦（れんが）を用いたマスタバ（方形）形式が一般的だった。建設を任された宰相イムヘテプは当初、方形の上部構造をもつマスタバ墓を計画していたが、途中で設計を変更。最終的に高さ60m、6段の、最初のピラミッドとなる階段ピラミッドを完成させた。

宰相イムヘテプ

ジェセルに仕え、階段ピラミッドを設計・建設の指揮を執った宰相。偉大な功績から創造神プタハの息子として神格化され、後に病気平癒の神としても崇められた。

（Bridgeman Images／アフロ）

ジェセルがサッカラに築いた階段ピラミッドは、史上初のピラミッドであり、最古の巨大石造建造物である。

古王国時代 前2686-2181年

第3王朝 | 前2686-2613年

前2686-2667年:サナクト(=ネブカ?)
前2667-2648年:ジェセル(ネチェリケト)
前2648-2640年:セケムケト
前2640-2637年:カーバ
前2637-2613年:フニ

第4王朝 | 前2613-2494年

前2613-2589年:スネフェル
前2589-2566年:クフ(ケオプス)
前2566-2558年:ジェドエフラー(ラージェデフ)
前2558-2532年:カフラー(ケフレン)
前2532-2503年:メンカウラー(ミケリヌス)
前2503-2498年:シェプセスカフ

第5王朝 | 前2494-2345年

前2494-2487年:ウセルカフ
前2487-2475年:サフラー
前2475-2455年:ネフェルイルカラー
前2455-2448年:シェプセスカラー
前2448-2445年:ラーネフェレフ
前2445-2421年:ニウセルラー
前2421-2414年:メンカウホル
前2414-2375年:ジェドカラー
前2375-2345年:ウナス

第6王朝 | 前2345-2181年

前2345-2323年:テティ
前2323-2321年:ウセルカラー
前2321-2287年:ペピ1世(メリラー)
前2287-2278年:メルエンラー
前2278-2184年:ペピ2世(ネフェルカラー)
前2184-2181年:ニトイクレト

ピラミッドの造営と官僚制度の台頭

ピラミッドの造営は国家の大プロジェクトであり、官僚的統治が整備された古王国時代の黄金期を象徴する。ピラミッド・タウン(p.116)で暮らす労働者は、組織的に管理され、労働の対価として糧食(りょうしょく)を受け取る税制の基礎が築かれていた。しかし、古王国末期になるとピラミッド建設が経済を逼迫(ひっぱく)し始め、王の統制力が翳(かげ)りだす。王権の弱小化に伴い、大ピラミッドの時代も終焉を迎えた。

スネフェルの屈折ピラミッド(p.123)

ギザの三大ピラミッド

第一中間期 前2181-2055年

第7・8王朝 | 前2181-2125年

短命な王の治世が数多く続く

第9・10王朝 | 前2160-2025年

ケティ(メリイブラー)
ケティ(ワフカラー)
メリカラー
イティ

第11王朝 | 前2125-2055年

[メンチュヘテプ1世(「テピ=アア」)]
前2125-2112年:アンテフ1世(セヘルタウイ)
前2112-2063年:アンテフ2世(ワフアンク)
前2063-2055年:アンテフ3世(ナクトネブテプネフェル)

短い王の統治が続く第一中間期

ペピ2世の死後、第6王朝は衰退の一途をたどり、代わって地方の豪族が台頭する第一中間期となる。この時期の王は、いずれも短期間の治世で、マネトの『エジプト史』には、当時の混乱の様子について「第7王朝では、70人の王が70日統治した」と比喩的に記されている。

第4王朝

クフ／カフラー／メンカウラー

最も大きなピラミッドを建造

クフの像

アビドスで発見されたクフの彫像。最も有名なピラミッドの建造者であるクフの数少ない像の一つであるが小さく、約7.5cmほど。

（New Picture Library／アフロ）

三大ピラミッドを築いた王たち

第4王朝の王クフ、その息子カフラー、そのまた息子メンカウラーによるギザの三大ピラミッドは、古王国の繁栄の象徴である。クフの前王メニの真正ピラミッド建造に続き、クフは父をはるかに上回る規模の大ピラミッドを建造した。クフの跡を継いだジェドエフラーはアブ・ロアシュに築いたが、異母弟のカフラーは再びギザで、クフに次ぐ規模のピラミッドを建造。続くメンカウラーもギザに築くが、その規模はクフらと比べ基底部の面積が4分の1と小さい。

宰相アンクハフ

スネフェルの息子で、クフの異母兄弟。カフラーのピラミッド造営を監督した。父スネフェルの時代から、兄弟のクフ、甥のジェドエフラーによるピラミッド建造を目の当たりにしたあと、カフラーのピラミッド造営に関わったとされる。

三大ピラミッドの王・主な系譜

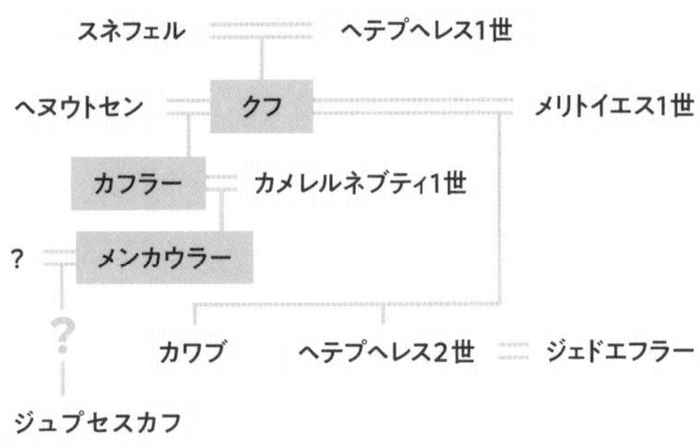

中王国時代 前2055-1650年

第11王朝 | **前2055-1985年**

前2055-2004年:メンチュヘテプ2世(ネブヘペトラー)
前2004-1992年:メンチュヘテプ3世(スアンクカラー)
前1992-1985年:メンチュヘテプ4世(ネブタウイラー)

第12王朝 | **前1985-1795年**

前1985-1955年:アメンエムハト1世(セヘテプイブラー)
前1965-1920年:センウセレト1世(ケペルカラー)
前1922-1878年:アメンエムハト2世(ヌブカウラー)
前1880-1874年:センウセレト2世(カーケペルラー)
前1874-1855年:センウセレト3世(カーカウラー)
前1855-1808年:アメンエムハト3世(ニマアトラー)
前1808-1799年:アメンエムハト4世(マアケルウラー)
前1799-1795年:セベルネフェルウ女王(ソベクカラー)

第13王朝 | **前1795-1650年以降**

※約70人の王が即位。そのうち資料に王名が頻繁に登場するのは、以下の5王。

ホル(アウイブラー)
ケンジェル(ウセルカラー)
セベクヘテプ3世(セケムラーセワジタウイ)
ネフェルヘテプ1世(カーセケムラー)
前1725年頃:セベクヘテプ4世(カーネフェルラー)

第14王朝 | **前1750-1650年**

※第13王朝と同時代に存在した小王朝

オシリス信仰と来世の民主化

中王国時代、「オシリス神の死と復活」を王や神官が演じる祭祀が積極的に行われるようになった。この祭祀には一般の人々も参列できたため、オシリス信仰は急速に大衆に広まり、人々は祭祀の舞台となったアビドスに巡礼した。また、王族や貴族限定だった墓を中流階層もつくるようになり、規模や構造は統一されていたものの、葬祭が大衆化していった。

アビドスにある第1王朝ジェル王の墓。(Alamy/アフロ)

第11王朝メンチュヘテプ2世の宰相メケトラーの墓から出土した模型。死後の世界への船旅を表している。(メトロポリタン美術館)

第二中間期 前1650-1550年

第15王朝 | **前1650-1550年**

サリティス
前1600年頃:キアン(セウセルエンラー)
前1555年頃:アペピ(アアウセルラー)
カムディ

第16王朝 | **前1650-1550年**

※第15王朝と同時代、ヒクソスによる王朝。

第17王朝 | **前1650-1550年**

※テーベに本拠を置いた数人の王のうち、傑出したのが以下の4王。

アンテフ(ヌブケペルラー)
タアア1世(セナクトエンラー)
前1560年頃:タアア2世(セケンエンラー)
前1555-1550年:カーメス(ワジケペルラー)

マネトの記録は誤り? ヒクソスは友好な隣人だった

第二中間期、国力が弱まるエジプトにヒクソス(〈異国の支配者〉の意)が侵入し、王朝を興した。マネトの記録から長年“ヒクソスが武力でエジプトを支配した”と考えられてきたが、実際はエジプトの領主の親族と婚姻関係を結んだり、権力者に馬や二輪戦車などの捧げ物を贈り、よき隣人として共存関係を築いていたことがわかっている。

第11王朝

メンチュヘテプ2世

混乱期を終結させた中王国時代最初の王

(Bridgeman Images／アフロ)

葬祭神殿の中庭の地下から出土した、オシリス神を彷彿とさせる黒い皮膚の座像。

黒い肌

黒く塗られた肌は再生を表し、オシリス神と王を結びつけている。

足が特別大きいのは、第11王朝の時代の特徴。

エジプトを再び統一

第11王朝の王であるメンチュヘテプ2世は、治世14年に起こったティニスの反乱を機に、ヘラクレオポリス朝(第9、第10王朝)を倒し、治世39年頃、エジプトの再統一に成功。後のラメセス2世の葬祭神殿には、初代の王メネス(ナルメル)と並ぶ偉大な王として、その名前が記されている。情勢が安定すると建設事業に力を注ぎ、デイル・エル=ハバリに自身の葬祭神殿を建造している。ここに国土統一の戦いで戦死した兵士を埋葬させたが、これは世界最初の「戦没者共同墓地」といわれている。

メンチュヘテプ2世の葬祭神殿。現在、原形はあまり残ってないが、テラス式の建物だった(p.147復元図)。この形式は、奥に見える第18王朝ハトシェプスト女王葬祭神殿(p.160)にも受け継がれた。テーベ西の断崖に囲まれたデイル・エル=バハリにつくられた、最初の葬祭神殿であった。(New Picture Library／アフロ)

新王国時代 前1550-1069年

第18王朝 | **前1550-1295年**

前1550-1525年:**イアフメス**(ネブペフティラー)
前1525-1504年:**アメンヘテプ1世**(ジェセルカラー)
前1504-1492年:**トトメス1世**(アアケペルカラー)
前1492-1479年:**トトメス2世**(アアケペルエンラー)
前1479-1425年:**トトメス3世**(メンケペルラー)
前1473-1458年:**ハトシェプスト**(マアトカラー)
前1427-1400年:**アメンヘテプ2世**(アアケペルウラー)
前1400-1390年:**トトメス4世**(メンケペルウラー)
前1390-1352年:**アメンヘテプ3世**(ネブマアトラー)
前1352-1336年:**アメンヘテプ4世/アクエンアテン**(ネフェルケペルウラーワアエンラー)
前1338-1336年:**ネフェルネフェルウアテン**(スメンクカーラー)
前1336-1327年:**ツタンカーメン**(トゥトアンクアメン/ネブケペルウラー)
前1327-1323年:**アイ**(ケペルケペルウラー)
前1323-1295年:**ホルエムヘブ**(ジェセルケペルウラー)

第19王朝 | **前1295-1186年**

前1295-1294年:**ラメセス1世**(メンペフティラー)
前1294-1279年:**セティ1世**(メンマアトラー)
前1279-1213年:**ラメセス2世**(ウセルマアトラー・セテプエンラー)
前1213-1203年:**メルエンプタハ**(バエンラー)
前1203-1200年:**アメンメセス**(メンミラー)
前1200-1194年:**セティ2世**(ウセルケペルウラー・セテプエンラー)
前1194-1188年:**サプタハ**(アクエンラー・セテプエンラー)
前1188-1186年:**タウセレト**(スィトラーメリトアムン)

第20王朝 | **前1186-1069年**

前1186-1184年:**セトナクテ**(ウセルカウラー・メリアムン)
前1184-1153年:**ラメセス3世**(ウセルマアトラー・メリアムン)
前1153-1147年:**ラメセス4世**(ヘカマアトラー・セテプエンアムン)
前1147-1143年:**ラメセス5世**(ウセルマアトラー・セケペルエンラー)
前1143-1136年:**ラメセス6世**(ネブマアトラー・メリアムン)
前1136-1129年:**ラメセス7世**(ウセルマアトラー・セテプエンラー・メリアムン)
前1129-1126年:**ラメセス8世**(ウセルマアトラー・アクエンアムン)
前1126-1108年:**ラメセス9世**(ネフェルカラー・セテプエンラー)
前1108-1099年:**ラメセス10世**(ケペルマアトラー・セテプエンラー)
前1099-1069年:**ラメセス11世**(メンマアトラー・セテプエンプタハ)

イアフメスの母イアフヘテプ1世のハエのネックレス。王妃はヒクソス追放の戦争で功績を残したとされ、その武勲を称えてあたえられたもの。

神官職に従事し、存在感を増す女性王族

第二中間期末にヒクソスを追放したテーベの王家によって、エジプトは再び統一され、新王国時代が始まった。この国土解放戦線には女性王族の活躍もあり、第18王朝では女性の存在感は増した。経済的にも軍事的にも発展した時代であり、最盛期の王ラメセス2世や、領土を最大に広げたトトメス3世といったファラオが活躍し、少年王ツタンカーメンも生きた時代である。

黒い肌と背景のロータスの花は再生を象徴!

イアフメス・ネフェルトイリ

第18王朝の創始者イアフメスの王妃のネフェルトイリは、テーベの地方神から全土の守護神となった「アメン神の妻」の称号を受け、絶大な権限をもつ神官職に従事した。王妃は幼い息子アメンヘテプ1世が王位継承すると摂政として政治に関わったという。「アメン神の妻」の神官職は、世代から世代へ受け継がれ、ハトシェプストへも伝わった。

(ALBUM/アフロ)

第18王朝

ハトシェプスト

第18王朝の繁栄を築いた女性の王

トトメス2世が早世したとき、後継のトトメス3世はまだ幼く、その摂政で、また正式な王位継承者として共同統治したのが、トトメス1世の娘で異母兄弟トトメス2世の妻、トトメス3世の義母でもあるハトシェプストであった。女性摂政は古王国、中王国時代でも例があったが、男性王と同じ称号を冠し、王として伝統的な衣装に身を包んだ女性はハトシェプストが二人目である。

父トトメス1世の後継者であることを強調することで、自身の王位継承の正当性を主張し、政治の実権を握ったハトシェプストは、低い身分からも積極的に人材を登用した。そうした官僚たちに支えられ、第二中間期には途絶えていたプントとの交易を復活、伝統的な建築事業に熱心に取り組み、多くの功績を残した。非凡な女性ファラオは栄華をほこる第18王朝の基礎を築いた。

王の周囲の人々

(Alamy／アフロ)

官僚センムウト

女王を支えた官僚には貴族以外の出自の者が多く、養育係から側近に出世したセンムウトもその一人。デイル・エル=ハバリの葬祭神殿やオベリスク建立などを指揮し、女王の葬祭殿のすぐ側に自らの墓をつくるほど、絶大な信頼を得た。

ネフェルウラー

ハトシェプストの娘でトトメス3世の妻。「アメン神の妻」の称号を受け継ぎ、ハトシェプストの男装時には王妃役を務めたとされる。センムウトは、王女の養育係だった。

ハトシェプスト周辺の系譜

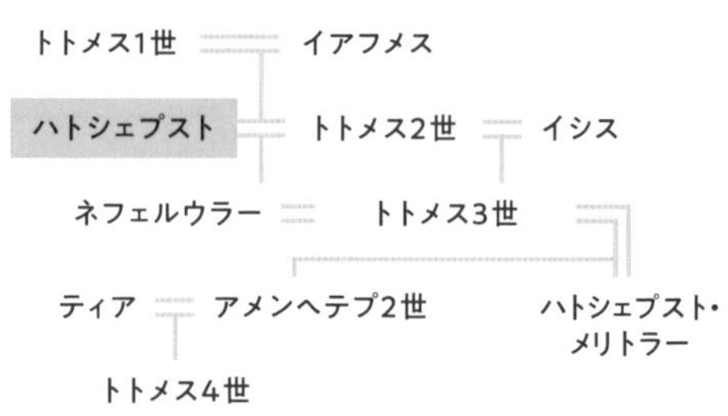

王位の正当性を図像や建造物で示す

ハトシェプストは自らの王位継承の正当性を、カルナクのアメン大神殿の増築やオベリスクの建立など、様々な建造物や彫像、レリーフなどで示そうとした。デイル・エル＝ハバリの葬祭神殿には、自身がアメン・ラー神の子として誕生したことが刻まれている。

(HEMIS／アフロ)

破壊された冠

男性的に表現された像

伝統的な王の属性を強調した像だが、冠とつけひげは破壊されている。女性の王は極めて異例であり、ハトシェプストは公式の場では男装をしていたと考えられている。そのため女王の彫像の多くは、男性的につくられた。

破壊されたつけひげ

女性的に表現された像

女性的に表現された像もあった。これは、顔つきがやわらかく、女性的なシルエットが強調された座像。トトメス3世時代、ハトシェプスト女王葬祭神殿の石切り場に捨てられたものが後の時代に発見された。(Bridgeman Images／アフロ)

オベリスク

ハトシェプストは父王トトメス1世にならい、アメン大神殿に巨大な2対のオベリスクを奉納した。オベリスクとは針状の石造記念物で、新王国時代には神殿の塔門に2本対になって建てられた。ハトシェプストのオベリスクのうちの1本はトトメス3世がハトシェプストの業績を隠すために築いた壁で覆われていた痕跡があり、皮肉にも良好な保存状態が維持されている。

(Bridgeman Images／アフロ)

交易事業の拡大

ハトシェプストの業績の一つとして、第二中間期には途絶えていたプントとの交易を復活させたことが挙げられる。ハトシェプスト女王葬祭神殿の壁面にはプントへ船団を派遣し、香木の生木、乳香（にゅうこう）、象牙、毛皮、生きたライオンなどを輸入した様子が刻まれている。また、地中海のクレタ島とも交易を行い、金銀器、宝飾品などを輸入し、国内の芸術発展に寄与した。

プントの場所は、紅海南岸のあたりと推測されている。

船に荷物を運び入れる人々。樹脂や薫香、黒檀（こくだん）、純金、香木、眉ずみなどが運び込まれた。
船の長さは約20m、約30人の漕ぎ手が乗り込んでいた。
船には動物も運び込まれ、ヒヒや犬などが描かれている。
ミルラという香木の生木。ミルラの木はカルナク神殿内に植えられた。
プントの海にいた魚が描かれる。紅海に生息する魚とされる。

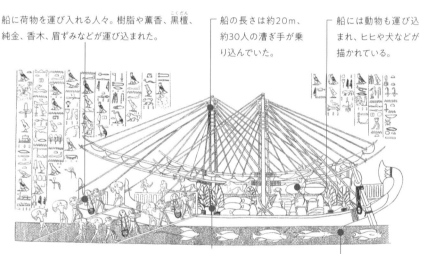

プントの港で荷物を運び込むエジプトの船を描いたレリーフの復元。

女王の死後、消された功績

トトメス3世の妻で、ハトシェプストの娘ネフェルウラーが亡くなると、ハトシェプストは失速。治世22年に死亡したとされる。生前、ハトシェプストが王として描かれた碑文（ひぶん）や図像は、息子の王位継承の正当性を強調したいトトメス3世によって削除された。

カルナク神殿内のレリーフ
(DeA Picture Library／アフロ)

第18王朝

トトメス3世

領土を最大に広げたファラオ

ハトシェプストの死後、治世22年で初めて単独で王権を握ることとなったトトメス3世は、軍人出身の祖父トトメス1世や、シリアとヌビアへの遠征を成功させた父トトメス2世の影響を受け、統治の間に計17回の遠征を実施。晩年にはシリアやパレスチナの多くの都市を手中に治め、エジプトの領土を史上最大に広げた。また、シリア出身の女性を妃として迎えたりもした。

戦利品や貢物など、遠征の成果で得た利益は各地の神殿を潤した。王は、カルナク神殿東にある「トトメス3世の祝祭殿」の建設のほか、各地で建築事業を行っている。

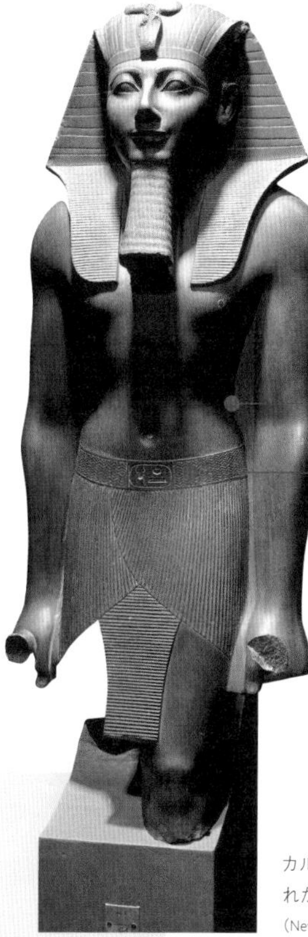

若々しい肉体とりりしい顔つきで、理想的な容姿で表現されている。この頃は、王の個性を表すよりも理想像として表現する手法が目立った。

帯に王の即位名が彫られている。

カルナク神殿内で発見されたトトメス3世像。
(New Picture Library／アフロ)

前王ハトシェプスト政権では、海外遠征に消極的だったこともあり、シリアやパレスチナ地方の勢力が増していたので、トトメス3世は遠征を開始。約20年の間に17回もの遠征を行った。遠征中にシリアで見た植物などを、カルナク神殿のレリーフに記録している。

第18王朝

アメンヘテプ3世

目元や口元が特徴的で、美術様式に変化が見られる。

ルクソール神殿から発見された彫像。若々しい肉体で表現されているが、晩年につくられたものとされる。

(New Picture Library／アフロ)

王はそりに乗っている。そりには、「アメンヘテプ3世」と彫られていたが、後のアクエンアテンの時代に「アメン神」の部分が削られた。

黄金期を統治し多くの建造物を残す

アメンヘテプ3世の治世期には遠征を行わずとも植民地から金、貢納品(こうのうひん)が絶えることなくもたらされ、文字通りの「黄金期」を迎えていた。

潤沢な富で大規模な建築事業に注力し、豪奢な宮廷生活を謳歌した王は、貴族ではないティイと結婚し、ハプの子アメンヘテプなど身分の低い有能な者を官僚に任じるなど、慣例にとらわれず、ナイル東岸での建造が一般的だった王宮をナイル西のマルカタに造営した。一連の行動は対立するアメン神官を牽制するためで、次世代に起こるアメン神との決別の布石であった。

晩年、大国ヒッタイトが同盟国ミタンニや植民地に進出してもアメンヘテプ3世は援軍を出さず、植民地の多くを失うことになった。

王の周囲の人々

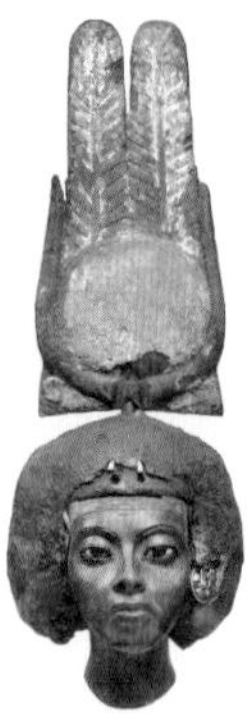

(アフロ)

王族ではない正妃ティイ

アメン信仰では、純粋な血統を重視するため、同腹の姉妹と結婚するのが理想だった。しかし、アメンヘテプ3世はアメン神官との確執から地方の有力者の娘ティイと結婚し、アメン神との関係を断ち切った。

ハプの子アメンヘテプ

王の書記として登用された平民ハプの子アメンヘテプは、的確な指導力と豊富な知識で重用され、自身の葬祭神殿の造営を許されるまでに出世。プトレマイオス期に神格化され、崇拝された。

豊かな財力で遺した建造物

太陽王の異名をもつアメンヘテプ3世は、建築王として知られるラメセス2世(p.46)に並んで多くの建設事業を行った。その多くは祭祀のための施設であった。

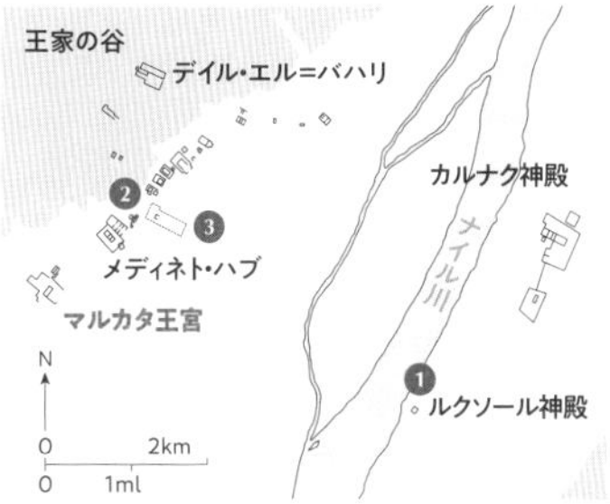

人工池があったマルカタ王宮

ナイル川の西岸に建てられたマルカタの王宮には、王妃ティイが船遊びを楽しむために長さ2kmの人工池もあった。船遊び用の船は〈輝けるアテン神〉と名づけられ、王宮内でアテン信仰が広まっていたことがうかがわれる。

ルクソール神殿

ルクソール神殿はアメンヘテプ3世によって、大幅に増築された。圧倒的な規模をほこる大列柱室も、この王によるものである。

近年発見！失われた黄金都市

2020年、エジプト人考古学者ザヒ・ハワスのチームに発見された都市遺構。アメンヘテプ3世の都市遺跡とされ「失われた黄金都市」と呼ばれる。遺構からは様々な工房やパン焼き窯などの施設などが見つかっている。都市は、この後のツタンカーメンやアイなどにも引き継がれた。(picture alliance／アフロ)

メムノンの巨像

アメンヘテプ3世葬祭神殿の前にあったメムノン像。葬祭神殿は失われ、像のみが残る。王の表象である巨像はアメン神官への対抗心を示している。北側の像は、夜明けと夕暮れの急激な温度変化によりすすり泣きの声のような音を出していた。これはギリシャの英雄メムノンの泣く声とされたが、古代ローマ皇帝が修復させると音はおさまった。

足元の小像は、ティイや王の母の像

第18王朝

アクエンアテン（アメンヘテプ4世）

宗教改革を行った異端の王

アメンヘテプ4世は、国家神アメン・ラーを頂点とする多神教を廃止し、太陽円盤の神アテン(p.57)だけを崇拝する一神教への宗教改革を行った。「王こそがアテン神と言葉を交わせる唯一の存在」と唱えるアメンヘテプ4世は、アメン神官の存在も否定し、治世4~6年にアクエンアテン〈アテン神に有用な者〉とその名を変更。テーベとメンフィスの間に新しい都アケトアテンを築くと、アメン神やほかの神々の崇拝を禁止し、建造物から神々の名を削るなど強行に宗教改革を推し進めた。

しかし、大衆からの支持を得ることはなく、王権の復活を目指した宗教改革は一代で幕を閉じた。

特徴的な顔

分厚い唇に面長の輪郭と、個性的な表現の彫像。理想像としての王の姿を描くのではなく、写実的な表現方法はアクエンアテン時代の特徴で、「アマルナ美術」といわれた。

身体も特徴的

身体的特徴もアマルナ美術の様式で表され、細い腕に腹も突き出ている。

(Bridgeman Images／アフロ)

謎多き美女 王妃ネフェルトイティ

アクエンアテンは前王アメンヘテプ3世と同じく、王族ではないネフェルトイティ（ネフェルティティとも）を妻とした。絶世の美女と称された彼女の出自は明らかになっておらず、宗教改革を背後で主導したとの説もある。

彫刻師の工房から出土したネフェルトイティの彩色胸像。この美しい像は彫刻用のひな型とされ、片目は完成していない。

(GRANGER.COM／アフロ)

アクエンアテンの後継者

スメンクカーラー

アクエンアテンの宗教改革の失敗後、アメン神官団との交渉役を務めたスメンクカーラーは、正体不明の王である。アクエンアテンの弟や息子とする説もあったが、現在は王妃ネフェルトイティだったと考えられている。

アテン神への信仰

アクエンアテンの治世では、それまで国家神であったアメン神をはじめ、エジプトで信仰されていた多くの神を排除。アテン神を唯一の存在とする宗教改革を行った。自らの改名や、遷都、彫像やレリーフでの表現方法などで、それを示した。

アテン神

「アテン」は太陽そのものを指す古代エジプト語で、その姿は円盤や球体として表現された。アテン神はすべての創造主であり、アクエンアテンの祖父トトメス4世の時代から信仰されていた。天から神の光線が降り注ぐ構図は、神の加護を表す。

アクエンアテン

第一王女メリトアテン

アクエンアテンとネフェルトイティの間の第一王女。王が王女をあやしており、王のプライベートな様子を描くのは、この時代の特徴であった。

（New Picture Library／アフロ）

ネフェルトイティ

王妃に抱かれる二人の王女。王妃は王と向き合い、仲睦まじい家族の姿は、これまでの王の威厳を強調してきた図像表現とは異なっている。

アメン神と決別し 新天地アマルナへ遷都

テーベのアメン神官団に対抗するべく、地上の理想郷実現に乗り出したアクエンアテンは、中部エジプトのエル=アマルナ（アケトアテン〈アテンの地平線〉）という新都の建設を行った。これに由来し、アクエンアテンの時代を「アマルナ時代」と呼ぶ。

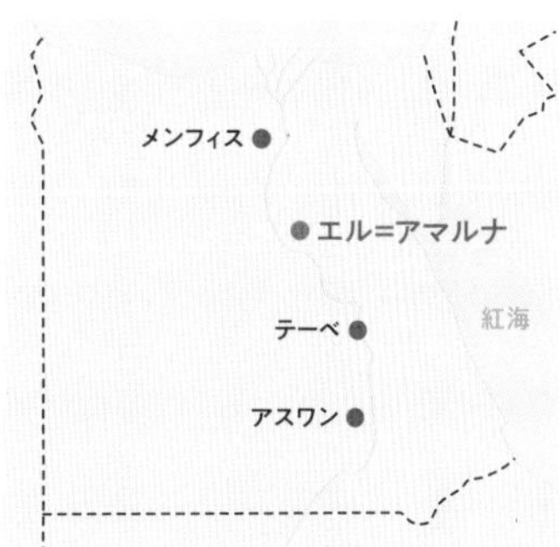

アテン信仰が続かなかった理由

冥界やオシリス崇拝を禁止

アテン信仰が根付かなかった最大の理由は、死者の再生と復活を約束するオシリス（p.60）信仰の否定だと考えられる。すでに中流階層間で墓をもつことは一般化しており、人々は永遠の生を象徴するオシリスの不在を受け入れ難かったのだ。

第19王朝

ラメセス2世

古代エジプトで最も偉大な王

最も偉大な王として名をはせるラメセス2世は、将軍ホルエムヘブに選ばれ、軍隊士官から王となったラメセス1世を祖父にもつ軍人ファラオである。その出自にふさわしく、アジアにおけるエジプト支配を確立するため、積極的に軍事遠征を行った。

ラメセス2世は、66年10カ月にわたる長い治世の間に多くの神殿、自らの巨像を建設し、後継者が自分の名を消せないほど深く自身のカルトゥーシュ(王名を囲む長円形の枠)を刻んだ。また、残した子孫も男女合わせて100人を超える。

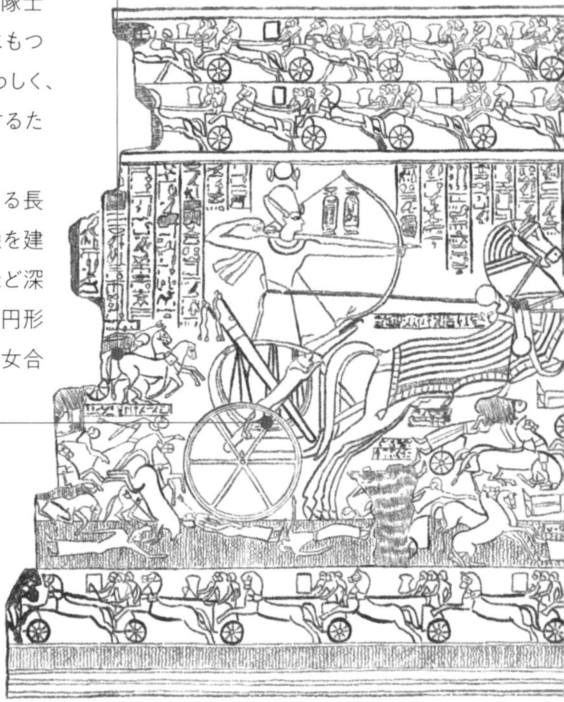

四つのグループ編成

エジプト史上最大規模の総勢2万人、それがアメン、ラー、プタハ、セトの四つの師団に分かれていたという。

ヒッタイト軍に立ち向かうラメセス2世

チャリオット(二輪戦車)に乗り、敵軍に立ち向かうラメセス2世。本来この戦車は二人乗りだが、従者が腰を抜かしてしまったため王が一人で乗っている。そのため、腰には手綱が巻かれている。

カデシュの戦い

ラメセス2世の名を後世に轟かせた出来事が「カデシュの戦い」として知られる大国ヒッタイト(現トルコ)との戦いである。エジプト人、ヌビア人、アジアの植民地から招集した総勢2万人の兵で挑んだ戦いは、最終的に勝敗がつかずに終わったものの、実際は敗戦色の濃いものであった。壁画に刻まれた戦いの場面は、ヒッタイトの戦略にはまった王がとっさの決断と援軍によって敗北を回避した武勇伝を抜き出したものである。

しかし、この戦いの数年後、両国の間で世界初の和平条約が締結されたことはラメセス2世の偉業といっていいだろう。

青冠と杖をもち、王の姿として伝統的な形で表現されている。

カルナク神殿で発見された黒玄武岩のラメセス2世像。
（New Picture Library／アフロ）

カデシュの街

城壁に囲まれたカデシュの街。その周りにはオロンテス川が流れている。

ヒッタイト軍

チャリオットに乗り、突撃してくるヒッタイト軍。

ラメセウムに描かれたカデシュの戦いのレリーフ（復元）。この戦いの様子は、ほかのラメセス2世の神殿でも、壁画に記録されている。

多くの建造物を残す

ラメセス2世は建築王としても知られ、アブ・シンベル神殿や葬祭神殿（ラメセウム）などの巨大な建造物を建てたほか、像や神殿に刻まれた先王たちの名前を自分の名前に書き替え、その力を誇示した。

アブ・シンベル神殿（p.164）

ラメセウム（p.162）

第三中間期　前1069-664年

第21王朝　前1069-945年頃

前1069-1043年頃:スメンデス(ヘジケペルラー・セテプエンラー)
前1043-1039年頃:アメンエムネスウ(ネフェルカーラー)
前1039-991年頃:プスセンネス1世(アアケペルラー・セテプエンアメン)
前993-984年頃:アメンエムオペト(ウセルマアトラ・セテプエンアメン)
前984-978年頃:オソコル(大オソルコン)(アアケペルラー・セテプエンラー)
前978-959年頃:シアメン(ネチェルケペルラー・セテプエンアメン)
前959-945年頃:プスセンネス2世(ティトケペルウラー・セテプエンラー)

第22王朝　前945-715年頃

シェションク1世(ヘジケペルラー)
オソルコン1世(セケムケペルラー)
タケロト1世
オソルコン2世(ウセルマアトラー)
タケロト2世(ヘジケペルラー)
シェションク3世(ウセルマアトラー)
パミウ(ウセルマアトラー)
シェションク5世(アアケペルラー)
オソルコン4世

第23王朝　前818-715年頃

パディバステト1世(ウセルマアトラー)
イウプウト1世
シェションク6世
オソルコン3世(ウセルマアトラー)
タケロト3世
ルウドアメン
ペフチャウアウイバステト
イウプウト2世

第24王朝　前727-715年頃

前720-715年頃:バーケンレンエフ(ボッコリス)

第25王朝　前747-656年

前747-716年頃:ピイ(メンケペルラー)
前716-702年頃:シャバカ(ネフェルカーラー)
前702-690年頃:シャバタカ(ジェドカウラー)
前690年頃-664年:タハルカ(クウネフェルテムラー)
前664-656年:タヌタマニ(バーカーラー)

複数の王朝が並立し政権の分裂状態が続く

新王国時代のラメセス11世の治世を最後に、エジプト全土を統治する王は現れず、各地で並立して王朝が興った。ラメセス11世の将軍を務めたスメンデスがタニスに第21王朝を興したが、王権と対立するアメン神官らの勢力は衰えず、大司祭によってテーベを中心とした上(かみ)エジプトが支配され、国内の分裂状態が続いた。

スメンデスの後継者で、第21王朝プスセンネス1世の黄金のマスク。タニスのプスセンネス1世の王墓からは、多くの副葬品が発見されツタンカーメンに次ぐ発見とされる。
(UPI／アフロ)

末期王朝時代　前664-332年

第26王朝　前664-525年

前672-664年:ネカウ1世
前664-610年:プサメテク1世(ウアフイブラー)
前610-595年:ネカウ2世(ウヘムイブラー)
前595-589年:プサメテク2世(ネフェルイブラー)
前589-570年:アプリエス(ハアイブラー)
前570-526年:アマシス〔イアフメス〕(クヌムイブラー)
前526-525年:プサメテク3世(アンクカーエンラー)

第27王朝　前525-404年

前525-522年:カンビュセス
前522-486年:ダレイオス(ダリウス)1世
前486-465年:クセルクセス1世
前465-424年:アルタクセルクセス1世
前424-405年:ダレイオス(ダリウス)2世
前405-359年:アルタクセルクセス2世

第28王朝　前404-399年頃

前404-399年:アミルタイオス(アメンイルディスウ)

第29王朝　前399-380年

前399-393年:ネフェリテス1世(ナアイフアアルウド)
前393-380年:アコリス〔ハコル〕(クヌムマアトラー)
前380年:ネフェリテス2世

第30王朝　前380-343年

前380-362年:ネクタネボ1世〔ネケトネブエフ〕(ケペルカーラー)
前362-360年:テオス〔ジュドホル〕(イルマアトエンラー)
前360-343年:ネクタネボ2世〔ネケトホルヘブ〕(セネジェムイブラー・セテプエンインヘレト)

第31王朝　前343-332年

前343-338年:アルタクセルクセス3世
前338-336年:アルセス
前336-332年:ダレイオス(ダリウス)3世

サイス王朝によるつかの間の安定からペルシア支配へ

第三中間期末期、ヌビア人の王が第25王朝(クシュ王朝)を成立し、エジプトを統一。しかし、間もなくアッシリアが侵入し、エジプトは彼らの手に渡った。アッシリアの自治国としてデルタのサイスに成立した第26王朝は7人の王の統治によって100年以上続き、エジプトにつかの間の安定と文化の復興、新たな芸術の開花をもたらしたが、やがてエジプトはペルシア帝国の支配下となり、末期王朝は終焉する。

クシュ王朝の中心地だったメロエにあるピラミッド(p.85)。

第22王朝

シェションク1世

旧約聖書に記録された王

第22王朝のリビア系エジプト王シェションク1世は、ラメセス11世以降、南北に分裂していた国家の再統合を行った。実質的に上(かみ)エジプトを支配していたアメン神官団を王の監視下に置き、アメン大司祭の世襲を廃止すると息子イウプウトをアメン大司祭の地位につけた。また、上(かみ)エジプトの長官と兼任させ、宗教と軍事の二大権力を一人の支配者が握るための策を講じた。

国内を安定させたシェションク1世はかつての王にならい、積極的な軍事侵攻を行い、エジプトの威信の復活を目指した。『旧約聖書』には、王がパレスチナに侵攻したことが記録されている。

カルナク神殿に描かれたシェションク1世。パレスチナ遠征での勝利の凱旋を記録しており、征服した都市名や部族の名が彫られている。

(Alamy/アフロ)

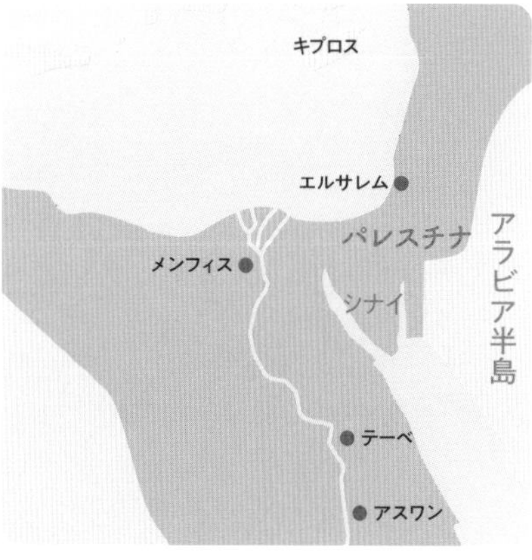

パレスチナ遠征

エジプト再統一を遂げ、国内が安定したことを背景にシェションク1世はパレスチナ遠征を開始。『旧約聖書』にはエジプト王シシャクの名でシェションク1世がパレスチナ侵攻に成功し、多くの財宝を略奪したことが記されている。

プトレマイオス王朝 前332-30年

マケドニア朝 | 前332-305年

前332-323年：アレクサンドロス大王
前323-317年：フィリッポス3世（アリダイオス）
前317-310年：アレクサンドロス4世

プトレマイオス朝 | 前305-30年

前305-285年：プトレマイオス1世ソテル
前285-246年：プトレマイオス2世フィラデルフォス
前246-221年：プトレマイオス3世エウエルゲデス
前221-205年：プトレマイオス4世フィロパトール
前205-180年：プトレマイオス5世エピファネス
前180-145年：プトレマイオス6世フィロメトール
前145年：プトレマイオス7世ネオス・フィロパトール
前170-116年：プトレマイオス8世エウエルゲデス2世
前116-107年：プトレマイオス9世ソテル2世
前107-88年：プトレマイオス10世アレクサンドロス1世
前88-80年（復権）：プトレマイオス9世ソテル2世
前80年：プトレマイオス11世アレクサンドロス2世
前80-51年：プトレマイオス12世
ネオス・ディオニソス（アウレテス）
前51-30年：クレオパトラ7世フィロパトール
前51-47年：プトレマイオス13世
前47-44年：プトレマイオス14世
前44-30年：プトレマイオス15世カエサリオン

アレクサンドロス大王と プトレマイオス朝の創始

ペルシアによる二度の過酷な支配は、紀元前332年、アレクサンドロス大王の到来によって終わり、大王はエジプトの救世主として歓迎された。エジプトの文化や伝統を尊重した大王はメンフィスで儀式を行い、正当なエジプト王として認められた。広大な領地の支配者となった大王の死後、将軍プトレマイオスが即位し、プトレマイオス王朝が設立。王都アレクサンドリアは、ヘレニズム文化の中心として繁栄した。

アレクサンドロス大王のモザイク画。イタリア・ポンペイ出土。

（Erich Lessing／K&K Archive／アフロ）

プトレマイオス朝

クレオパトラ7世

女王とともに迎えた古代エジプトの終焉

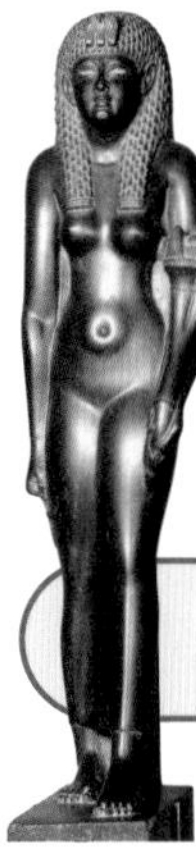

（DeA Picture Library／アフロ）

最後のエジプト王

弟プトレマイオス13世、14世とともにエジプトを共同統治したクレオパトラ7世は、古代エジプト最後の王である。弱体化するエジプトを再興するため、クレオパトラはローマの英雄カエサルと結婚。カエサル暗殺後は、ローマの軍人アントニウスと連合を結び、オクタヴィアヌス率いるローマ軍と戦った。しかし、アクティウムの海戦でアントニウスは撃沈、クレオパトラも自害した。

解読！ ロゼッタ・ストーン！

シャンポリオンの解読のきっかけになったロゼッタ・ストーンには、プトレマイオス5世の載冠式1周年記念祭にメンフィスで決議された法令の一部が刻まれていた。彼の数々の業績（減税や恩赦）が記され、その返礼として神殿から贈られる栄誉について書かれている。この時期、エジプト各地で反乱が続いていたため、王は自らの功績を石碑に刻み、各地の神殿に配置して王の威厳を広めようとしたと考えられる。

（Iberfoto／アフロ）

2章

古代エジプトの神々と死生観

ミイラ、動物の顔をもつ神々、死者の裁判といった、
古代エジプトを象徴するイメージの数々。
これらは古代エジプト人が
大切にしていた死生観に関するものだった。

古代エジプトの宗教と神々の特徴

古代エジプトの宗教は、多くの神々を崇拝する「多神教」。
自然や原理の化身として、様々な神が存在した。

太陽 の神々

太陽信仰をもとに、ラーのように太陽そのものや円盤を神格化したアテンのような神が存在した。

星 の神々

夜空で月の次に明るい金星は、重要な神として崇められ、ナイル川の氾濫を知らせるシリウス星は、女神ソプデトとして神格化された。（アフロ）

哺乳類 の神々

ライオンやウシ、ネコなどの哺乳類の姿・顔をもつ神々は、強さや多産など、それぞれの動物の特徴を司っている。

（メトロポリタン美術館）

1500柱の神々がいる

鳥 の神々

古代エジプトでは、サギ、ガン、ハゲワシ、トキなどの鳥の頭をもった神々が多く存在する。ハヤブサの頭をもった天空の神ホルスは、その代表格。

虫の姿 の神々

スカラベ（フンコロガシ）がフンを転がす姿を、太陽を転がして運行させていると見なし、神として崇めていた。

人間の姿 の神々

神々が人間の姿で表現される場合には、持ち物や冠などで、どのような神であるかを知ることができる。また、ミイラ姿の神なども存在する。

冥界 の神々

死者の世界である冥界にも神は存在する。オシリスは冥界を支配する神であり、トトは死者の罪の重さを量る役割を担った。アヌビスはミイラづくりの神。

爬虫類 の神々

コブラは聖獣の一つであり、ヘルモポリスの創世神話では、女神はヘビの姿で出現している。ナイル川流域に棲むセベク〈ワニ〉もピラミッドの時代から神格化され、崇められた。

ナイル の神々

代表は、パピという女性の胸をもつ男性の姿の豊穣の神。パピは、古代エジプトに恵みをもたらすナイル川の氾濫の化身とされた。（Universal Images Group／アフロ）

古代エジプトの神々の起源

自然の恵みや災いが人間の生活を左右していた古代エジプトでは、人間の力を超えた存在を神として崇めるようになった。その対象は、天体や自然現象、動物などに及んだが、とくに飛行や多産といった強い性質をもつ動物に、神の力を認めることが多かった。最も古い神々の姿は、星やウシなどだった。時代が下り、神を人間になぞらえるようになると、頭部だけを動物の頭にし、神として表現するようになった。

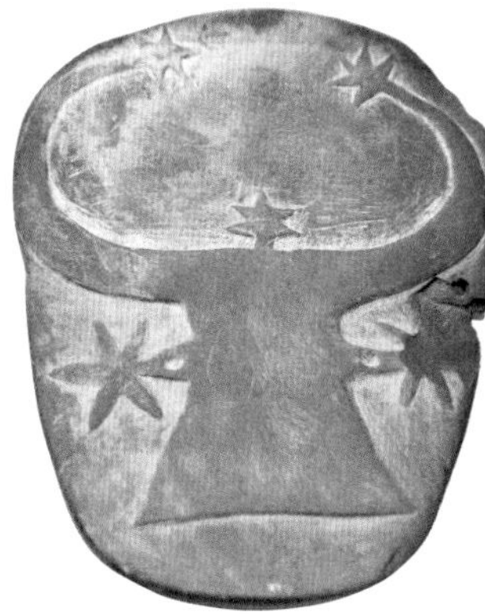

星とウシが描かれたゲルゼーパレット。新石器時代後期(前3600-3300年)のもので、早くから星に対する信仰があったことがわかる。(Alamy／アフロ)

ラー(p.57)とホルス(p.63)が習合したラー・ホルアクティ

総勢1500の神と「習合」

古代エジプトでは、神々は1500柱にも及ぶとされている(「柱」とは、神々を数えるときの単位)。なお、1500柱の神々の中には、いくつかの神が結びつく「習合」によって生み出された神も存在した。同じ太陽神であるラーとアトゥムが習合してラー・アトゥムとなるなど、名前が併記される習合もあれば、一つの神に姿形だけが吸収されるように習合した例もある。

王も神になる

王朝時代の初めから、支配者である王は天空の神ホルスの化身であるとされ、天空を支配するホルスが、地上を支配する際の姿が王であると考えられた。そのため、王はホルスの名前を王の称号とするようになった。また、ホルスが冥界の神オシリスの息子であるため、オシリスとのつながりも生まれた。こうして、王は死後、オシリスと同一視されるようになり、来世の支配者として見られるようにもなったのである。

第3王朝期のレリーフで、王と神を表した最初期のもの。(DeA Picture Library／アフロ)

古代エジプトの創世神話

ナイル川に沿って南北に細長い国土をもち、氾濫によって育まれた
古代エジプトでは、神が世界をつくり出す「創世神話」が各地に存在した。

創世神話とは?

創世神話とは、この世が神々によってどのようにつくられたかを示す説話のこと。古代エジプトには統一された創世神話は存在しないが、ヘリオポリス、ヘルモポリス、メンフィスの3都市では、独自の創世神話を確立していた。それぞれの内容は異なるが、ある種の共通点も見られる。

ヘリオポリスの創世神話

現在のカイロ近郊に存在したヘリオポリスでは、太陽神アトゥムを中心にした「九柱神」(エンネアド)による創世神話があった。創世の瞬間、アトゥムは自らの力で原初(げんしょ)の海ヌンから生じ、体内から大気の神シューと湿気の女神テフヌトを生み出した。二人の間に、大地の神ゲブと天空の女神ヌトが生まれ、さらにこの二人から、オシリスとイシス、セト、ネフティスが生まれたとされている。

創世神アトゥム

古代エジプトの代表的な神で、ヘリオポリス神学における創造神であり、九柱神の筆頭。自らの精液や唾液から、シューとテフヌトを生み出したという説もある。

ヘリオポリス神話の神々

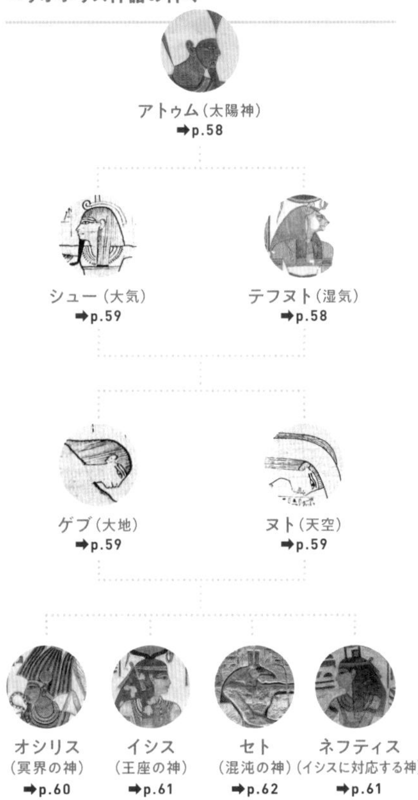

ヘルモポリスの創世神話

中部エジプトのヘルモポリスはギリシャ語でヘルメスの町を意味し、4組の男女の神々からなる「八柱神」(オグドアド)を中心にした創世神話が存在した。原初の海ヌンから生まれたオグドアドは、男神はカエル、女神はヘビの姿をしていたとされる。彼らは原初の丘を出現させ、そこに産んだ卵から太陽を発生させた。

原初の八柱神

	男神	女神
水	ヌン	ナウネト
無限	ヘフ	ヘヘト
神秘	アメン	アマウネト
暗黒	ケク	ケケト

トトは、
ヒヒの姿で
表現される
ことも!

文字と知識の神トト ➡p.66
ヘルモポリスは、ギリシアのヘルメス神と同一視されたトト崇拝の中心地とされたことから、現在の名前が知られている。(akg-images/アフロ)

メンフィスの創世神話

上下エジプトが初めて統一されたときの首都であったメンフィスには、金属細工師や工人、建築家など、物づくりに関わる人々の神であったプタハを、「万物をつくった」と見なす創世神話が存在した。プタハは、アトゥムをはじめとする神々やすべてのものを、彼の心臓や舌によって創造したとされている。これらの説話は、大英博物館収蔵の石板「シャバカ・ストーン」に残されており、第25王朝時代、プタハ神による天地創造を記述した古文書を写して刻まれたものとされている。

創造神プタハは
ミイラ姿が特徴の
工芸の神。

石板「シャバカ・ストーン」。後の時代に石臼として再利用されたため、穴やくぼみができている。(Heritage Image/アフロ)

創造神プタハ神
➡p.69
物づくりを司っていたことから、次第に崇拝が高まり創造神になったと考えられている。

主な古代エジプトの神々図鑑

1500柱もいる古代エジプトの神々の中でも
歴史や説話に多く登場する神々を紹介。

Feature 1

太陽神

アメン

主な崇拝地 テーベ

「神々の王」とも呼ばれた古代エジプトの代表的な神

ヘルモポリスの八柱神の一員でもあるアメンは、もともとはナイル川中流の都市テーベの守護神だったが、テーベ出身の王がエジプトの支配権を握ったことで、最高神にまで引き上げられた。新王国時代までには、太陽神ラーと習合（しゅうごう）したアメン・ラーとなり、太陽神として広く崇拝され、「神々の王」とも呼ばれた。多くの図像では、二枚羽根がついた冠をつけた人間の姿で表現される。

ローカル神から国の神に大出世！

カルナク神殿の中心的存在であるアメン大神殿の参道

参道に並ぶ羊頭のスフィンクス。前足の間にはファラオが守護されるように表現されている。

家系図

アメン ＝ ムト
　└ コンス

テーベ地域では、妻である女神ムトと、息子の月神コンスとともに三柱神を構成していた。

ラー

数多い太陽神の代表格

主な崇拝地　ヘリオポリス

「太陽」の名をもつハヤブサの姿の太陽神

エジプト語で「太陽」を表す名をもつラーは、古代エジプトで最も広く崇拝された太陽神。第4王朝以降の王の称号には、〈ラーの息子〉を意味する言葉が加えられるようになった。

天空の神ホルス（p.63）と習合（しゅうごう）してラー・ホルアクティになるなど、多くの神々との習合（しゅうごう）が見られる。ラー・ホルアクティは、日輪をのせたハヤブサの頭をした人間として表現される。

冥界の太陽を表す羊頭のラー

ラー・ホルアクティ

アテン

世界初の一神教の神！

主な崇拝地　アケトアテン／テーベ

かつては「唯一神」として崇められた太陽神

太陽神アテンは、「日輪」を意味する名の通り、日輪と腕の形をした光線で表される。第18王朝の王であるアメンヘテプ4世が、それまでのアメン信仰から、アテンを唯一神とする宗教改革を行い、自らもアクエンアテン（〈アテン神に有益な者〉の意）に改名した。しかし、アクエンアテンの死後すぐに、アテン信仰は薄れることとなる。

アクエンアテン夫婦と三人の子どもたちのレリーフ

Feature 2

ヘリオポリス創世神話の神

たった一人で神々を生み出す

アトゥム

主な崇拝地 ヘリオポリス

自らを生み出したヘリオポリスの創世神

ヘリオポリスの創造神で、九柱神の筆頭。原初の海ヌンから自らを誕生させ、原初の丘で大気の神シューと湿気の女神テフヌトを生み出した。やがて太陽神ラーと習合し、ラー・アトゥムとして崇拝されるようになった。図像では、上下エジプトの二重冠をつけた人間の姿で表現されることが多い。

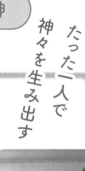

ホルエムヘブとアトゥムの彫像（New Picture Library／アフロ）

テフヌト

主な崇拝地 レオントポリス

創世神から生まれたライオン頭の女神

アトゥムから生まれた湿気の女神。兄で夫の大気の神シューとの間に、大地の神ゲブと天空の女神ヌトが生まれた。ある説話では、テフヌトはシューとともに「ラーの眼」（太陽神ラーの取り外し可能な目）と考えられ、その際にはライオンの姿として表されたため、図像ではライオンの頭をもつ姿でも表現される。

（New Picture Library／アフロ）

湿気の女神として夫・シューを助ける

シュー／ゲブ／ヌト

主な崇拝地 レオントポリス(シュー) ※ゲブ、ヌトには独自の崇拝地は無い

シューがゲブとヌトを引き離し、天と地をつくった

大気の神であるシューは、妹のテフヌトを妻にし、大地の神ゲブと天空の女神ヌトを生み出した。ゲブとヌトは夫婦となるが、シューがヌトをもち上げてゲブと引き離したことで、天と地が分けられ、太陽の通り道ができたとされる。シューに支えられたヌトの体は、手足を東西の地平線に伸ばした姿で表され、昼には星を、夜には太陽を口から入れ、翌日には再び生み出すと考えられていた。また、ゲブの体は、植物と同じ緑色で表現されたり、葦(あし)を表すヒエログリフが描かれたりする。

ヌト

世界初の夫婦神であるシューとテフヌトの子で、天空の女神。オシリス、イシス、セト、ネフティスの四柱神を生み出した。

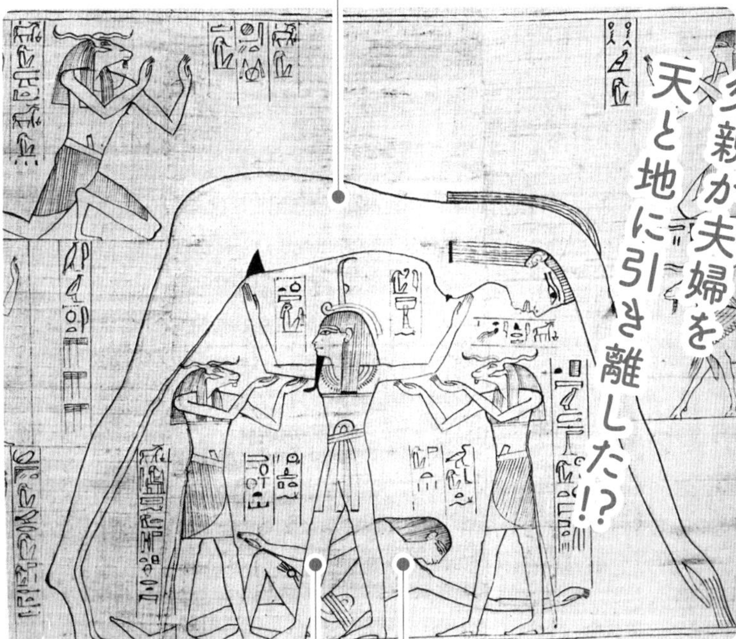

(Heritage Image／アフロ)

シュー

アトゥムから生まれた神で、テフヌトの兄であり夫。大気の神で、娘であるヌトの体を支え、太陽の通り道を維持している。

ゲブ

シューとテフヌトから生まれた大地の神。妹のヌトと夫婦になった。古代エジプトでは、地震は「ゲブの笑い」であると考えられていた。

オシリス

主な崇拝地 アビドス、プシリス

2500年以上も崇拝された冥界の神

　ゲブとヌト(p.59)の間に生まれた四柱神の一員。古代エジプトの重要な神の一つで、2500年以上にもわたって崇拝された。妻は妹のイシスで、二人の間には天空の神ホルスが生まれた。もともとは豊穣の神であり王だったオシリスが、弟のセト(p.62)に殺されたのちに復活するという説話とともに、復活の神や冥界の神として崇められるようになった。さらには、死者はオシリスの姿で復活できると考えられるようにもなった。図像では、白い包帯を巻かれたミイラのような姿で表され、王の印である牧杖(ぼくじょう)と殻竿(からさお)を手にしている。

家系図

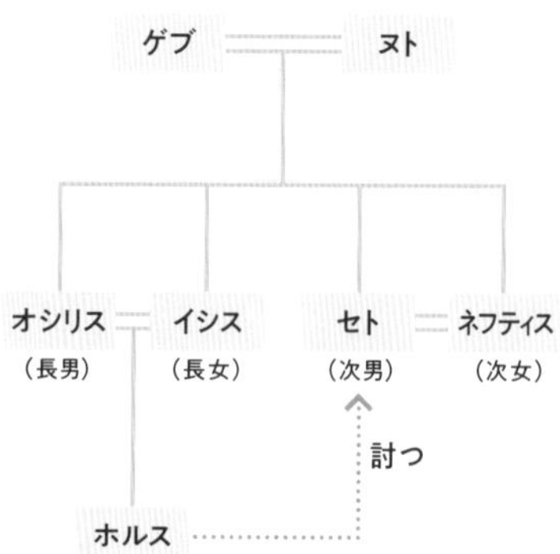

オシリス神話

信頼の厚い王だったオシリスは、彼を妬んだ弟のセトに殺害され、遺体を切り刻まれてしまう。オシリスの妻のイシスは、ナイル川にばらまかれた遺体の各部分を探し出し、妹のネフティスの協力のもと、オシリスを再生させた。オシリスとイシスの子であるホルスは、後にセトを討って父の王位を継ぎ、オシリスは冥界の神となったとされる。

イシス

主な崇拝地 フィラエ、バハバイト・エル＝ハジャル

古代で最も崇拝された女神

夫を復活させて子を守った良妻賢母

古代エジプトの神々の中で、最後まで崇拝された神。オシリスの妹で、妻でもある女神イシスは、セト(p.62)に殺害されたオシリスの遺体を探し出し、ミイラにすることで復活させたとされている。また、息子のホルス(p.63)が誕生した後は、様々な危険からホルスを守りながら育てたため、古代エジプトでの良妻賢母の象徴となった。図像では、「王座」を表すヒエログリフか、日輪をともなう角を頭にのせた姿として表現される。

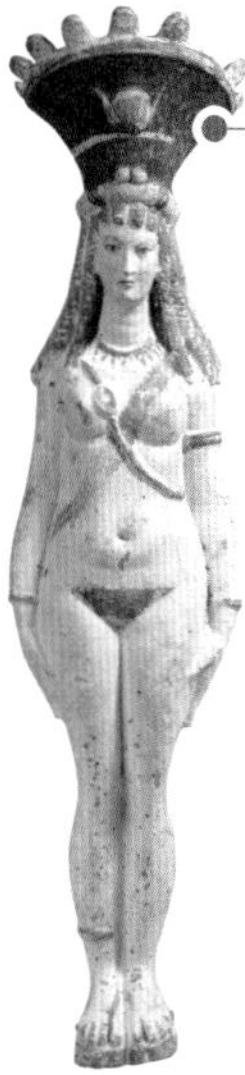

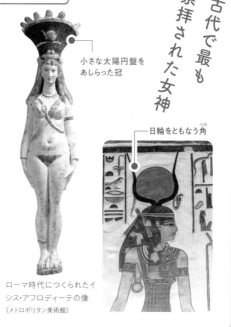

小さな太陽円盤をあしらった冠

ローマ時代につくられたイシス・アフロディーテの像
(メトロポリタン美術館)

日輪をともなう角

ネフティス

主な崇拝地 無し

セトの妻だけどオシリスの味方!?

姉イシスを助けオシリスの復活に尽力

ゲブとヌト(p.59)から生まれた四柱神の一員で、兄であるセト(p.62)の妻だったとされる。後代の説話では、兄のオシリスと交わり、死者の神アヌビス(p.65)を生んだともいわれる。オシリスがセトに殺害された後には、姉でオシリスの妻であるイシスとともに、オシリスの復活に尽力したため、イシスとともに死者の守護神として崇められることも多かった。図像では、自分の名前を表すヒエログリフを頭にのせている。

名前を表すヒエログリフ

セト

兄・オシリスを殺し
甥のホルスと
戦争に！

主な崇拝地 オンボス、ピ・ラメセス

武勇の神としても崇拝された神

ゲブとヌト（p.59）から生まれた四柱神の一員。兄オシリス（p.60）を殺害して王位を奪うが、オシリスの息子ホルスと激しい争いをくり広げ、後に追放された。そのため、混乱や混沌の神とされているが、戦いにおける力の強さから、武勇の神としても崇拝された。第19～20王朝には王朝の守護神とされ、セトの名を名前の一部にする王も現れた。また、太陽神ラー（p.57）の友としての一面もあり、ラーとともに暮らしながら、悪天候や嵐を引き起こすと考えられていた。図像では、正体不明の動物の頭をもつ姿で表現される。その顔はくちばしのように尖り、耳は長く、先端が四角いのが特徴。

ヘルウェベンケトのパピルス。セトが大蛇アペピを刺す場面。（akg-images／アフロ）

セトの善良な一面

兄を殺し、甥と戦った混乱と混沌の神とされるセトだが、邪悪な顔だけではなかった。セトはホルスとの戦いの後も太陽神ラーとともに行動し、ラーが死者と航海（p.70）する際も随行したという。そして、旅路を邪魔して攻撃してくる大蛇アペピから、ラーを守るのがセトの役目であった。

Feature 3

動物・昆虫の姿の神

ホルス

主な崇拝地 ヒエラコンポリス、ベフデト、エドフ

エジプト王のシンボルになったハヤブサの神

天空の支配者として、古代エジプトにおける重要な神の一員。オシリス(p.60)とイシス(p.61)の子。父オシリスを殺したおじのセトを、80年にもわたる戦いの後に討ち、エジプトの王となったことから、王権のシンボルとなり、ファラオをホルスになぞらえるようにもなった。また、ホルスには太陽神としての一面もあり、その場合はホルアクティ(〈二つの地平線のホルス〉の意)と呼ばれる。やがてホルアクティは太陽神ラー(p.57)と習合し、ラー・ホルアクティとして崇拝されるようになった。図像ではハヤブサか、その頭部をもつ男の姿として表現される。

80年にわたる戦争で王位を取り戻す

エドフのホルス神殿にあるハヤブサ姿のホルス像

カフラーの彫像には、後頭部にハヤブサ姿のホルス神がとまっている形で表現されている。

バステト

ネコ好きに愛されるネコ神さま

主な崇拝地　ブバスティス

かつては狂暴なライオンだったネコの女神

デルタ地帯の東部にあった都市ブバスティスの地方神。太陽神ラー（p.57）の娘ともいわれ、もともとは雌ライオン姿の攻撃的な女神だった。しかし、その性質が次第に穏やかなものとなり、出産や子どもを守る「母なる女神」へと変化すると、ネコもしくはネコの頭をもつ人間として表現されるようになった。それでも、ラーに敵対するヘビを滅ぼすなど、戦いの女神としての一面ももち合わせ続けていた。図像では、ネコの頭をもつ人間として表現される。

様々な遺跡から、ミイラにされたネコが発見されているが、これはバステトに敬意を払っての埋葬だったのではないかと考えられている。

（New Picture Library／アフロ）

体もネコの姿で現されたバステト像。
（メトロポリタン美術館）

ライオン頭で表現されたバステトのお守り。
（メトロポリタン美術館）

アヌビス

主な崇拝地 キュノポリス

オシリスをミイラにした イヌの姿の神

　黒いイヌ（もしくはジャッカル）か、イヌの頭をもつ人間の姿で表される神。名前は〈腐敗する〉という意味の言葉から派生したもので、これは墓の中の遺体を食い荒らすイヌの習性がもとになったとされている。父はオシリス（p.60）、母はオシリスの妹で、セトの妻であったネフティス（p.61）とされているが、彼の両親については様々な説が残っている。

　死者の神でもあるアヌビスは、死者はナイル川の西側にある冥界に住むとされていたため、「西方に住む者たちの第一の者」とも呼ばれた。オシリスが亡くなった際に、その遺体を白い布に包んでミイラにしたといわれ、ミイラづくりに強い結びつきをもつ神となった。

ミイラづくりが得意なイヌ神さま

カイロ・エジプト博物館にあるアヌビスの彫像。

ネフェルトイリの墓の壁画では、完全なイヌの姿で表されている。

トト

主な崇拝地 ヘルモポリス・マグナ

文字を生み出した
言葉と知恵の神

もともとは月の神だったが、文字を発明したとして、言葉や知恵を司る神となった。時間の経過を記録し、長い治世をそれぞれの王に割り当てたとされている。「死者の書」の死者の審判の場面には、死者の心臓を計量・記録する姿が描かれており、真理と誠実を表す神とも考えられるようになった。図像では、トキやヒヒの姿、またはトキの頭をもつ人間として表現される。パレットとペンをもち、何かを記録するような姿であることが多い。

記述も計算も得意な頭脳派

セベク

主な崇拝地 コム・オンボ、メディネト・エル＝ファイユーム

名前も姿も「ワニ」
汗でナイル川を生み出した

古王国時代から崇められている水神。ワニの姿、もしくはワニの頭をもつ人間として表現される。名前も〈ワニ〉の意味。湿地帯や川岸にはワニが生息していたことから、ナイル川はセベクの汗から生じていると考えられた。オシリス神話では、セト（p.62）によって殺害された後、ナイル川にばらまかれたオシリス（p.60）の遺体を探したとされている。中王国時代以降には、太陽神ラー（p.57）と習合（しゅうごう）し、セベク・ラーとして崇拝されるようになった。

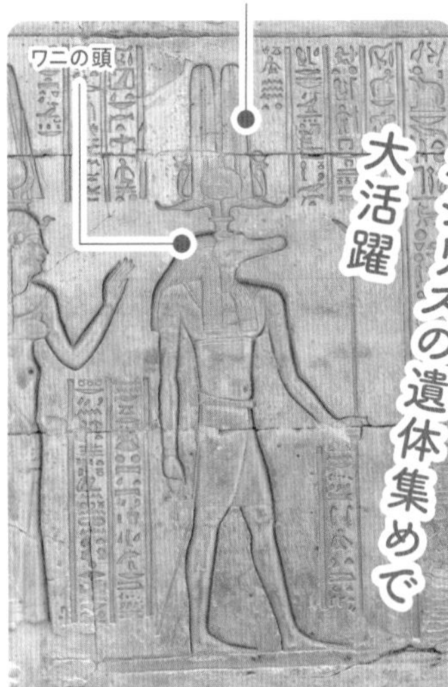

オシリスの遺体集めで大活躍

ケプリ

主な崇拝地 ヘリオポリス

スカラベの神は太陽も転がして動かす

スカラベ(フンコロガシ)の姿、もしくはスカラベの頭をもつ人間として表現される神。太陽神の三つの側面である「朝のケプリ、真昼のラー、夕刻のアトゥム」のうちの一つとされたのは、フンの玉を転がすように、ケプリが太陽を動かしていると考えられたためである。スカラベがフンの玉から自然発生しているように見えたことから、自分自身を誕生させた創造神アトゥム(p.58)と習合(しゅうごう)し、アトゥム・ケプリとなった。

クヌム

主な崇拝地 エレファンティネ、エスナ

雄羊(おひつじ)の強力な繁殖力にちなみ天地創造の神に

雄羊(おひつじ)の頭部をもつ人間として表現される神で、ナイル川の氾濫を制御しているとされていた。雄羊(おひつじ)を表す言葉が、単語の「バー」(〈生物の霊的な本質〉の意)に似ていたため、クヌムは太陽神ラー(p.57)のバー(いわゆる魂)とされた。冥界における ラーが雄羊(おひつじ)の頭をもった姿で描かれるのは、このためである。また、ナイル川流域の肥沃(ひよく)な土や雄羊(おひつじ)の繁殖力から物づくりのイメージが加わり、天地創造の役割も担う陶工の神となった。

(Index Fototeca/アフロ)

ハトホル

女性の王にも愛された女神

主な崇拝地 デンデラ

ラーやホルスともつながる娯楽・歓喜の女神

音楽や酒と結びつき、娯楽や歓喜をもたらす女神として、広く崇拝されていた。雌牛(めうし)の耳をもつ女性や、雌牛(めうし)の姿で表される。また、太陽神ラー（p.57）の妻または娘とされたため、雌牛(めうし)の角にラーが頭上に掲げるのと同じ日輪をともなう冠をつけた女性として表現されることも多い。ハトホルという名は〈ホルスの家〉という意味であるため、ホルスの母または妻であるとも考えられている。

王がホルスと同一視されたことから、ハトホルは王の母親と同一視されることがあり、「ハトホルの息子」という王の称号も存在した。

カイロ・エジプト博物館にある雌牛(めうし)の姿のハトホル像（akg-images／アフロ）

ハトシェプスト葬祭神殿のハトホル柱

Feature 4

人間の姿の神

プタハ

主な崇拝地　メンフィス

思考と言葉で世界をつくった メンフィスの創世神

　メンフィスの創世神で、妻のセクメトと、息子のネフェルテムとともに、メンフィスの三柱神とされている。美術や工芸などの物づくりと強くつながり、やがて〈大地の彫刻師〉として知られるようになった。そんなプタハの創造力から、メンフィス神学では、プタハの心臓から発する思考と、舌から生まれる言葉によって、世界が出現したと考えられている。図像では、まっすぐに伸びたひげのあるミイラ姿で表現される。

アートな神としてメンフィスに降臨！

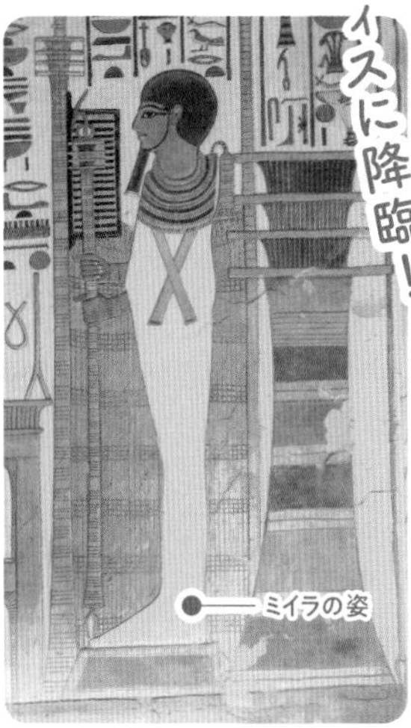

ベス

主な崇拝地　無し

獰猛(どうもう)な姿ながらも 家族の守護神として人気に

　頭が大きく、舌を突き出した姿の神。ライオンの耳とたてがみをもつ姿で描かれることもあるが、多くは羽根飾りのついた頭飾りをつけ、楽器やナイフ、〈保護〉を意味するヒエログリフのいずれかを手にした姿で表現される。家屋からヘビを遠ざける力があるとされ、二匹のヘビを絞め殺す魔物と見なされることもあった。獰猛(どうもう)な見た目とは反対に、慈悲深い神とされ、家族（とくに子どもや妊産婦）の守護神として人気があった。

庶民派の神は女性の味方！

ひげがあり顔つきは成人だが、大きな頭で頭身が少なく、かわいらしい姿をしている。

古代エジプトの死生観

古代エジプトの人々にとって、死は新しい人生の始まりだった。
では、彼らは死後の世界をどのようなものと考えていたのだろう。

「太陽」と「ナイル川」が死後の復活・再生のシンボル

古代エジプト人は、死後には来世で復活・再生し、永遠の命を得ることを望んでいた。その考え方の基本となっていたのが「太陽」と「ナイル川」で、この二つのキーワードが古代エジプトにおける死生観の大きなテーマとなっている。

太陽

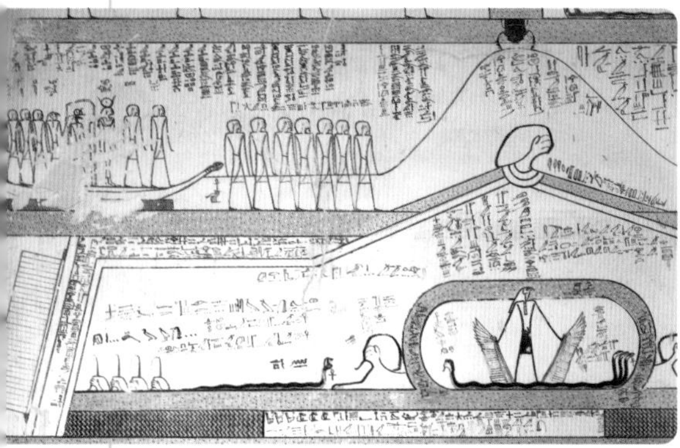

トトメス3世の墓「アム・ドゥアトの書」。日没後、太陽神が冥界を旅して復活するまでの場面が描かれている。
(New Picture Library／アフロ)

太陽神ラーは、昼の間は天空を、夜は冥界(死者の世界)を船で移動していると考えられていた。これは昼と夜の太陽の様子をなぞらえたもので、古代エジプトにおいては、毎日繰り返される太陽の動きこそが永遠の秩序だった。また、日没後に暗闇の世界を経て、日の出とともに再生を果たす太陽の様子が、死後の復活・再生や、来世での永遠の命の象徴としてとらえられていたのである。

太陽の旅

死者は太陽神ラーや、ほかの神々とともに聖なる船に乗り、永遠に航行を続けると考えられていた。聖なる船が冥界を通る際、邪魔をする大蛇アペピを打ち倒すために、神々は祈りを捧げ、呪文を唱えたとされる。また、大蛇アペピが聖なる船の運航を邪魔することで、日食が起こるとも考えられていた。

ラメセス1世の墓「門の書」。大蛇アペピを退治するアトゥムが描かれている。(akg-images／アフロ)

ナイル川

古代エジプトでは、ナイル川が定期的に氾濫（はんらん）することで、肥沃（ひよく）な「黒い大地」を生み出していた。このナイル川の氾濫（はんらん）と豊穣の繰り返しが、再生と関わる古代エジプトの死生観と結びついた。また冥界の王オシリスが、弟のセトに殺害され、遺体を切り刻まれてナイル川に流されたものの、復活を果たしたという説話も、ナイル川の再生のイメージと重なる。

さらに、オシリスが豊穣の神であることも、豊穣の恵みをあたえるナイル川と関連づけられた。やがてオシリス信仰が広まると、死者は船でナイル川を渡ってオシリスの館へと向かうとされ、そこで審判を受け、許されれば来世で復活･再生できると考えられるようになった。

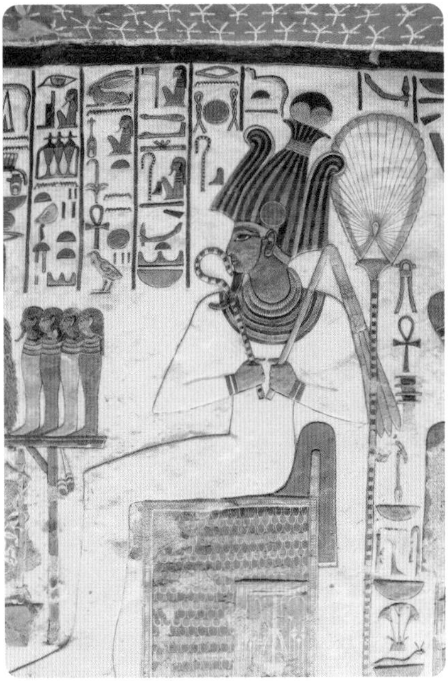

ネフェルトイリの墓の壁画に描かれたオシリス。

神官パシェドゥの墓の壁画。パシェドゥがオシリスに松明を掲げて礼拝している場面が描かれている。（Alamy／アフロ）

葬送文書

死者が再生・復活できるように願いを込めて綴られた「葬祭文書」。
古代エジプトの遺跡には、時代ごとに様々な葬祭文書が残っている。

古王国時代

ピラミッド・テキスト

葬祭文書としては人類史上最古 天に昇る王のための呪文

人類史上最古の葬祭文書で、古王国時代の11基のピラミッド内部の壁に、ヒエログリフを用いて縦書きで記されている。王の埋葬の際に神官によって詠唱されていた約800の呪文を文字として残したのが、ピラミッド・テキストであると考えられている。最古のピラミッド・テキストは、第5王朝最後の王であるウナス王のピラミッドにあるもの。内部の前室には、王が太陽神ラーの統治する天空へ昇ることについて述べた文章が刻まれているが、ピラミッド・テキストでは、王を冥界の王オシリスと同一のものとして語っている。これは、オシリスが死後に復活・再生を果たしたことから、死後の王がオシリスと同化し、復活・再生することを願ったものであり、太陽神とオシリスの融合が起こっていたとも考えられている。

1 はウナス王のピラミッドの内部の構造。2 はその外観。3 は内部の壁のピラミッド・テキスト。

コフィン・テキスト

死後の復活・再生を願い木棺の内側に刻まれた呪文

中王国時代の木棺の内側に刻まれた、およそ1185の呪文のこと。コフィンとは〈棺〉の意。ヒエログリフやそのくずし字であるヒエラティックで記されている。古王国時代には、死後の復活・再生は王だけに約束されたものだったが、中王国時代には、誰でも死後に復活・再生できると考えられるようになった。そこで、死者の復活・再生や、来世での生活を保障するための呪文として、裕福な人の棺にはコフィン・テキストが記されるようになった。

またピラミッド・テキストでは、死者の行く先は太陽神ラーが統治する天空と、オシリスが支配する冥界の二つだったが、コフィン・テキスト以降は、冥界に行くことのみが広まるようになった。

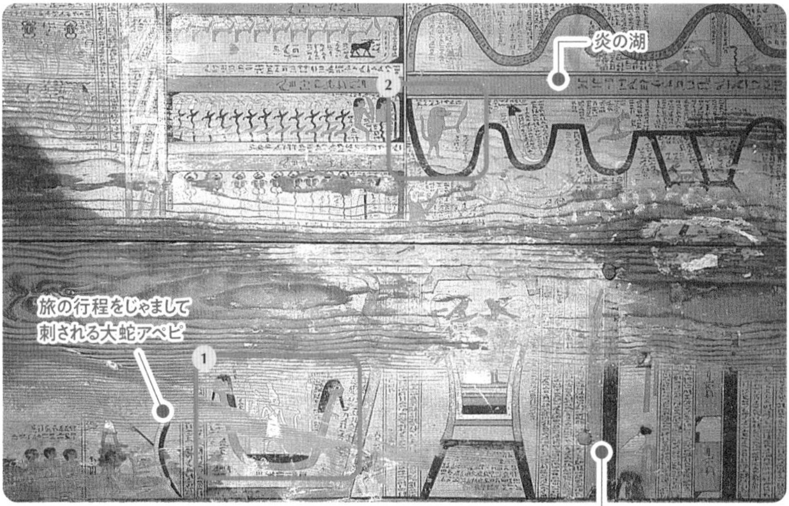

コフィン・テキストの一つ「2本の道の書」。新王国時代の葬送文書に影響をあたえた。(akg-images／アフロ)

1 オシリス

死者は、太陽神とともに船でオシリスのもとを目指して旅する。ここにたどりつくまでに、死者は炎と闇の門などの様々な関門をくぐり抜けていく。

2 道の番人たち

ハリネズミの頭をもつ架空の動物。道の曲がった場所で、ナイフをもった番人が要所を守っている。

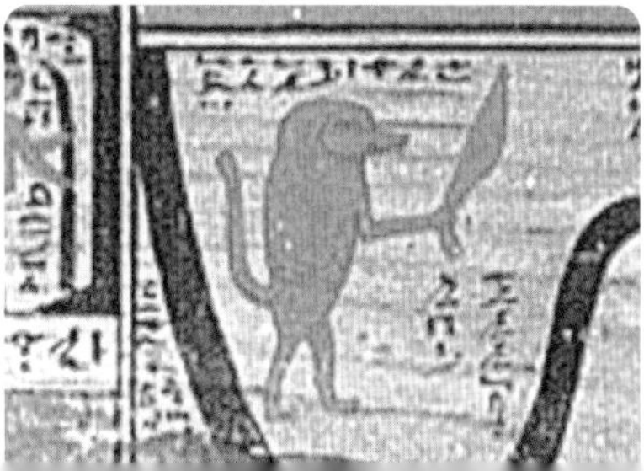

死者の書

死者が楽園へとたどり着くまでの道しるべとしての葬祭文書

パピルスの巻き物に書かれた葬祭文書で、新王国時代には副葬品として墓に納められた。ほかの葬祭文書とは異なり、挿絵が描かれていることが大きな特徴とされている。古代エジプト人は「死者の書」とは呼ばず、「日の下(日中)に現われ出るための書」と呼んでいた。これは、死者が冥界の旅を経て復活・再生し、楽園にたどり着くのに必要な呪文が記されていたためである。楽園までの道のりには、いくつもの難関が待ち受けており、最後には冥界の王オシリスの前で審判を受けなければ、楽園には入れなかった。このような困難な冥界の旅を乗り越えるために、必要な呪文を200ほどある呪文の中から選び、パピルスに書いていたと考えられている。

ネブケドの「死者の書」の扉

書記ネブケドが母と妻につき添われ、オシリスに供物を捧げている場面。

(Erich Lessing/K&K Archive/アフロ)

書記アニの「死者の書」パピルス125章「否定告白」

「死者の書」の中でも、死者が最後の審判を受ける場面を記した第125章には、挿絵が添えられていることが多い。(Iberfoto/アフロ)

1 心臓

死者の心臓が天秤に置かれ、真理の女神マアトの羽根と重さを比べられる。

2 ヒヒ

ヒヒはトトの化身。正確な測定が行われているかどうか、天秤の上から監視している。

3 羽根

マアトの羽根。天秤で死者の心臓と重さを比べられる。死者に罪がなければ、両者の重さはつり合うことになっている。

4 天秤

死者の心臓と、マアトの羽根の重さがつり合うかを測定する天秤。死者の心臓は罪を犯すと重くなり、傾くようになっている。

5 アヌビス

死者の神であるアヌビスが、死者の心臓とマアトの羽根の重さがつり合うかどうか、天秤の目盛りを見ている。

6 トト

知恵の神であり、神々の書記官であるトトは、死者の心臓の計量結果を記録する。

7 アムムト

死者の心臓がマアトの羽根より重かった場合、その心臓は魔獣アムムトに食べられ、死者は二度と復活できなくなる。

死者が目指す楽園

古王国時代には、死後の世界に行けるのは王だけで、太陽神ラーが統治する天空で永遠の命を授けられ、ラーとともに聖なる船で航行を続けると考えられていた。しかし中王国時代には、冥界の旅でいくつもの難関を乗り越え、冥界の王オシリスの審判を通過すれば、どんな人でも永遠の命をあたえられ、楽園である「イアルの野」に行くことができると考えられるようになった。

イリネフェルの墓の壁画。楽園で聖水を飲む人が描かれている。（Alamy／アフロ）

「死者の書」によると、この楽園は何もしないで過ごす場所ではなく、農地で作物をつくるような労働や、飲み食いなど、現世と同じことができる地であるとされている。

センネジェムの墓の壁画。イアルの野で農業をしている様子が描かれている。（New Picture Library／アフロ）

死者の代わりに働いてくれるシャブティ

シャブティはミイラをかたどった小さな像で、死者がイアルの野で行う労働を代行させるために、副葬されるようになった。シャブティには労働のための呪文が記されており、1年分にあたる365体のシャブティが死者とともに埋葬されることもあった。

センネジェムの墓で発掘された木製のシャブティボックス（メトロポリタン美術館）

人間の重要な要素

古代エジプトでは、「カー」「バー」「アク」「レン〈名前〉」「シュウト〈影〉」の五つが、人間を構成する重要な要素であると考えられていた。これらは人間の生前はもちろん、死後においても必要不可欠なものだった。また、死後の復活にはカーとバーが肉体と結びつく必要があったため、遺体をミイラにして保存したとされている。

イリネフェルの墓の壁画（Alamy／アフロ）

シュウト〈影〉

影は、人間の内側にある存在で、力あるものと考えられた。悪しきものから身を守る役割があるため、人間には必須のものとされた。

カーの像（DeA Picture Library／アフロ）

カー

人間の霊的な部分の一つで、供えられた供物を受け取り、生命力を維持する存在とされた。ヒエログリフでは、肘を直角に曲げ、手のひらをまっすぐ伸ばした両腕で表現される。

バー

人間の魂ともいえるもので、肉体以外の個人の特徴となる個性・人格にあたる存在。人間の頭をした鳥で表現され、死後には肉体を離れ、自由に飛び回ることができる。

（メトロポリタン美術館）

アク

カーとバーが合体したもの。死者の生前のままの姿であるが、冥界で暮らせる永遠不滅の存在に変化したものである。

レン〈名前〉

名前は、出自や人格を表すものとして、生前だけでなく、死後においても必要不可欠なものだった。

ミイラ（肉体）

死後に復活するには、カーとバーが肉体で合体する必要があった。そのため、ミイラをつくって肉体（遺体）を残したとされる。

ミイラづくりと葬儀

死者が来世で再生・復活するには、肉体が必要だった。
そのために遺体を残そうとしたのが、ミイラづくりの始まりだ。

ミイラづくり

心臓以外の内臓と脳を取り出し人工的に乾燥させる

古代エジプトでは、死者が復活・再生するには、肉体が必要不可欠だった。そこから遺体を保存する必要性が生まれ、ミイラがつくられるようになったとされている。ミイラはもともと自然乾燥でつくられていたが、先王朝時代からは、心臓以外の内臓と脳を取り出し、遺体の内外をナトロン(天然の炭酸ナトリウム水和物)に漬け、70日かけて乾燥させる方法でつくられるようになった。脳は鉤棒(かぎぼう)で遺体の鼻孔に穴を開けてかき出し、内臓は切開した左脇腹から取り出した。乾燥後には遺体を洗ってから亜麻布の包帯を巻き、樹脂を塗って完成となる。

ミイラづくりの三つの等級

高級

歴史家のヘロドトスによれば、ミイラづくりには三つの品質があり、すべての工程を行うものは高級のミイラづくりとされ、裕福な人々のためのものだった。

中級

中級のミイラづくりでは、遺体を切開せず、尻から杉油を注入して内臓を溶かし、ナトロンに70日間漬けて脱水・脱脂させ、遺体を骨と皮だけにする方法がとられた。

低級

低級のミイラづくりでは、下剤で腸内を洗浄し、ナトロンに70日間漬けるだけの簡単な方法がとられた。

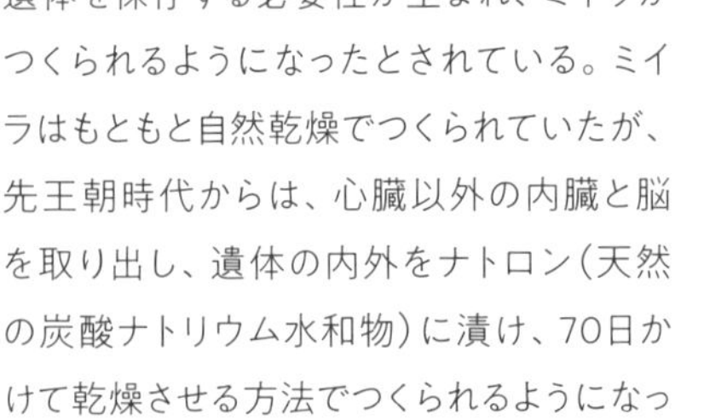

ツタンカーメンのミイラのために特別に織られた包帯

(メトロポリタン美術館)

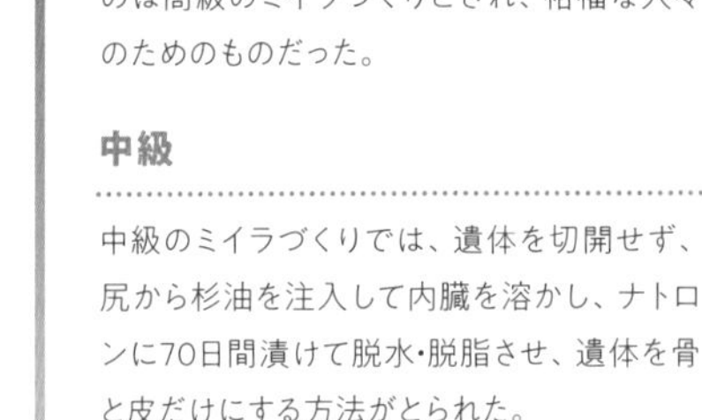

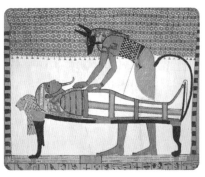

センネジェムの壁画に描かれた、ミイラ職人の様子。

(Erich Lessing/K&K Archive/アフロ)

内臓の入れ物のカノプス壺

ミイラづくりで取り出した内臓のうち、腸・肺・肝臓・胃の4器官は、ミイラづくりと同じ方法で処理したのち、カノプス壺という容器に入れられ、遺体とともに副葬された。カノプス壺は石でできた円筒形の容器で、中王国時代以降は蓋に「ホルスの4人の息子」と呼ばれる4柱神の顔が表現されるようになった。4柱神のうち、ケベフセヌエフは腸、イムセティは肝臓、パピは肺、ドゥアムテフは胃を、それぞれ守ると考えられるようになった。なお、内臓のうち心臓をミイラ内に残すのは、古代エジプトでは心臓が感情や思考の中枢と考えられ、冥界での最後の審判でも必要とされるためである。

カノプス壺
（メトロポリタン美術館）

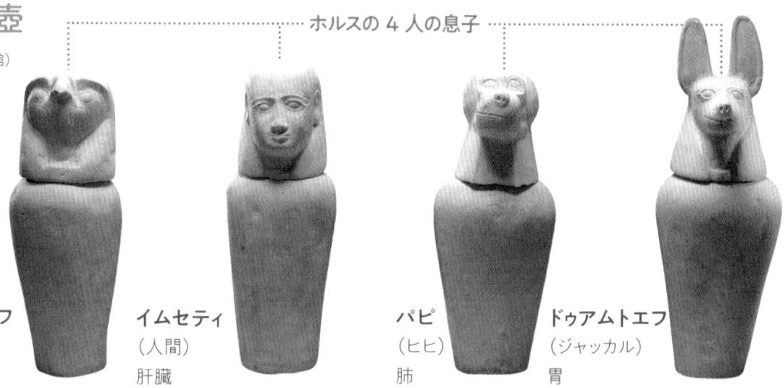

ケベフセヌエフ
（ハヤブサ）
腸

イムセティ
（人間）
肝臓

パピ
（ヒヒ）
肺

ドゥアムトエフ
（ジャッカル）
胃

動物のミイラ

古代エジプトの墓からは、ネコやワニ、ハヤブサなどのミイラも見つかっている。これらは神の化身とされている動物で、死者の来世での復活への祈りを込めて、遺体とともに葬られていたと考えられている。また、死者の来世での食料として供えられた動物のミイラや、飼い主とともに葬られたペットのミイラもあった。また、神への供物として、動物をミイラにすることもあった。

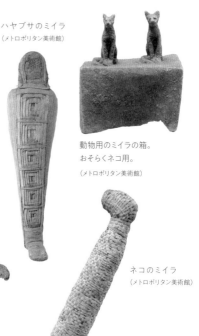

ハヤブサのミイラ
（メトロポリタン美術館）

動物用のミイラの箱。
おそらくネコ用。
（メトロポリタン美術館）

ネコのミイラ
（メトロポリタン美術館）

ワニのミイラ
（メトロポリタン美術館）

葬儀

葬列には神官や供物を持つ者や、泣き女などが並ぶ

ミイラが完成すると、葬儀が行われた。その際の様子は、墓の壁画などに数多く残されている。それらの表現によると、ミイラは舟か棺台にのせられ、供物を捧げられたうえで、墓へと運ばれたようだ。また、ミイラが棺とともに厨子に入れられ、そりのようなもので引っ張られている様子も見られる。カノプス壺も厨子に入れられ、同じようにそりで引っ張られている。葬列には、儀式を執り行う神官や、供物をもつ者、死者の個人的な持ち物などをもつ者などが並び、葬儀で泣くことを職業とする泣き女たちが悲しんでいる様子も見られる。

第19王朝書記のアニのパピルス「死者の書」の葬儀の場面。(Science Photo Library／アフロ)

棺をおさめた厨子には、親族や友人もつき従う。

アニの死を嘆き悲しむ女性。

アニのミイラをおさめた棺。

ラモーゼの墓の壁画に描かれたアメンヘテプ3世と4世の宰相ラモーゼの葬列。(Bridgeman Images／アフロ)

棺とともに、副葬される家財道具も運ぶ召使いたち。

死者の棺を前に、嘆き悲しむ泣き女たち。

ミイラを蘇らせる口開けの儀式

ミイラが墓に着くと、最も重要な儀式である「口開けの儀式」が行われた。多くは、遺体を安置する墓の中庭で行われたが、王の墓ではこの儀式のために特別な葬祭神殿を用意するほど、重要な儀式だった。儀式では、ミイラが入った棺を墓の前に立て、清めて香を焚き、油を塗ったり呪文を唱えたりした後で、ミイラの口や体のあちこちに手斧(ておの)などの道具で触れる。これは、ミイラに口の感覚を取り戻し、食事や呪文の詠唱ができるようにするための行為で、さらには眼や耳、鼻といったほかの部分の感覚をも回復させるものだった。儀式に使われた道具では、魚の尾のような形の刃がついた「ペセシュ・ケフ」というナイフが、知られている。

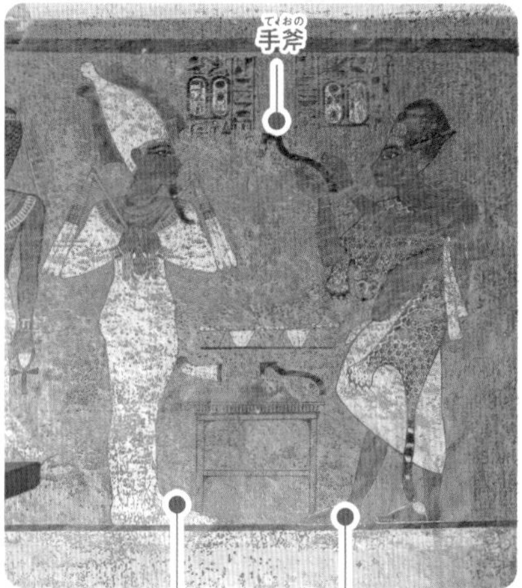

ツタンカーメンの墓の壁画

ミイラの姿をしているツタンカーメン。

ツタンカーメンの後継者アイ。口開けの儀式を行おうとしている。

埋葬

ミイラは棺におさめて埋葬。オシリスをかたどった人型棺も登場

棺によって遺体を保護するという考えは、先王朝時代に始まる。最初は、獣の皮のマットや植物の籠などを用いていたが、ピラミッドが造営された古王国時代には木の板でつくられる箱形のものや石棺になっていく。第12王朝末期には人型棺が現れ、王族や貴族のものは金箔が施されることもあった。王の棺は冥界の神オシリスの姿を取るが、その典型的なものがツタンカーメンの棺である。

ツタンカーメンの墓で発見された王の棺。（ロイター／アフロ）

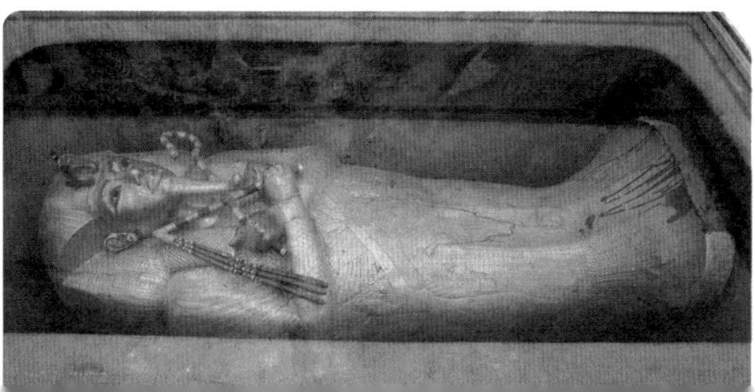

素材も形も様々

護符カタログ

護符は、古代エジプトにおけるお守りのようなもので、日常生活の様々な場面で用いられた。石やガラスなどを材料に、神々や動物の姿だけでなく、「生命」を意味するアンクや、「イシスの結び目」と呼ばれるティトなど、様々なシンボルをかたどってつくられた。また、護符は、冥界において死者を守るものとして、ミイラの包帯の上に置かれたり、包帯の中に巻かれたりした。

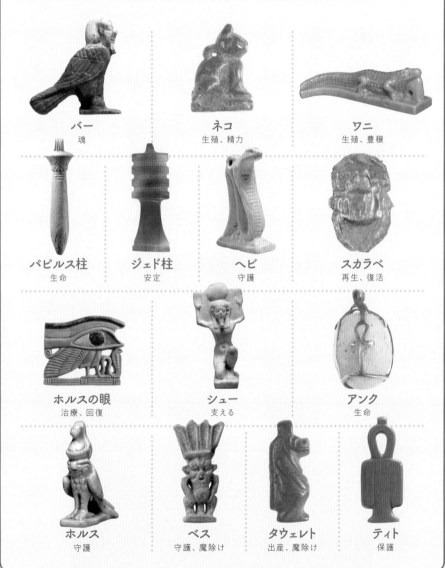

バー
魂

ネコ
生殖、精力

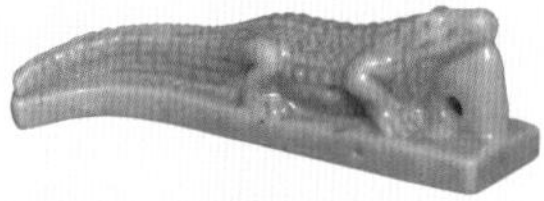

ワニ
生殖、豊穣

パピルス柱
生命

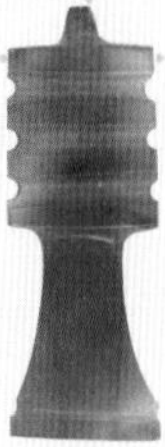

ジェド柱
安定

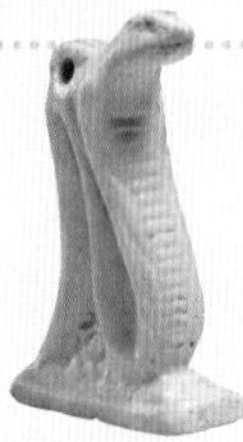

ヘビ
守護

スカラベ
再生、復活

ホルスの眼
治療、回復

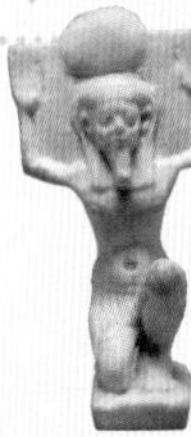

シュー
支える

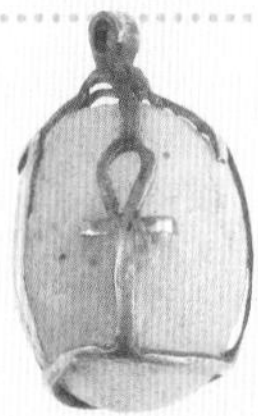

アンク
生命

ホルス
守護

ベス
守護、魔除け

タウェレト
出産、魔除け

ティト
保護

（メトロポリタン美術館）

3章

王の埋葬施設❶
ピラミッドに迫る

ここからは、古代エジプトの王墓について掘り下げよう。
古代エジプトの王墓といえば、ピラミッド。
その歴史や建造方法、有名ピラミッドの謎に迫る。

ピラミッドの歴史

ピラミッドといえば巨大な四角錐の建造物を想像するだろう。
しかし実際は時代によってピラミッドの形状は変化している。

台形から四角錐へ 王墓の発展

王の墓は、先王朝時代には竪坑墓としてつくられた。第1王朝初期には、日干し煉瓦づくりで長方形の台型の上部構造をもち、埋葬室は下部構造としてつくられる「マスタバ墓」(アラビア語で「ベンチ」の意)が現れる。その後、古王国時代には階段状や屈折型を経て、石灰岩の四角錐のピラミッドが主流になり最盛期に。新王国時代、王族の墓地が王家の谷に移ると、ピラミッドは縮小し、貴族の墓として岩窟墓の上の小規模な構造物になっていき、末期王朝時代には現スーダン北部のメロエでピラミッド型の上部構造をもつ墓がつくられた。

ベイト・カラフにあるマスタバ墓。(アフロ)

前3000年 / 前2500年 / 前2000年 / 前1500年

初期王朝時代 前3100〜2686年

第1王朝

ナルメルの墓

最初の王ナルメルの墓は、二つの玄室が連なるだけの質素なつくりだった。先王朝時代の墳墓が密集するアビドスのウンム＝エル・カアブにある。

古王国時代 前2686〜2181年

第3王朝

- ジェセル(サッカラ)
- セケムケト(サッカラ)

第4王朝

- スネフェル(メイドゥム／ダハシュール)
- クフ(ギザ)
- ジェドエフラー(アブ・ロアシュ)
- カフラー(ギザ)
- メンカウラー(ギザ)

第5王朝

- ウセルカフ(サッカラ)
- サフラー(アブシール)
- ニウセルラー(アブシール)
- ウナス(サッカラ)

第6王朝

- テティ(サッカラ)
- ペピ1世(サッカラ)
- ペピ2世(サッカラ)

第一中間期 前2181〜2055年

中王国時代 前2055〜1650年

第12王朝

- アメンエムハト1世(リシュト)
- センウセレト3世(ダハシュール)
- アメンエムハト3世(ダハシュール)

第二中間期 前1650〜1550年

新王国時代 前1550〜1069年

岩窟墓の時代

⇒4章(p.128〜)

第3王朝
ジェセルの階段ピラミッド
高さ:60m
→p.120

第4王朝
スネフェルの屈折ピラミッド
高さ:105m
→p.123

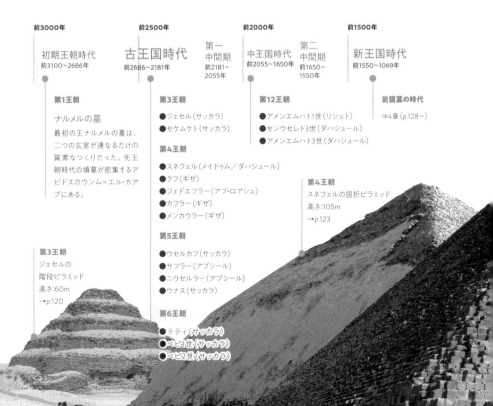

ピラミッドに使用した石材の量　単位:百万㎥

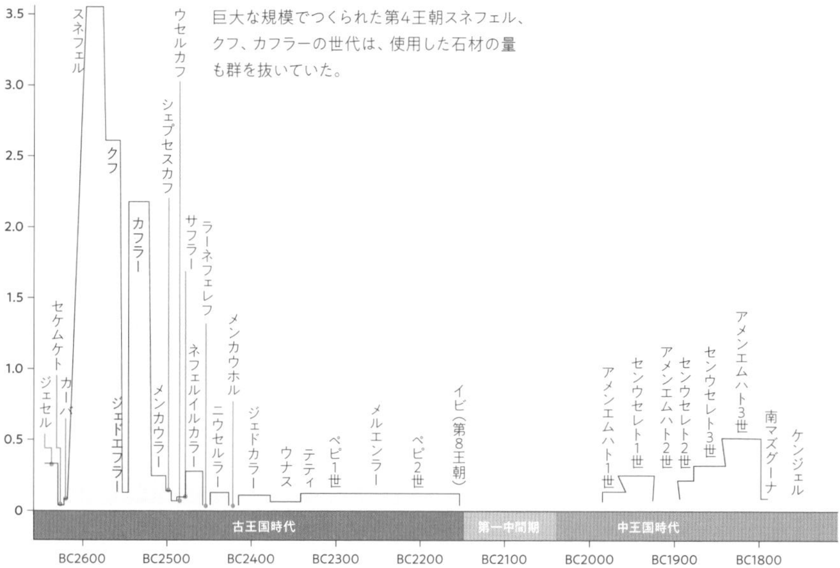

『図説ピラミッド大百科』(マーク・レーナー著)をもとに作成。

前1000年　**前500年**　**1年**

第三中間期
前1069~664年

末期王朝時代
前664~332年

プトレマイオス朝時代
前332~30年

メロエ王国のピラミッド

エジプト文化の影響が色濃かったヌビア(現・北部スーダン)では、エジプト最後のピラミッド造営から800年以上経過した後に、ピラミッド造営が始まった。ナバタ王国やメロエ王国の有力者の小規模ピラミッドは数百基にのぼる。

ピラミッドの場所と形状

ピラミッドの四角錐という形状は創世神話に基づき形つくられ、
当時の人々の世界観が表現されたものであった。

主なピラミッドの分布図

ピラミッドは、ナイル川に沿って1500km以上の広範囲に散在する。階段ピラミッドや三大ピラミッドなどの有名ピラミッドは、ファイユーム地方より以北に集中している。南部は、特にメロエに小規模なピラミッドが密集する。

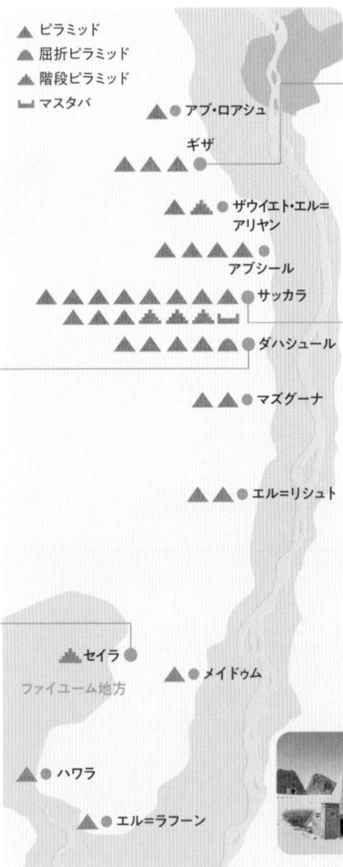

ギザの三大ピラミッド(p.96)

屈折ピラミッド(p.123)

階段ピラミッド(p.120)

黒のピラミッド(p.126)

セイラの階段ピラミッド

ピラミッドはなぜ四角錐なのか?

エジプトには「混沌の海が隆起してできた『原初の丘』が、世界の始まりの大地である」という創世神話がある。初期王朝の神殿には、生命の象徴として土や砂を山にした「原初の丘」が祀られ、やがてこれが石の四角錐となり、ピラミッドの原型となった。

また、エジプト神話の太陽神アトゥムは、ヘリオポリスで自慰により、自らと大気の神と湿気の女神を生み出したとされる。原初の丘とアトゥムを象徴した四角錐の石造記念物を「ベンベン石」と呼び、ピラミッドやオベリスクの頂上に笠石としてのせた。

氾濫したナイル川の風景

1970年代にアスワン・ダムが建設されるまで、ナイル川は毎年夏になると氾濫していた。水浸しの耕作地から見えるピラミッドは、エジプト人の原風景であり、神話の海から隆起する「原初の丘」の風景そのものだったのだろう。

(アフロ)

アメンエムハト3世のピラミッドにのせられていたベンベン石。

今に残るベンベン石と運搬の様子

サフラー王墓のベンベン石を運ぶ様子を描いた壁画。ヒエログリフには「西船の乗組員によって『サフラーの魂は栄光のうちに蘇る』(サフラーのピラミッドの古名)に金で覆われたベンベン石を運ぶ」とある。

ピラミッドは複合施設

ピラミッドとは、四角錐の建造物だけで成り立っているのではない。
多様な機能を果たすための構造をしている。

ピラミッド複合体とは

ピラミッドは砂漠にポツンとある単体の建造物ではなく、周壁に囲まれ、衛星ピラミッド、王妃のピラミッド、葬祭神殿、参道、河岸神殿など、いくつかの要素で構成される複合体（ピラミッド・コンプレックス）である。

ピラミッド・コンプレックスは、ジェセルの階段ピラミッドから始まるが、時代によって施設は省かれたり、増えたりし、配置も変化した。第3王朝期の階段ピラミッドは南北を主軸にしていたが、第4王朝以降は太陽神への信仰から昇る太陽を拝む東西の主軸に変わっている。

第4王朝期の真正ピラミッドは、ピラミッド単体としての完成形であり、第5王朝以降、規模が縮小する。対して付属の神殿は拡大し、さらに「ピラミッド・テキスト」（p.72）が神殿の壁面に刻まれるようになっていく。

参道

河岸神殿からピラミッドへと向かう上昇通路。屋根があり、壁面には現世での生活の様子が描かれた。

サフラーのピラミッドと参道。

カフラーのピラミッドの河岸神殿。

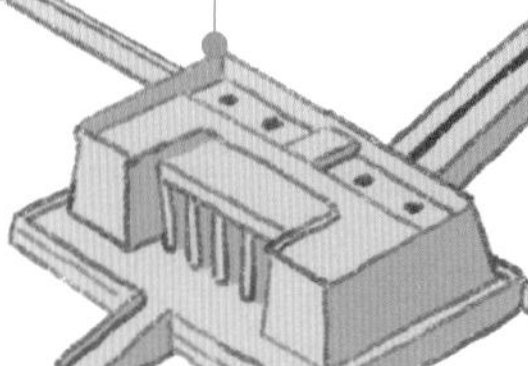

河岸神殿

ナイル川河岸に建てられる神殿で、ピラミッド複合体全体の入口。河岸神殿は、現世と来世の境界とされ、参道へ向かう前廊。ミイラづくりは神殿の入口付近の屋外で行われ、河岸神殿にミイラが安置された。

衛星ピラミッド

周壁の内側に設置された小型のピラミッドで付属ピラミッドとも呼ばれる。王のカーが眠るための場所とされる。

王妃たちのピラミッド

王妃のピラミッドは、王のピラミッドの近くに王より小規模で造営された。

クフのピラミッドの近くに建つ王妃たちのピラミッド。

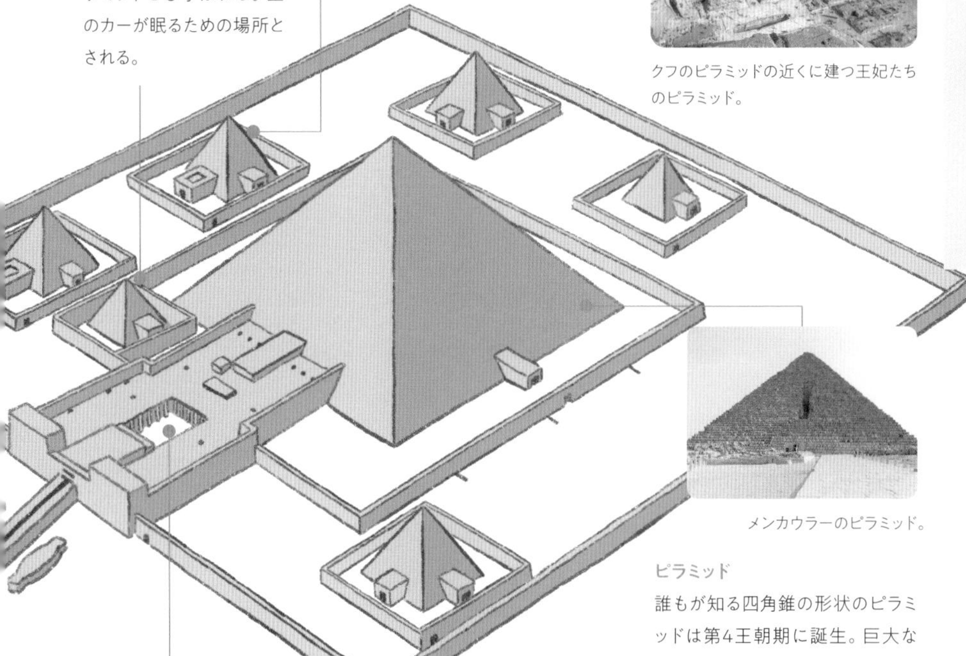

メンカウラーのピラミッド。

ピラミッド

誰もが知る四角錐の形状のピラミッドは第4王朝期に誕生。巨大な石灰岩を積み上げたピラミッドの表面は、かつては化粧石で覆われ、太陽のように輝いていた。時代によっては内部構造は複雑で、未だ解明されない空間もある。

クフのピラミッドの葬祭神殿。

葬祭神殿

王のミイラは参道を通り、「永遠の宮殿」である葬祭神殿へ運ばれた。葬祭神殿では、王の復活と再生を祈るための儀式が行われ、彫像を安置する洞窟があった。葬祭神殿は太陽の再生を表すため、日が昇る東側に設置される。

真正ピラミッドの複合体の例

第4王朝以降の真正ピラミッドは、ピラミッドの正面に太陽光が当たる東向きに造営された。東西の軸線を中心に直線的にピラミッド、葬祭神殿、参道、河岸神殿が配置される。

階段ピラミッドの複合体

第3王朝ジェセルの階段ピラミッドが代表的で東の南端に出入口があり、南北を主軸にする建造物である。神殿は北か南に設けられ、ピラミッド正面にセド祭のための中庭がある。衛星ピラミッドはつくられなかった。

ピラミッドの建設方法

重い石材を大量に使用するピラミッド。ギザのピラミッドを例に
石材の運搬方法や建設方法をたどってみよう。

採石

ピラミッド建設の完遂には、安定した資材供給が不可欠である。かつてピラミッドの主材料であった石灰岩は、ギザの場合、主にナイル川の東側から運び込まれたものと考えられていたが、実際にはほとんどが西側のピラミッド建設地の側で切り出されていたことがわかっている。実際ギザのピラミッドは石灰岩の巨大な岩盤上に建っており、この岩盤層の石切場から採石がされた。

周辺地域で採石されない赤色花崗岩や玄武石は、遠征隊がアスワンやファイユームまで遠征し、ギザへ運ばれた。近年発見された建設当時の監督官による「メレルの日誌」には、ピラミッド表面を覆う良質の石灰岩が東側のトゥーラで採石され、ナイルの運河を通って運ばれる内容が記されている。また、シナイ半島へも遠征し、当時、最強の金属だった銅やトルコ石をギザへ運んだことも知られている。

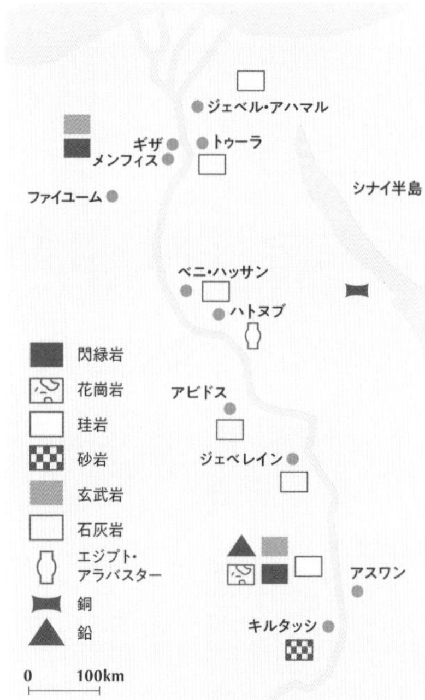

アスワンの花崗岩採石場。

カフラーのピラミッド付近にある採石場。

石材の運搬

クフの大ピラミッドには、約2.5tの石材ブロックがおよそ200〜300万個使用されているともいわれている。その運搬作業はすべて人力で行われ、建設のための道具や方法は「滑車の原型(回転しない)」「テコ」「傾斜路」であった。

近年、南のハトヌブの採石場で発見された傾斜路には両脇に階段があり、その階段に滑車となる木杭を打つ穴が設けられていた。石材はロープを結んだソリに乗せられ、滑車を通したロープを傾斜路の上下から引くことで石を運び上げたと考えられる。

広い作業場がない場所ではテコの原理で石の片端をもち上げ、そこに木材を差し込み、反対側をテコでもち上げる作業を繰り返すことで石を運んだ。クフのピラミッドの石には、テコを用いたと思われる溝の跡が残っている。

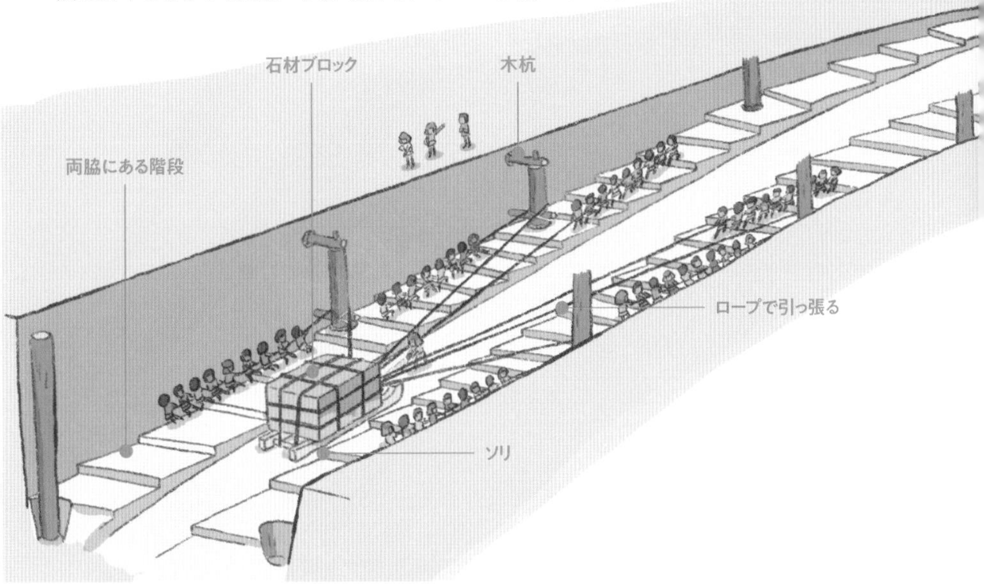

クフのピラミッドの石材に残る、テコの原理を用いた跡。写真にある窪みに木材を差し込むことで、石をもち上げた。

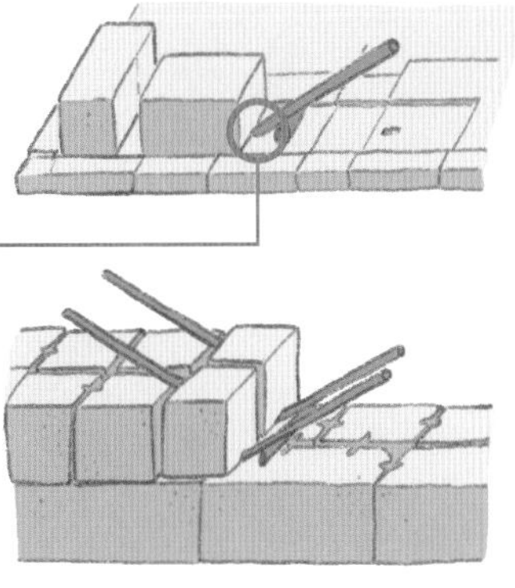

石の積み上げ

ピラミッドは石材を積み上げた組積造の建造物である。石積みの方法には諸説があるが、傾斜路を設けて石を運んだとの説が一般的だ。傾斜路の形状は多様であるが、大きく直線型、螺旋状、ジグザグ型に分類される。いずれもメリットとデメリットがあり、その議論は尽きない。

ピラミッド以前のマスタバ墓でも傾斜路はつくられている。第4王朝のスネフェルのピラミッドには直線傾斜路の跡が見つかっており、第6王朝の宰相の玄室には、重い蓋を棺に設置するための傾斜路がそのまま残っている。

直線傾斜路説

いろいろな傾斜路説がある中、最も有力なのが直線型の傾斜路説である。直線傾斜路説の第一人者であるフランスの建築家ジャン=フィリップ・ロエールは、メインの直線傾斜路と小規模な直線傾斜路が複合して使われたのではないか、と考えた。しかし、傾斜路の建造自体に多大な資材と労力が必要となることから、現実的でないともされる。

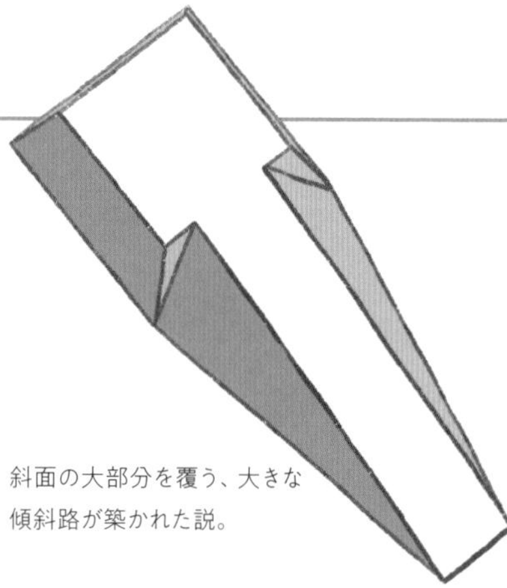

斜面の大部分を覆う、大きな傾斜路が築かれた説。

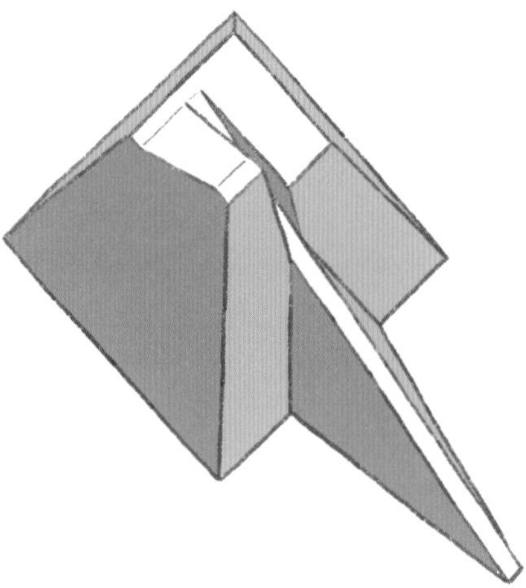

ピラミッドに組み込まれるように斜面の一部分だけを覆う、1本の傾斜路が築かれた説。

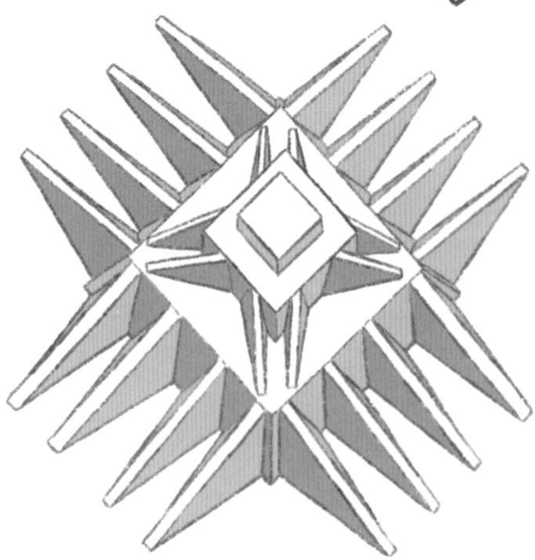

一つの斜面に複数の傾斜路を築き、四面に小さな傾斜路が連なる説。

螺旋傾斜路説

傾斜路の建設にかかる資材や労力を最小にできるのが螺旋状傾斜路説である。ピラミッドの外側に1本、またピラミッドの四隅から4本の螺旋状が巻きつくように傾斜路をつくる説だが、ピラミッドの角の稜線がまっすぐにならないのではないか、という指摘がある。

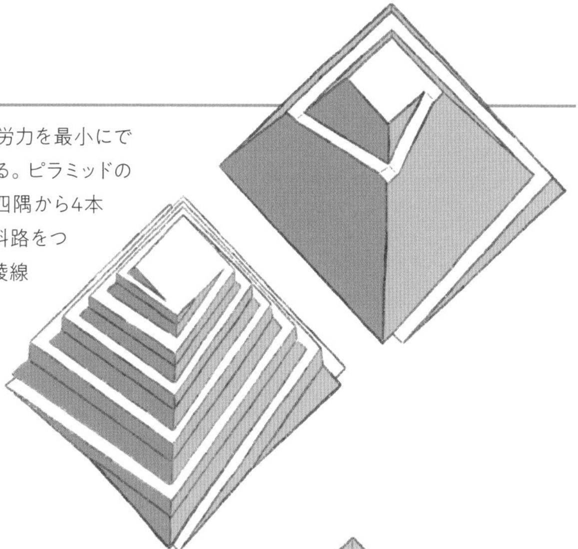

ジグザグ傾斜路

ピラミッドの壁の一面にジグザクの傾斜路をつくるという説で、使用する建材が少なく、構造的にも安定している。イギリスのエジプト学者ピートリは、ある程度まで直線傾斜路を使い、上部のみジグザク傾斜路を使う複合説を提唱した。

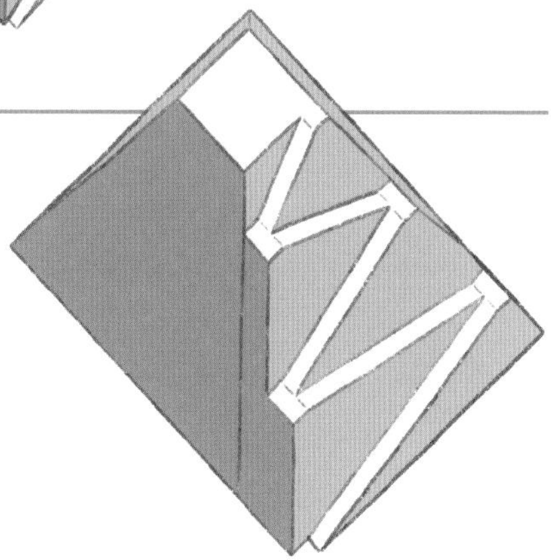

内部傾斜路説

フランス人建築家ジャン・ピエール＝ウーダンの説。ピラミッド内部に螺旋状の傾斜路あったとすれば螺旋傾斜路説の稜線問題が解決するが、そもそも複雑すぎる構造でピラミッドの稜線も上から下へと削られたと考えられ、現在は否定されている。

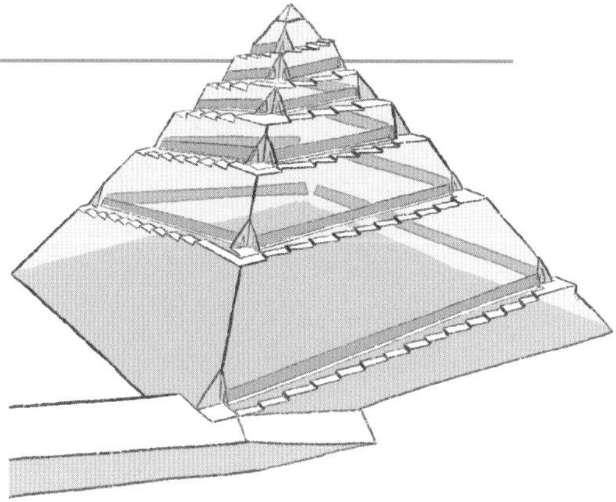

内部構造がわかれば建設方法もわかる

隆盛期のピラミッドがどのように建設されたかは、未だ解けない謎である。大きな手がかりとなる内部の組積造についても、ギザの三大ピラミッドはクオリティが高いがために保存状態が良く、ほかの時代のピラミッドのような崩れ部分がないため、調査が難しい。現在は　①外側と同じように整形された石を水平に積む　②石材がピラミッドの中心に向かって傾斜して積まれ、レイヤー状の付加構造になっている　③中心に全体を構造的に支える階段状のコアがある　の三つが代表的な説である。

内部の石組構造の推測 → 傾斜路の形状

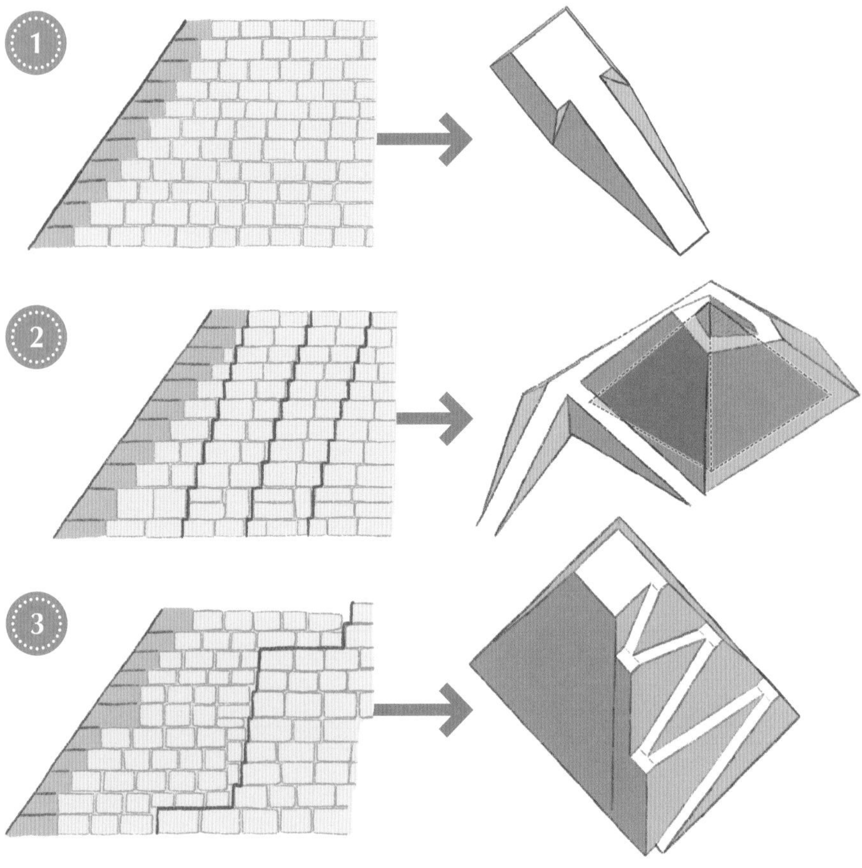

内部の組構造は、建築方法に深く関わる。水平に石を積む①は直線傾斜路に、②であればピラミッドに寄りかかるような螺旋傾斜路が、③であればジグザグ傾斜路が説得力を帯びる。

最新！

内部構造に迫る窪み

保存状態の良さから内部構造の解明が進まない大ピラミッドであるが、入口付近や北東80mにある窪み、頂上部などの数少ない場所から、内部が観察できる場所がある。近年、北東の窪みで最新技術を用いた調査が行われた。この窪みは石材がはがれ落ちてできたもので、その奥には洞穴のような空間が存在していた。大ピラミッド表面は精緻を極めた石組み構造をもつ一方で、窪み部分のむき出しになった内部の石組みは石と石の隙間があき、かなり不規則なものだった。最新の3D調査によると、洞穴の空間には砂や瓦礫などの充填材が入れられていることが示唆されており、こうした空間がほかにもあると考えられる。これは、前述の三つの石組み構造の仮説とは異なる結果であり、さらなる解明が期待される。

北東80mにある窪み。表面の石材がはがれ落ちているため、内部の石組みがわかる状態。奥には洞穴がある。

3D観測データによってつくられた平面図。
(Produced by LANG CO., LTD)

頂上部の仕上げ

ピラミッド建設の最後の難関は、作業面積が極めて狭い頂上部へ石材や笠石（ベンベン石）を運搬することである。作業のためにテラス式の階段を設けたと考えられ、石材が木造の足場まで運ばれると、その先はテコを用いて石を動かし、所定の場所に据えつけたと考えられる。

赤のピラミッドの笠石。下層部の石が積まれたあと、頂上部にのせられた。

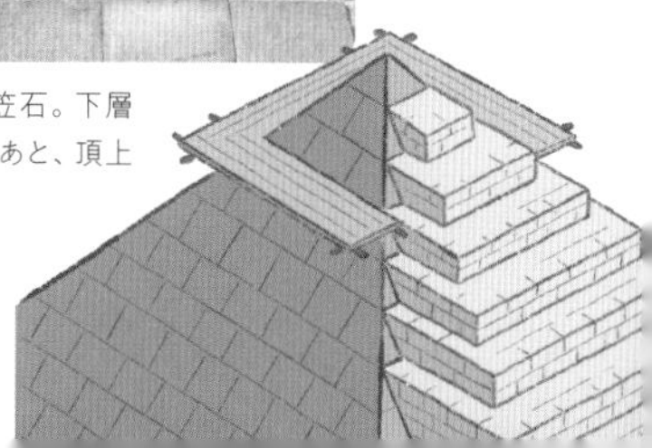

ギザの三大ピラミッドに迫る

ピラミッドといえば思い出されるのが、ギザの地。
ここに建つ有名で壮麗な3基のピラミッドを解説していこう。

ギザを選んだ理由

クフ、カフラー、メンカウラーの3基のピラミッドが建つギザは、東西に2.2km、南北に1.1kmに石灰岩の岩盤が広がる台地である。巨大ピラミッドの造営地としてギザが選ばれたのは、クフの父スネフェルの苦い経験を教訓にしたものだ。スネフェルは地質的難題の多いダハシュールにピラミッドを造営し、地盤沈下に苦しめられた。強固で厚みのある堆積層からなるギザの地盤は、大ピラミッド建設に最適な土地であった。

ギザは王墓や神殿が建ち並ぶ「死者の都市（ネクロポリス）」であると同時に、生きた王や貴族やピラミッド建造の労働者が暮らす都市（ピラミッド・タウン→p.116）でもあった。それまでの王都メイドゥムに代わる宗教的、政治的な拠点であり、当時、盛んになりつつあった地中海地域との交易拠点としても有利な立地だったと考えられる。

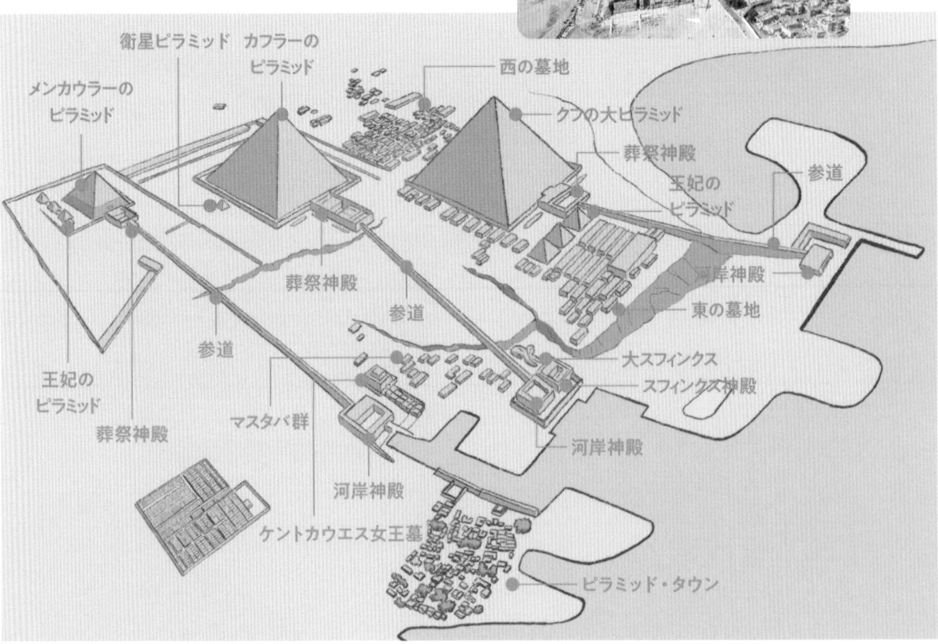

三つのピラミッド配置の謎

クフとカフラーのピラミッドの南東角を結び、直線上に24kmほど北東に進んだ先には、太陽信仰の発祥の地「ヘリオポリス(太陽の都)」がある。ナイル川をはさみ東西をつなぐ直線は、ヘリオポリス遺跡にあるオベリスクに焦点が合っている。太陽の運行を象徴的に表したと考えられ、配置から、太陽信仰との関わりが見てとれる。また、クフとカフラーのピラミッド西側は、カフラーとメンカウラーの葬祭神殿正面とほぼ同一線上にある。

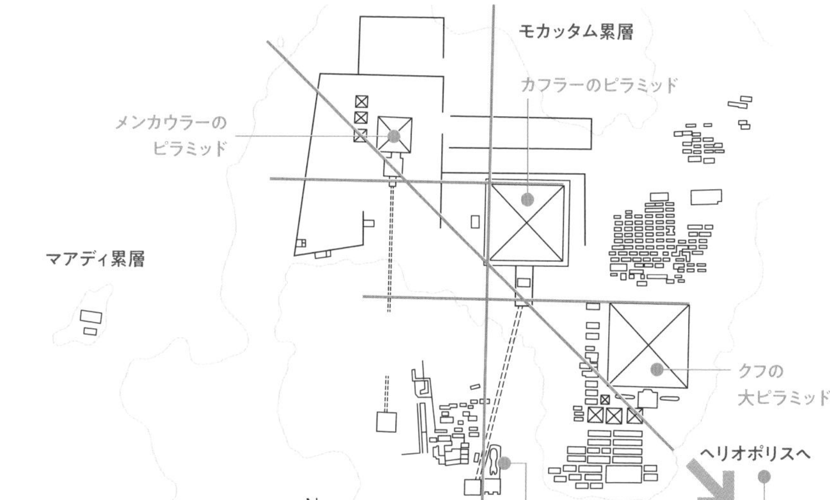

大スフィンクス

石切場の岩山に削ってつくられた大スフィンクスは太陽信仰に深く関わる。カフラーのピラミッド南側と大スフィンクスの南側のラインもそろっており、大スフィンクス自体は東から昇る太陽に向いている。

ヘリオポリスへつながる

ヘリオポリスのオベリスク。太陽信仰のシンボルで、原初(げんしょ)の丘(おか)を模した尖塔。先端にベンベン石がのり、側面にはセンウセレトの王名が刻まれる。クフとカフラーのピラミッドの、南東角を結んだラインは、ヘリオポリスへとつながっている。

クフの大ピラミッド

クフが造営したピラミッド「アケトクフ(エジプト語で〈クフの地平線〉)」、通称「大ピラミッド」はピラミッドの代名詞ともいえる存在である。底辺1辺が約230m、高さ約146.6mの記録的な建造物には、約200~300万個の石材が使用された。その多くはギザ台地で採石されたものだが、表面を覆う良質な化粧石は対岸のトゥーラから運ばれ、王の間の内装にはアスワンの赤色花崗岩が使用されている。

規模、建築技術のどちらをとっても偉業といえる壮大なピラミッド計画の総監督は、クフの甥で宰相でもあったヘムイウヌが務めた。驚嘆すべき才能の持ち主であったヘムイウヌには〈王の印璽(いんじ)を運ぶ者〉〈バステトの神官〉〈アピスの番人〉など数々の宗教的役職があたえられていた。大ピラミッドと関連施設の建造には、20年以上を要し、ヘムイウヌは生涯をかけた大事業を見届けることなく、亡くなったとされている。

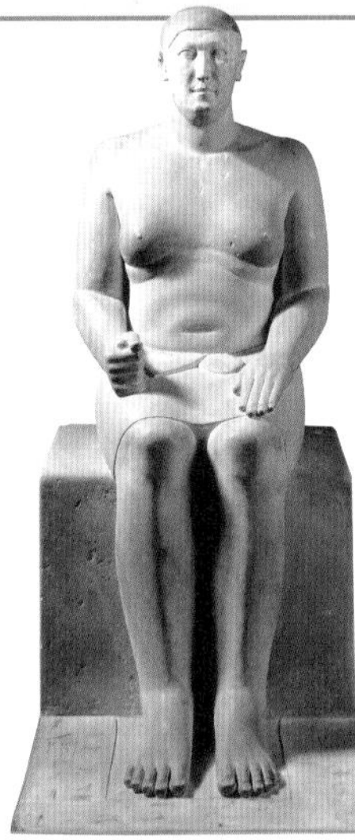

大ピラミッドの監督官ヘムイウヌ

ギザで発見されたヘムイウヌの像。肥満気味に見える体躯は、富と権力を象徴している。
(New Picture Library／アフロ)

盗掘口と入口

大ピラミッドは、現在二つ入口があるように見えるが、一つは盗掘用の穴である。本来の入口は北側の19段目の高さにあり(写真上)、アル=マアムーンの盗掘口はそのさらに下に位置する(写真下)。盗掘口は、火と酢を使って掘り進められ、偶然、下降通路につながった。現在は、盗掘口が観光客用の入口となっている。

大ピラミッドの複合体

クフの大ピラミッド複合体は、前王スネフェルのピラミッド複合体に比べても大規模な葬祭神殿をもち、ナイル川と参道をつなぐ河岸神殿、衛星ピラミッド、三人の王妃たちのピラミッドによって構成される。大ピラミッドの東側には王族のマスタバ、西側には高官のマスタバが規則的に配置されている。

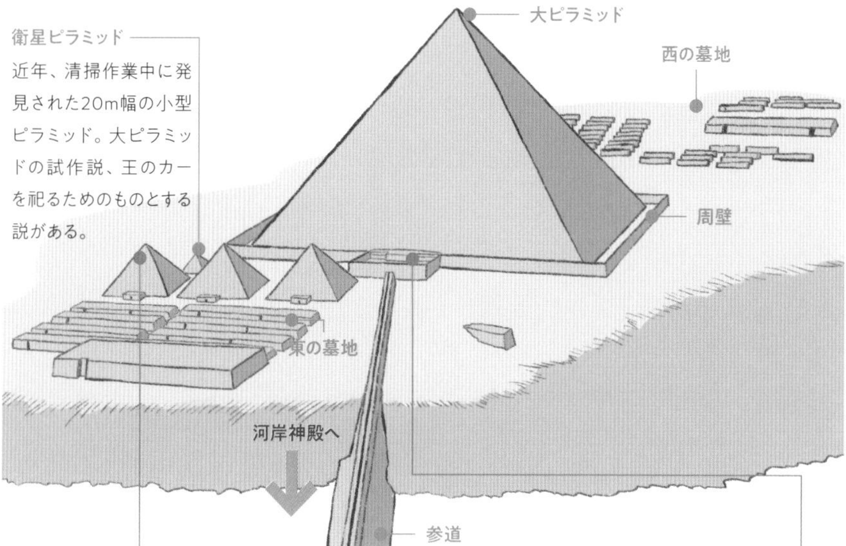

衛星ピラミッド
近年、清掃作業中に発見された20m幅の小型ピラミッド。大ピラミッドの試作説、王のカーを祀るためのものとする説がある。

参道
長さ約740mの参道。葬祭神殿や参道の石材は中王国時代に再利用され、かつては荘厳なレリーフで覆われていた。

王妃たちのピラミッド

大ピラミッドの東側に並ぶ3基のピラミッド。2基がクフの王妃、北側1基がクフの母でスネフェルの妻ヘテプヘレスのものである。ヘテプヘレスのピラミッドの北東で、ヘテプヘレスの未盗掘の墓が発見され、石棺やカノプス壺の箱など良質の副葬品が見つかっているが、ミイラは発見されなかった。

葬祭神殿

一辺の幅が50mを超える大神殿だったが、現存するのは黒色玄武石の床の一部や花崗岩の柱の受け口のみである。

大ピラミッド内部を解剖

クフがピラミッドの地上より上に玄室（王の間）を設置したのは、極めて挑戦的な試みであった。大ピラミッドには「地下の間」「女王の間」「王の間」の三つの部屋がある。王の石棺はこれまでのピラミッド同様地上よりも低い「地下の間」に安置する予定であったが、星辰信仰（天体現象を崇める自然崇拝の一種）の影響で地上に変更した説、途中の計画変更はありえないため、王の肉体とカー〈生命力〉のための複数の埋葬場所を用意した説などがある。

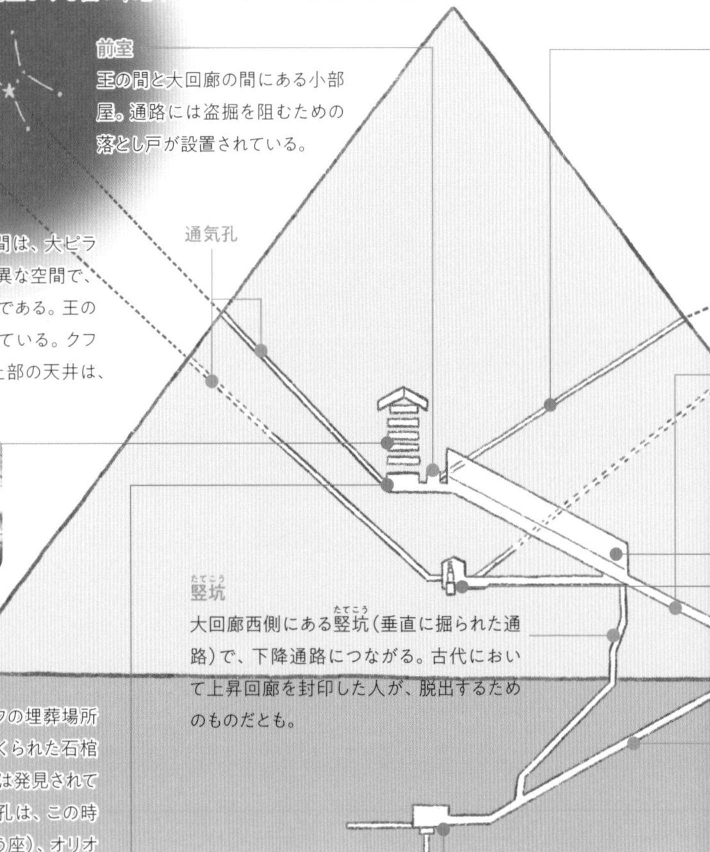

前室

王の間と大回廊の間にある小部屋。通路には盗掘を阻むための落とし戸が設置されている。

重量軽減の間

5層からなる重量軽減の間は、大ピラミッドでしか見られない特異な空間で、各層の床面積はほぼ同じである。王の間にかかる重力を分散している。クフのヒエログリフがある最上部の天井は、切妻屋根のような形状。

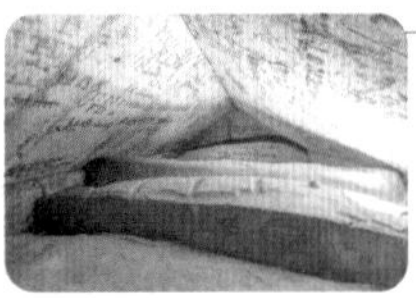

竪坑

大回廊西側にある竪坑（垂直に掘られた通路）で、下降通路につながる。古代において上昇回廊を封印した人が、脱出するためのものだとも。

王の間

地上43mに位置する。クフの埋葬場所とされ、赤色花崗岩でつくられた石棺が置かれていたが、ミイラは発見されていない。南北にある通気孔は、この時代の北極星トゥバン（りゅう座）、オリオン座のアルニタクに焦点が合っている。

地下の間

下降通路の突き当たりにある未完成の部屋で、地下30mに位置する。下降通路が狭く、石棺を運べないため、玄室とは考えにくい。

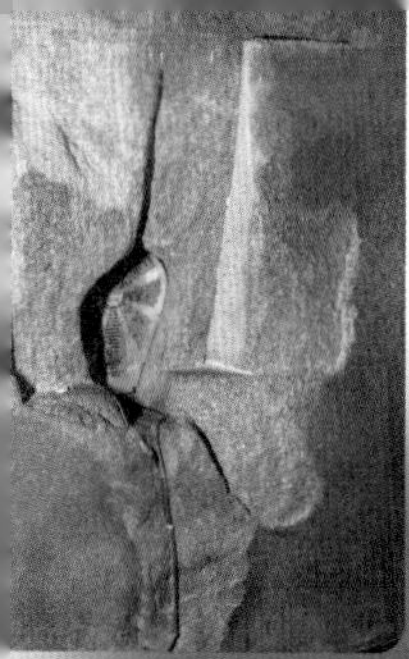

通気孔と星座

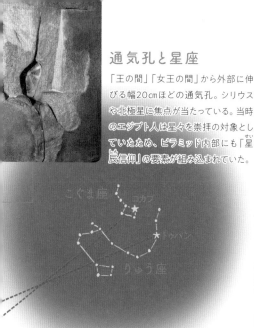

「王の間」「女王の間」から外部に伸びる幅20cmほどの通気孔。シリウスや北極星に焦点が当たっている。当時のエジプト人は星々を崇拝の対象としていたため、ピラミッド内部にも「星辰信仰」の要素が組み込まれていた。

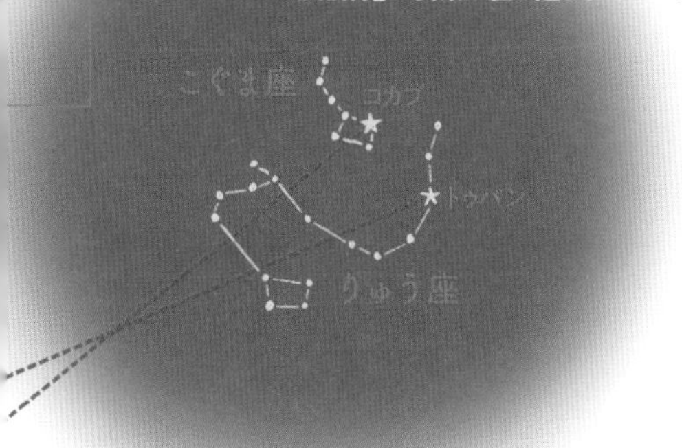

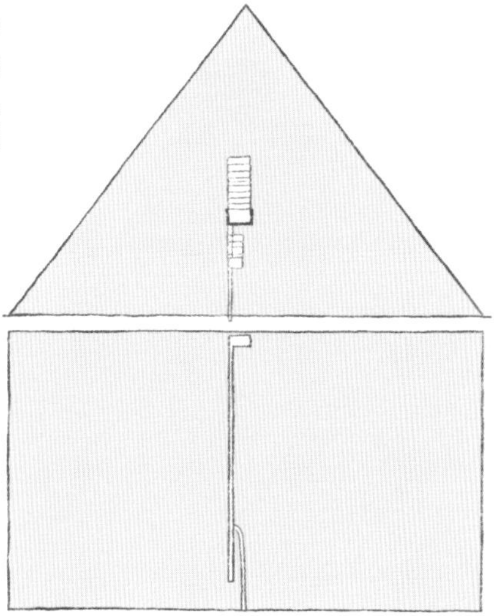

上昇通路

下降通路の途中から始まる上向きの通路で、「女王の間」に通じている。

下降通路

地表から地下に続く急傾斜の細い通路で「地下の間」に続いている。

東西の断面図

左のイラストは南北から内部を表したものだが、上のイラストは東西から見た図で、直線的な構造がわかる。

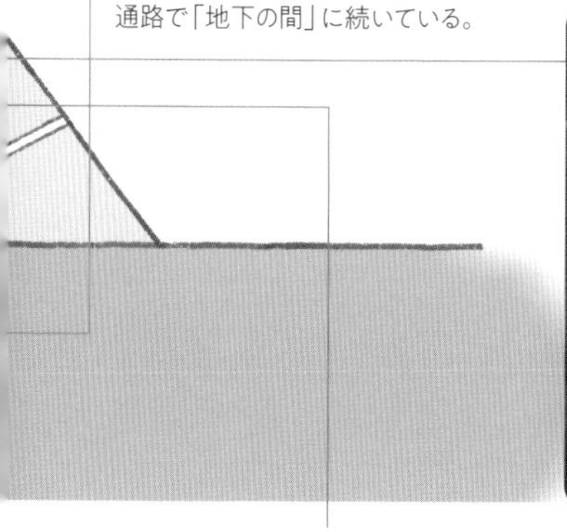

大回廊

長さ約47m、高さ8.7mの大空間は、エジプト内のピラミッドとして最大とされるが、なぜこれほどの広さが必要だったのかはわかっていない。天井に近づくにつれて階段状に壁が狭くなる「持ち送り構造」には、重量の分散だけでなく、続く王の間を際立たせる視覚的な効果もある。

女王の間

地上約30mにある通称「女王の間」は、女王の埋葬ための空間ではなく、王のカーをかたどった彫像がおさめられていたとされる。そのためと思われる持ち送り構造の窪みが東側に残っている。女王の間にある通気孔はシリウスとこぐま座のコカブに焦点が合っているが、外部には通じていない。

最新!

ピラミッド最新研究事情

ピラミッド内部に謎の巨大空間?

2017年、ギザの大ピラミッドに「未知なる空間」が存在するという画期的な論文が学術誌『ネイチャー』に発表された。宇宙から降り注ぐ素粒子の一つミューオンでピラミッドの内部を透視する最新の調査によれば、入口の上の付近と大回廊の真上の地上60~70mあたりに長さ30m以上の大回廊に匹敵する空間があるという。新たな空間の発見に懐疑的な考古学者は少なくないが、いくつかの仮説が立てられている。

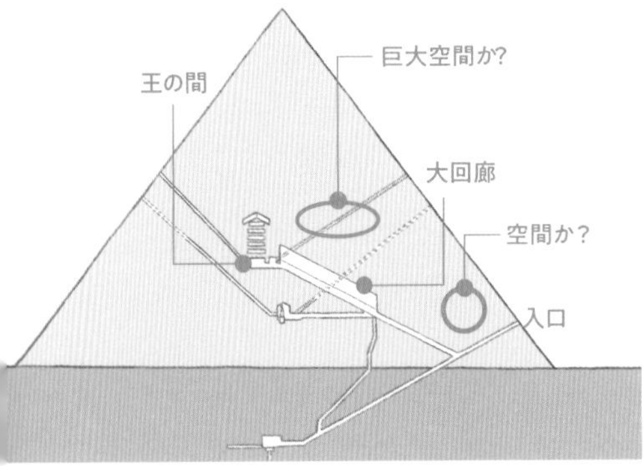

入口の裏にも未知の空間があるという説があり、この空間は大回廊へ続くのではないかともいわれる。

仮説 1 本当の玄室か?

未知の空間を本当の玄室と考える説。大ピラミッドの王の間の天井の梁はひびが入っており、安全性に配慮して別に玄室を設けた可能性が考えられる。しかし、30m超の玄室は現実的ではなく、前室+玄室というように複数の部屋から成り立つ空間の可能性もある。

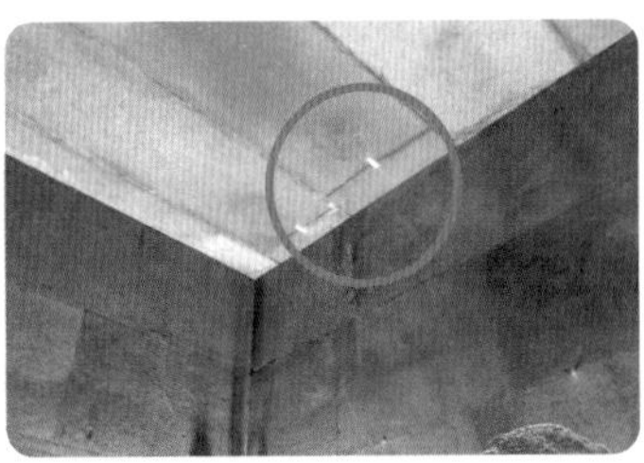

王の間の玄室。部屋の上部に重量軽減の間を設けたが、重量を拡散しきれずにひび割れている。

仮説 2 重量軽減の間か?

大ピラミッドには、重量軽減の間などのように重量を分散させるためのいろいろな工夫が施されている。未知の空間が大回廊の真上にあることから、この空間も重量軽減のための空間とも考えられる。しかし、大回廊はすでに重量軽減目的とされる持ち送り構造であることと、位置的にも上部に離れすぎているという指摘もある。

仮説 3 釣り合い重り設置場か?

ピラミッドの石材運搬に「釣り合い重り」を用いたという仮説から、未知の空間を重りの設置場所だと考える説。釣り合い重りは、重りを用いて対象物をもち上げる、エレベーターなどでも見られる方法だ。しかし、大ピラミッド建設時には釣り合い重りは発明されていなかったため、可能性は低い。

ドローンによる3D計測と頂上部の調査

ピラミッド内部の謎を解き明かすために様々な調査が実施される一方、ピラミッドそのものの測量データは1960年代以降、ほとんど更新されていなかった。しかし、2013年に立ち上げられた「ギザ3D調査」によって、ドローンによる画像データの収集と3D化が開始され、調査は大きく発展した。

大ピラミッドの石積みの段数は202段だが、現在頂上部の石はほぼ失われ、201段目の石が露出した状態とされる。さらに表面を覆っていた化粧板もほぼ失われ、化粧板と建物の中核との間に積まれた裏張り石が露出しているとされる。しかし、化粧板がどの程度失われたのか、裏張り石は失われていないのか、といった部分が明確ではなかった。そこでドローン撮影した画像をもとに3Dデータで解析。現状201段目の一辺の長さが南北11.7m、東西11.9mであることがわかった。もともとの201段目の長さは、底辺の長さにより計算で導きだし、解析データと比較。現状はちょうど化粧板のみが失われていることが判明した。

ドローンで撮影した大ピラミッド頂上部。頂上部は特別な許可がないと登れないため、貴重な写真である。
(World Scan Project/G3DS)

頂上部の石組みにはへこみがあり、テコを用いた跡も見られる。

青 200段目 緑 201段目 茶 202段目

頂上部を俯瞰した平面図。3D測量したデータを2次元化したもの。色の違いは段数を表す。(Produced by LANG CO., LTD)

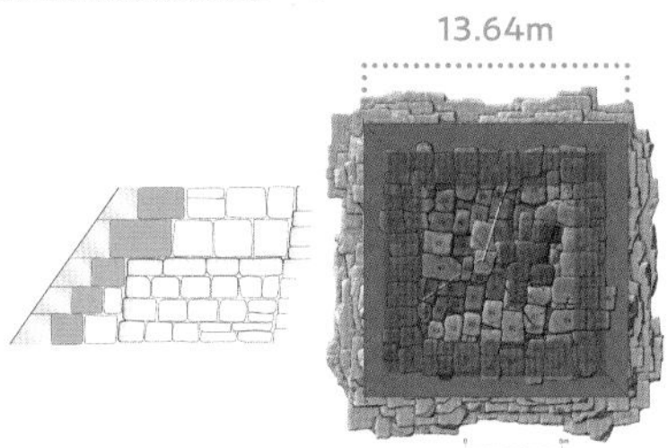

頂上の平面データと裏張り石

ピラミッドの頂上部201段目のオリジナルの長さは、底辺の長さから計算すると13.64mである。3Dデータ解析から現在は南北に11.7m、東西に11.9m。オリジナルと比べると石材1個分足りないことになり、現存部は裏張り石で、化粧板だけが失われたことが判明した。また、石の高さも内部の石組みには凹凸があり、外側の裏張り石だけがほぼ水平を保っていることもわかった。

カフラーのピラミッド

クフの次の王ジェドエフラーは、ピラミッド造営地をアブ・ロアシュに移転したが、カフラーは再びピラミッドの造営地にギザを選定した。これは高まりを増す太陽信仰と王家の葬祭儀礼を関連づけ、王権を強化するためだったと考えられる。

カフラーのピラミッドは「ウェル・カフラー〈カフラーは偉大なり〉」と呼ばれる。高さ143.5mのピラミッドは、クフの大ピラミッドの南西に位置し、夏至には2基のピラミッドの間に太陽が沈むように設計されている。ピラミッドの基盤となる台地はクフより10m高く、またピラミッドの傾斜角度を急にすることで視覚的な高さを演出している。建造物としてはクフのピラミッドのほうが3m高いが、完成したカフラーのピラミッドは、クフより7mほど高い位置にある。

当時のピラミッド外装は、下層部の赤色花崗岩と上部の白色石灰岩の2色で彩られていた。また、北西から南東にかけて傾斜する土地の高低差を整えるため、このあたりの岩盤であるモカッタム累層の地盤を削り、削られた石灰岩をピラミッドの基盤に利用している。

化粧板

カフラーのピラミッドは保存状態が良好で、頂上部にはトゥーラ産の良質な白色石灰岩の化粧石が一部現存している。本来この化粧石は、ピラミッドの下部分まで覆っていたという。

(World Scan Project/G3DS)

状態の異なる石

化粧石の外装がはがれた部分を見ると場所によって、石の積み方や石質が異なることがわかる。途中でいったん作業が中断されたため、頂上に向かうにつれ石材の管理体制を強化したためなどの説がある。

カフラーのピラミッド複合体

カフラーのピラミッド複合体の特徴として巨大な石灰岩でつくられた葬祭神殿と、大スフィンクスやスフィンクス神殿の存在が挙げられる。葬祭神殿の構造は、後のピラミッド複合体の標準となる五つの要素（入口広間、屋根のない中庭、王の彫像を安置する五つの壁の窪み、供物を納める五つの倉庫、至聖所（しせいじょ））を含んだ初の例とされる。役割が不明の至聖所は「死した王は冥界の王オシリスとなる」という信仰に関係すると考えられる。

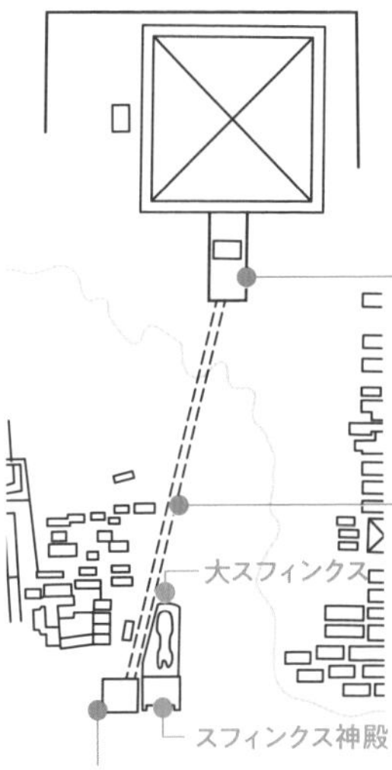

葬祭神殿

巨大な石灰岩でつくられた葬祭神殿。三大ピラミッドの葬祭神殿の中では、最も保存状態が良い。

河岸神殿

ミイラづくりやナイルでの宗教儀式のために運河や港のそばに建設された。複合体全体の玄関的な役割。〈清めの場所〉とも呼ばれる荘厳な神殿には、石灰岩の骨組みを覆う赤色花崗岩、乳白色に光るエジプト・アラバスターの床などの建材が使用された。T字型の広間の壁には窪みが残り、往時は23体もの片麻岩（へんまがん）のカフラー座像（写真右）が置かれていた。この時期、彫像制作が爆発的な規模で行われたが、それをうかがわせる。入口にはスフィンクス像があった痕跡も見られるが、現在は失われている。

参道

葬祭神殿から緩やかに下る参道。かつては屋根とレリーフで装飾された壁があったと考えられる。スフィンクス神殿を避けるためか、葬祭神殿の中心軸より東南にずれている。

河岸神殿から発見された、カフラー座像。23体あったものの一つ。

カフラーのピラミッド内部

カフラーのピラミッドの内部構造は、2本の通路が途中で合流して玄室へ向かう、いたってシンプルなものである。クフの王の間が地上43mにあったのに対し、カフラーの玄室は地下と地上の境界につくられている。これは、カフラーの治世が太陽信仰（天上世界）と冥界神オシリスへの信仰（地下世界）が融合した時代であったことに関わっていると考えられる。

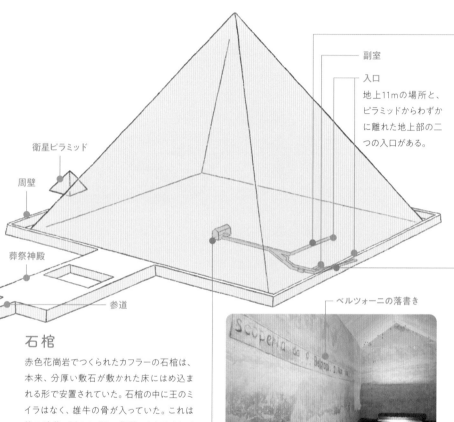

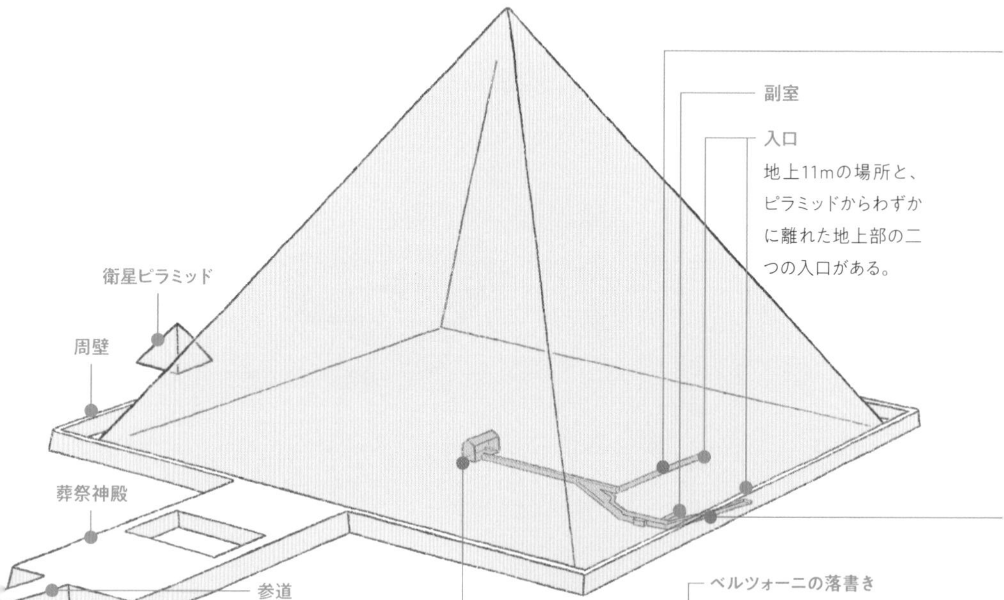

石棺

赤色花崗岩でつくられたカフラーの石棺は、本来、分厚い敷石が敷かれた床にはめ込まれる形で安置されていた。石棺の中に王のミイラはなく、雄牛の骨が入っていた。これは後の時代、王のミイラの代用、またはオシリス神の象徴として捧げられたものであると考えられている。

ベルツォーニの落書き

玄室

玄室の内部には二つに割れた赤色花崗岩の棺と蓋（ふた）が置かれ、床にはカノプスの壺をおさめる穴がある。天井部は重量を分散させるための切妻（きりづま）構造となっている。南の壁にある落書きは、イタリアの探検家ベルツォーニが残したもので、1818年に彼が玄室を発見した際、すでに盗掘後であったことに失望し、腹いせに書いたとされている。

上方通路

下方通路

入口の謎

カフラーのピラミッド内部の最大の特徴は、二つの入口があること。それぞれの通路が玄室に向かう途中で、1本につながっている。上の上方通路は赤色花崗岩でつくられた「赤の通路」で、下の下方通路は石灰岩でつくられた「白の通路」である。二つの入口が存在するのは、地質の亀裂によってサイズ変更を余儀無くされたためと考える向きもある(下イラスト)が、意図的に二つの入口をつくった可能性もある。赤と白の二つの通路は上下エジプトを示しているとも、王の魂の出口と入口だったとも考えられている。

クフを超える
ピラミッド計画を
立てていた
可能性も?

本当の設計計画!?

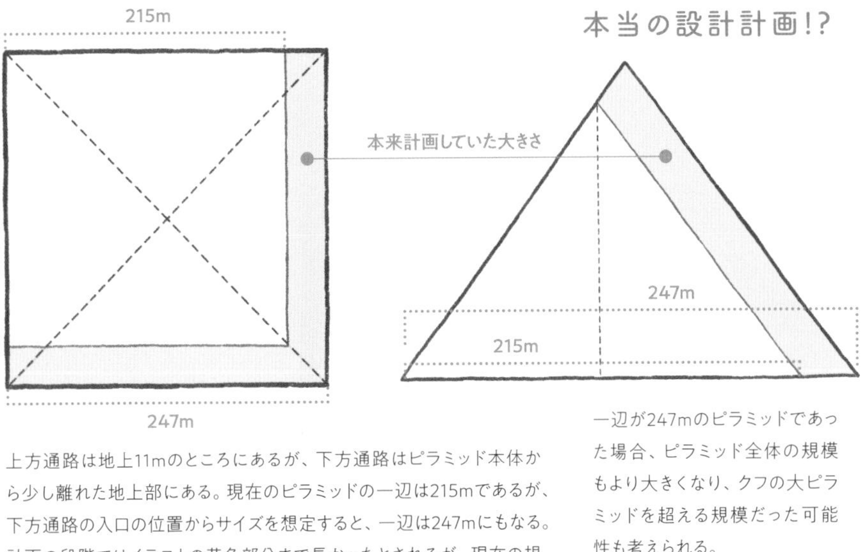

上方通路は地上11mのところにあるが、下方通路はピラミッド本体から少し離れた地上部にある。現在のピラミッドの一辺は215mであるが、下方通路の入口の位置からサイズを想定すると、一辺は247mにもなる。計画の段階ではイラストの黄色部分まで長かったとされるが、現在の規模になったのは北側に走る岩盤の亀裂によるサイズ変更かもしれない。

一辺が247mのピラミッドであった場合、ピラミッド全体の規模もより大きくなり、クフの大ピラミッドを超える規模だった可能性も考えられる。

メンカウラーのピラミッド

メンカウラーは父カフラーや祖父クフに続き、ギザにピラミッドを造営した。「ネチェル・メンカウラー〈メンカウラーは神聖なり〉」と呼ばれるピラミッドは、外装に大量の赤色花崗岩を使用しており、中世のエジプト人から「赤いピラミッド」とも呼ばれていた。ピラミッド本体は前の2基に比べて極めて小さく、基底部の面積はクフやカフラーの4分の1、石材の総重量はクフの大ピラミッドの10分の1しかないが、3基のピラミッドが並ぶことでオリオン座の三つ星を神格化した「サフ」の風景を実現したとも考えられている。ピラミッドの縮小は王権の弱体化が最大の理由とされるが、堅牢な石灰岩の台地がすでに南西の端にしか残っていなかったことも関係しているとされる。

ピラミッド北面にある縦方向の窪みは、イスラム支配だった12世紀にピラミッドを解体して資材を再利用しようとした支配者や、19世紀のダイナマイト爆破によってできたもので、野蛮な破壊行為ではあるものの、皮肉なことに内部構造を知るための大きな手がかりともなっている。

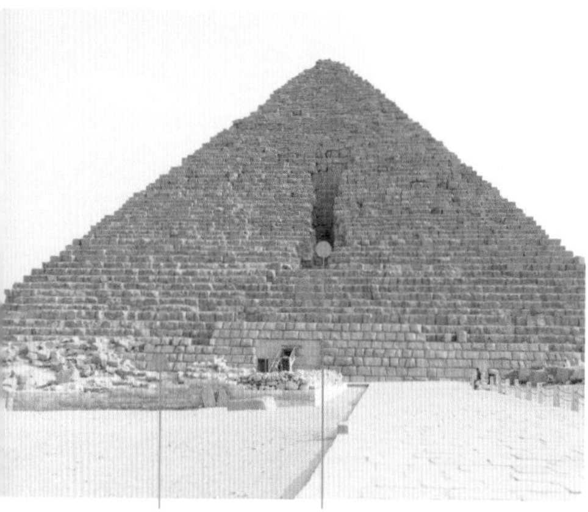

メンカウラーの複合体

メンカウラーのピラミッド複合体は、王の急逝によって未完成のままとなった。未完だった河岸神殿は次の王シェプセスカフによって完成され、そこから三柱神像などの優れた彫像が発見されている。河岸神殿と葬祭神殿をつなぐ608mの参道もついに完成することはなかった。

河岸神殿から発見された三柱神像。中央がメンカウラーで、向かって左がハトホル神、右がノモスの神。

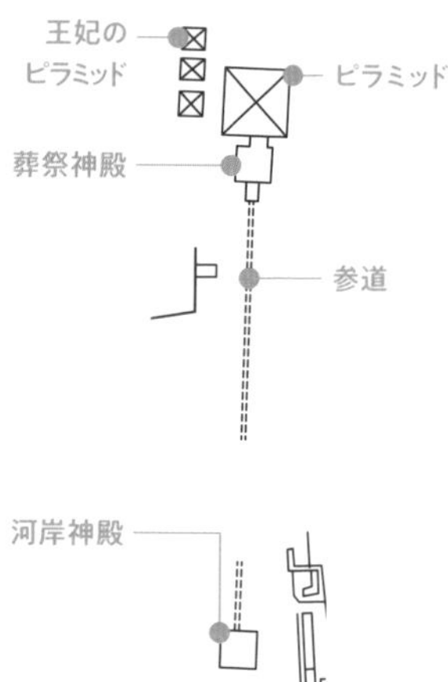

メンカウラーのピラミッド内部

メンカウラーのピラミッドの入口は地上4mにあり、通路の先は水平な装飾部屋につながっている。さらに通路を進むと三つの落とし戸の先に前室、その奥に玄室がある。花崗岩でつくられた玄室の天井は緩やかに湾曲しており、花崗岩を削って装飾を施したものとされている。

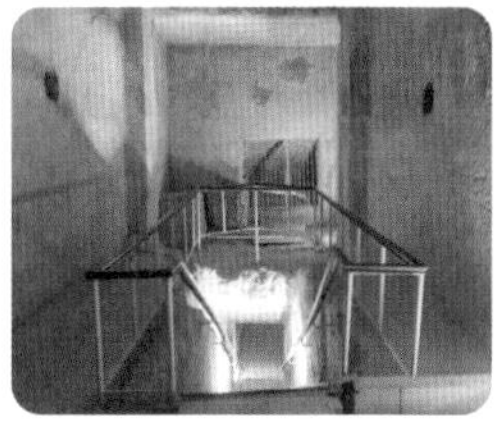

前室

もとはメンカウラーの玄室として設計されたが、計画変更によって前室とされたと考えられる。

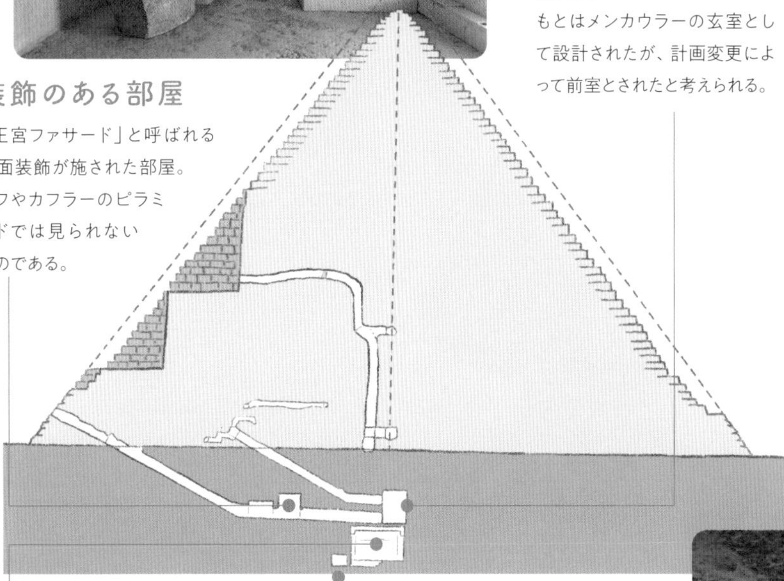

装飾のある部屋

「王宮ファサード」と呼ばれる壁面装飾が施された部屋。クフやカフラーのピラミッドでは見られないものである。

玄室

花崗岩でつくられたメンカウラーの玄室は、これまでの東西方向と違い、南北に向いている。もともと石棺が置かれていたが、発見時に英国へ輸送する途中に海に沈んだ。

副室

六つの小部屋をもつ副室は、儀式のための祭具やカーのための供物をおさめる倉庫のような空間だったと考えられる。第5、第6王朝のピラミッドで標準になる三つの壁龕をもつ東の部屋の原型と考えられる。

大スフィンクス史ビジュアル総覧

ギザの大スフィンクスは現在では広く知られた存在であるが、
実は長い間砂に埋もれていた過去がある。その歴史に迫っていこう。

⓪ 最古のスフィンクス

カフラーの先王ジェドエフラーは、ギザではなくアブ・ロアシュにピラミッド複合体を建造した。実は現存する最古のスフィンクスは、アブ・ロアシュで発見されたジェドエフラー王妃ケンテトゥカの顔をもつもので、ジェドエフラーのスフィンクスも頭部のみ発見されている。

ジェドエフラーのスフィンクス頭部。

(Bridgeman Images／アフロ)

夏至にはクフとカフラーのピラミッドの間のスフィンクスの位置に太陽が沈む。

① 大スフィンクス建造

カフラー治世末期に建造されたものの、未完に終わったギザの大スフィンクス。夏至の日には二つのピラミッドの間を太陽がスフィンクスの後ろに沈む荘厳な風景が見られ、太陽信仰との関わりが見られるが、不思議なことに当時の人々からは崇拝されていなかった。(p.113)

② 約1000年砂に埋もれていた

ギザ台地は北西から南東に向けて傾斜している。低地に建つ大スフィンクスは、度々砂に埋没し、また掘り出された。カフラーの治世で建造中断後、新王国時代までの約1000年、砂に埋もれたままだった。

1858年の写真。砂に埋もれた状態がわかる。
(メトロポリタン美術館)

前3000年 / 前2500年 / 前2000年 / 前1500年

初期王朝時代 前3100~2686年

古王国時代 前2686~2181年 ⓪①

第一中間期 前2181~2055年

中王国時代 前2055~1650年 ②

第二中間期 前1650~1550年

新王国時代 前1550~1069年 ③ ④

❸スフィンクス崇拝の始まり

新王国時代になると、歴代の王によってスフィンクスへの信仰が始まり、トトメス4世の「夢の碑文(ひぶん)」を筆頭に、礼拝堂や神殿など新たな記念建造物が寄進された。

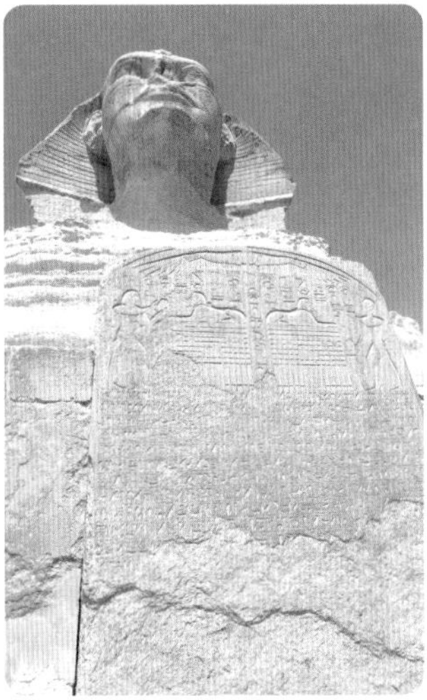

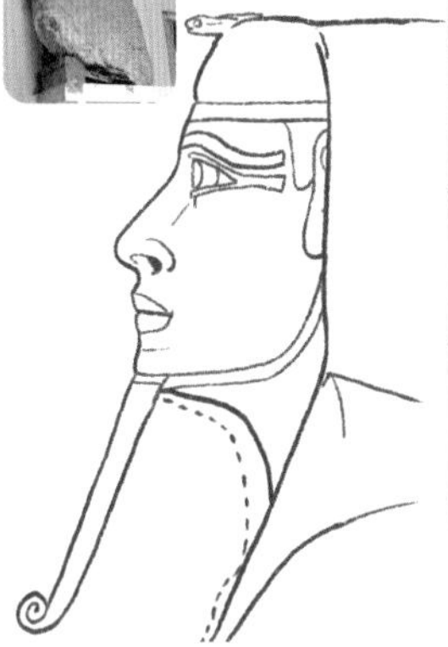

新王国時代には、あごひげも付け加えられた。

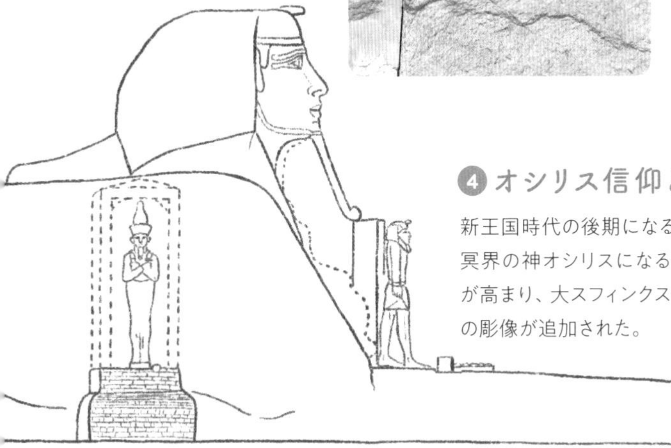

❹オシリス信仰と関わる

新王国時代の後期になると、王は死した後、冥界の神オシリスになるというオシリス信仰が高まり、大スフィンクスの周辺にオシリス神の彫像が追加された。

オシリス神像が建てられていた大スフィンクスの復元。

❺巨大なテラスがつくられる

古代エジプトの時代が終わり、ローマ支配の時代に入ると、大スフィンクスの目前には窪地を降りるための階段状のテラスが設けられていた。しかし、1926年にフランス人技師のエミール・バレズの無秩序な発掘によって破壊されている。

1920年代に撮られたスフィンクス。
(akg-images／アフロ)

前1000年 | 前500年 | 1年

第三中間期
前1069~664年

末期王朝時代
前664~332年

プトレマイオス朝時代
前332~30年

ローマ時代以降
前30~後395年
❺

謎の建造物大スフィンクスとは？

奇妙な半人半獣の形で、今なお明らかになっていない部分が多く残る
大スフィンクスを徹底的に解説していこう。

スフィンクスとは？

ライオンの体に人の頭部をもつギザの大スフィンクスは、古代エジプトのシンボル。古代近東でライオンは太陽、王や王権の象徴とされる。ネメス頭巾を被った王の頭部は、その知性でマアト（〈調和〉や〈正義〉）や権力がコントロールされていることを示すともいわれる。なお大スフィンクスは諸説あるものの、基本的に王のスフィンクスは王の顔を模してつくられた。その他のスフィンクスには、雌牛やハヤブサの頭部のもの、ワニの尾をもつものなど様々あり、ローマ時代には女性の顔をしたギリシャ神話的なスフィンクスが現れる。

ギリシャ語「スピンクス」は古代エジプト語の「シェプセス・アンク〈活ける彫像〉」が語源である。しかし古王国時代のエジプトで大スフィンクスが何と呼ばれていたかは不明で、その建造目的も未だ不明である。

ギリシャ神話の英雄オイディプスのスフィンクス退治の場面を描いた、ギュスターヴ・モローの絵画。ギリシャ神話のスフィンクスは女性の顔をしている。
（メトロポリタン美術館）

カフラーのピラミッド　　クフのピラミッド

様々なスフィンクス。ギザの「大スフィンクス」と呼ばれるスフィンクス（写真上）が有名だが、規模や形状は多々ある。写真右下は、新王国時代の女王ハトシェプストのスフィンクスで、女王の葬祭神殿から発見された。写真右中央は、カルナク神殿の参道で、ヒツジの頭をもち、ライオンの体をしたスフィンクスが並ぶ。

（メトロポリタン美術館）

大スフィンクスの建設場所と地質

カフラーの河岸神殿から葬祭神殿へ向かう参道北の石切場に建つ大スフィンクスは、異なる3層のモカッタム累層という岩盤を削ってつくられた。スフィンクス神殿に、大スフィンクス周辺の石が使われたことが地質学的な構成物の違いで証明されている。

巨大な岩盤を掘ってつくられた大スフィンクス。周囲には石切場の跡が残っている。

大スフィンクス信仰の変遷

大スフィンクスは、ギザのピラミッドと太陽信仰の聖地ヘリオポリスとの結びつきの象徴として、ピラミッド複合体の最後に組み込まれた。しかし、この壮大なプロジェクトは頓挫し、崇拝されることのないまま大スフィンクスとスフィンクス神殿は、約1000年にわたって捨て去られていた。

新王国時代、アメンヘテプ2世は「ホルエム・アケト〈地平線のホルス〉」の化身として大スフィンクスを祀る礼拝堂を建造した。これは増長するアメン神官への反発と王位の復活を意図したもので、以後、王は治世初年にこの礼拝堂を参拝し、新たな建造物を寄進することが通例となった。寄進物で最も有名なのは大スフィンクスの足元の「夢の碑文(ひぶん)」である。王子だったトトメス4世が狩りの途中に大スフィンクスの日陰で眠っていると、大スフィンクスが夢枕に立ち「我は汝に王権を授ける。我を掘り起こすのだ」と告げた逸話が刻まれる。王朝後期には、王が死後、冥界神オシリスになるというオシリス信仰から、大スフィンクス側面にオシリス像が建造されるようになった。

大スフィンクス正面に建つスフィンクス神殿。

スフィンクス神殿の北側に建てられたアメンヘテプ2世の礼拝堂。中には「ホルエム・アケト」と彫られたヒエログリフが。

オシリス神像の台座。像の冠部分も周囲に転がっている。

王朝終焉後の大スフィンクス

12世紀、大スフィンクスはアラブ語で「アブ・ホル〈恐怖の父〉」と呼ばれ、往時の姿を保っていたとされる。しかしその後はピラミッド同様、暴力的発掘の被害に。鼻はおそらく14世紀頃に破壊され、背中に「胴内に秘密の部屋が存在する」と考えた英国軍人ヴァイズによって、穴が掘られている。

18世紀のナポレオン遠征の記録『エジプト誌』に描かれたスフィンクス。鼻が壊された状態である。
（近畿大学中央図書館）

（New Picture Library／アフロ）

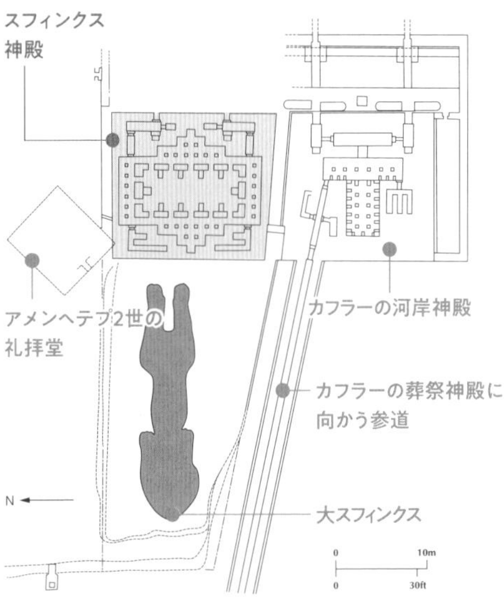

スフィンクス論争

「大スフィンクスは古王国第4王朝のカフラーによって建造された」というのが現在のエジプト学者の総意である。しかし、2000年にピラミッド研究の大家であったライナー・シュタデルマンが新王国時代の碑文研究や遺構の背景などから「大スフィンクスはカフラーではなく、クフが造営した」との新説を打ち出し、熱い議論が繰り広げられた。さらに2001年にクフのライオンのテラコッタが発見されると、ライオンと大スフィンクスを結びつけ、シュタデルマンの説を支持する学者も出てきた。

しかし、ピラミッドとスフィンクス研究の第一人者のマーク・レーナーは、大スフィンクスとスフィンクス神殿、河岸神殿の詳細で膨大な記録をもとにした遺構の「切り合い関係」で新説に反論。切り合い関係は「遺構Aが遺構Bの上にあれば、遺構Aは遺構Bより新しい」という発掘現場での関係性で、建造年の古いカフラーの河岸神殿北側の周壁の一部がスフィンクス神殿に利用されている事実から、カフラーが大スフィンクスが建てたことは疑う余地がないと主張した。

360°から大スフィンクス

巨大な彫像はモカッタム累層の岩盤にU字型の溝を彫り、そこから体を彫り出してつくられた。累層の石灰岩は大スフィンクスの基礎部である最も硬い層、胴体の柔らかい層、頭部の中間の硬度の層の3層からなる。

ひげの支柱

胸部にあるのはあごひげを支える柱跡。あごひげが建造時につけられたのか、あるいは後に追加されたのかは不明で現在も議論が続いている。

修復の跡

層が重なっている

後ろの穴

右の写真の大スフィンクスの後ろにある小さな空洞は、かつてクフの大ピラミッドまでつながっているといわれていたが、調査によって行き止まりであることがわかっている。

供物台

花崗岩の供物台は、スフィンクス信仰の後期、ローマ時代に建造された。

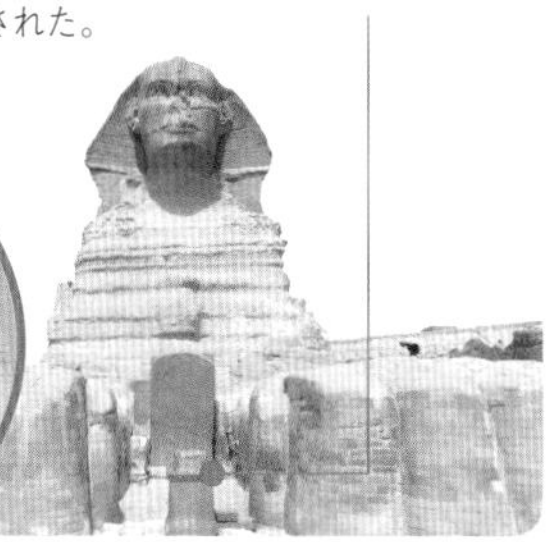

顔

鼻の破壊はイスラム教徒によって14世紀頃に行われたと考えられ、大スフィンクスの鼻を落とした張本人とされるナポレオンの訪問時にはすでに破壊されていた。目的は不明だが、鼻と鼻柱、鼻穴の3方向から長い棒を打ち込み、顔から引きはがす方法で破壊された。額にはうっすらと赤い部分があり、色が塗られていたことがわかる。

亀裂

大スフィンクスの腰の部分には特殊な地質に由来する裂け目がある。ギザの大スフィンクスがカルナク神殿などのほかのスフィンクスに比べて胴長なのは、裂け目のある層を避けるために胴を延長したのが理由と考えられる。

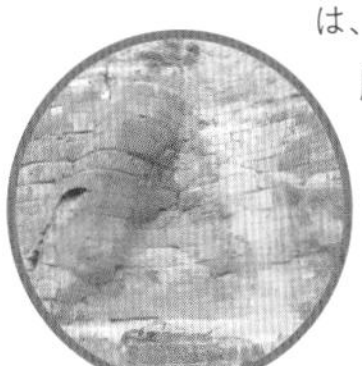

尻尾

ピラミッド・タウンの生活

ピラミッド・タウンには多様な階級の人々が暮らしていたことがわかってきた。
そこでの住民の活動はどのようなものだったのだろうか。

西は死者の町、ではなかった！

「三大ピラミッドを建てた人々はどこで生活を営んでいたのか?」という疑問に真っ向から挑んだのが、アメリカ人考古学者マーク・レーナーのギザ台地マッピング・プロジェクトである。これまでにもメンカウラーの神殿が住居化したものや娘のケントカウエス女王の墓に関連する町は見つかっていたが、三大ピラミッド関連の居住地は特定できていなかった。しかし、この調査によってパン工場が発見され、それを皮切りに大スフィンクスから500mほど南の位置には、巨大な古代都市があることがわかった。三大ピラミッドの建造者たちの町である。「ナイル川の東は生の世界、西は死の世界」のイメージは完全に覆され、おそらく2~3万人のピラミッド建造に関係する人々が西岸で生活していたことがわかった。

大ピラミッド南東の遺構の発掘で見つかった壁（カラスの壁）の跡。(Ancient Egypt Research Associates.)

最初ピラミッド・タウンには、建設のための労働者が暮らした町と考えられていたが、労働者だけでなく、パン職人、労働者を取り仕切る高官、貴族、さらには王族が暮らしていたと考えられる。

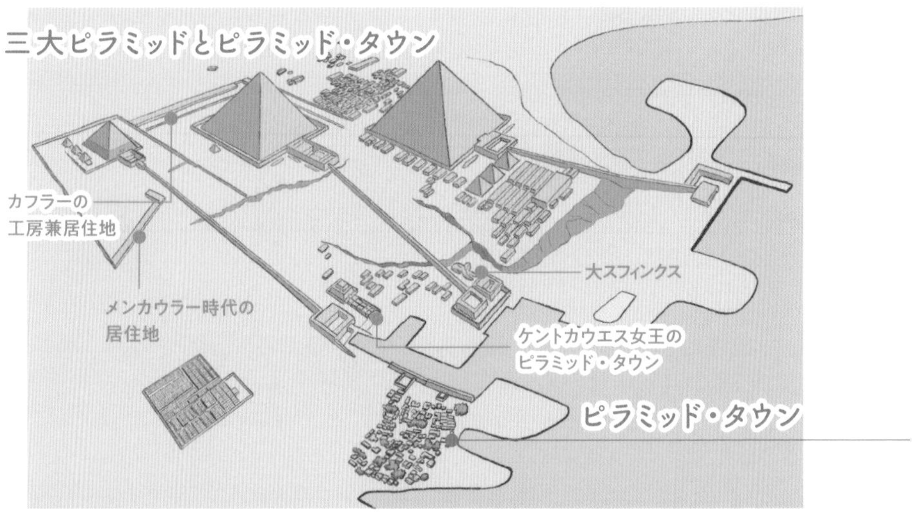

巨大都市だったピラミッド・タウンの全貌

ピラミッドとピラミッド・タウンは、「カラスの壁」と呼ばれる長さ200m、厚さ10m、高さ10mの巨大な壁によって隔てられている。この境界はピラミッドのある側を聖域、人々が暮らす側を俗世として区別するものではなく、数年に一度起こる、砂漠の鉄砲水から都市を守るためのものだったと考えられる。

港湾都市であるピラミッド・タウンは、判明しているだけでおよそ11haの広さがあり、実際はさらに広範囲にわたる巨大都市だったと推測される。都市内部には居住区のほかに行政の建物、穀物庫、パン工場、ゴミ捨て場などが発見され、豊かな都市生活が営まれていたことがうかがえる。

ピラミッド・タウン発掘現場の様子。
(Ancient Egypt Research Associates.)

ピラミッド・タウンの見取り図。右下の部分は、サッカー場だったが、現在発掘が進んでいる。

ピラミッド・タウン各エリアの生活

町の中央部には40〜50人が暮らせる広大な営舎（ギャラリー）が38棟あり、ピラミッド労働者や現場監督、遠征隊の一次的な滞在場所として活用されていた。営舎の隣には二重壁の堅牢な建物があり、穀物庫として管理されていた。東の町は一般の人々の地区とされ、小家屋が密集し、西の町に並ぶ大邸宅には官僚や貴族が暮らしていた。南の町のはずれにはウシを飼うための広大な牧場も運営されていた。営舎は、建設に携わる労働者が生活し、長屋のようなつくりになっていた。

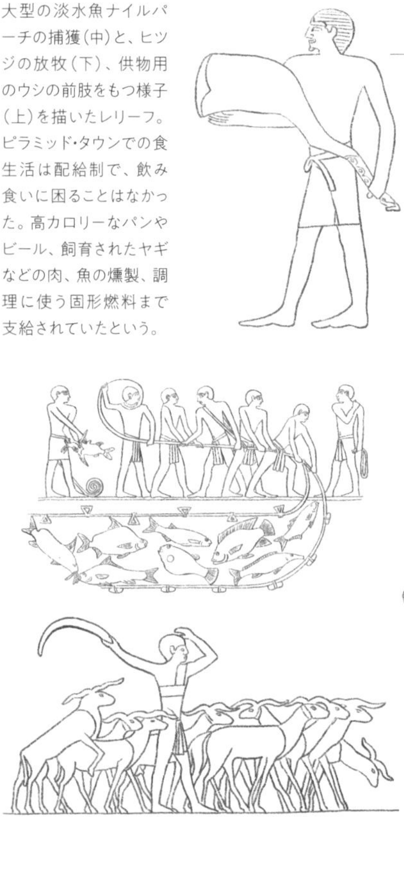

大型の淡水魚ナイルパーチの捕獲（中）と、ヒツジの放牧（下）、供物用のウシの前肢をもつ様子（上）を描いたレリーフ。ピラミッド・タウンでの食生活は配給制で、飲み食いに困ることはなかった。高カロリーなパンやビール、飼育されたヤギなどの肉、魚の燻製、調理に使う固形燃料まで支給されていたという。

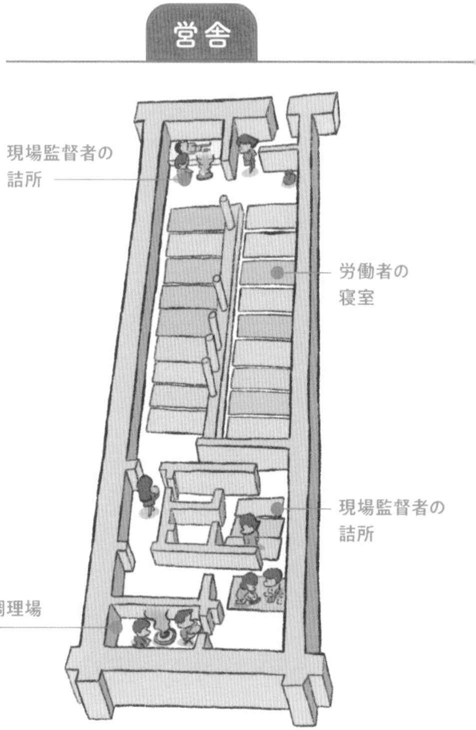

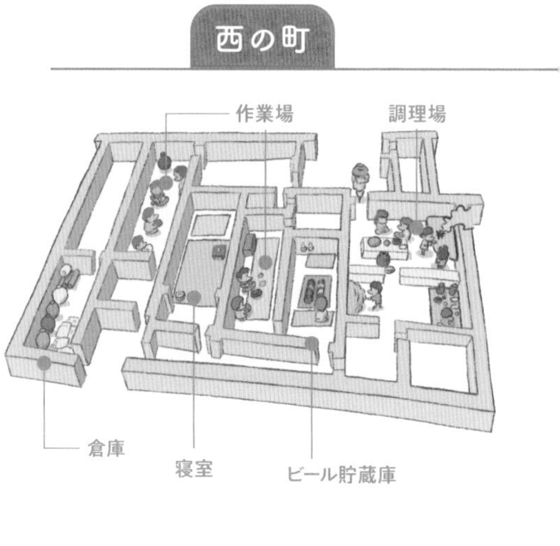

ピラミッド・タウン

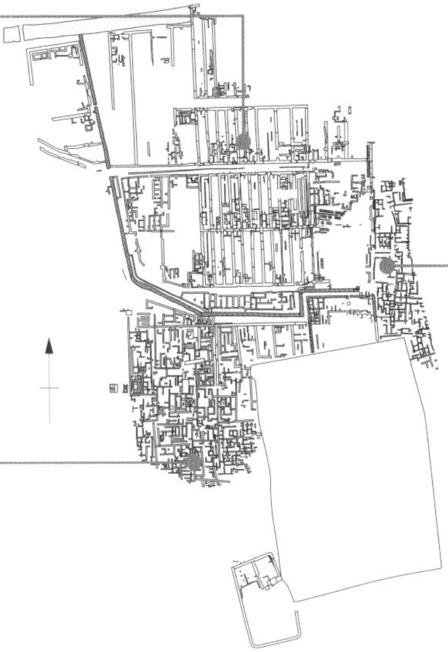

東の町

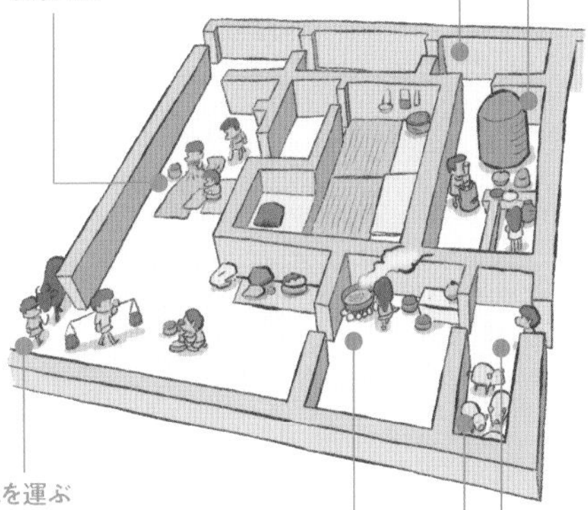

労働者は奴隷だったのか

歴史の父ヘロドトスの間違った伝聞記録によって「ピラミッドは10万人の奴隷の苦役で建造された」という払拭しがたいイメージが植えつけられしまった。

しかし、実際のピラミッド労働者は2000人ほどで、各班が1000人ずつ2隊に分けられ、さらに各隊がサァと呼ばれる五つのグループに分けられた少数精鋭の部隊だった。労働者たちには食事や衣類なども支給され、衣食住が保証されており、奴隷とは程遠いホワイトな事業だったと考えられる。

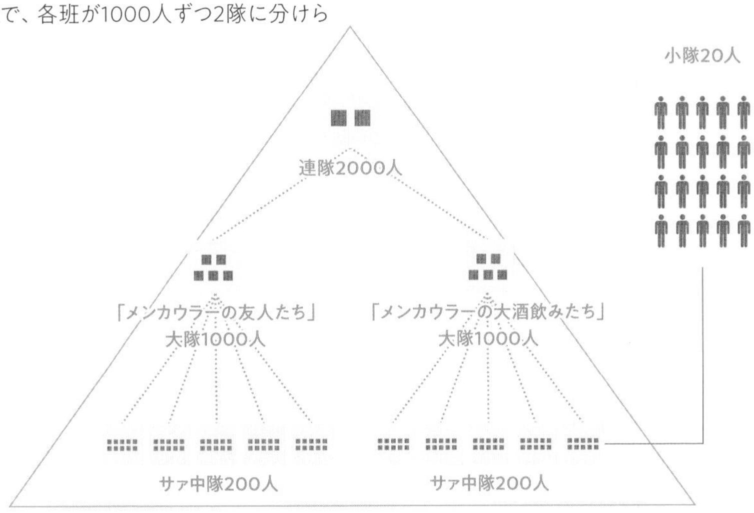

その他のピラミッド

エジプト最古のピラミッドや、赤や黒のピラミッドなど
様々な特徴をもったピラミッドを紹介しよう。

ジェセルの階段ピラミッド

　エジプト最古のピラミッドは、サッカラの小高い台地に建つジェセルの階段ピラミッドである。ジェセル以前の王墓は日干し煉瓦が主な材料だったが、ジェセルは堅牢な石灰岩を用い、伝統的なマスタバ墓を6段階に積み上げ、60mに及ぶ巨大建造物を造営した。ピラミッドは周壁に囲まれ、セド祭のための中庭、礼拝堂、荘厳なファザードなどをもち、以降のピラミッド複合体の原型となった。

セルダブ

ピラミッドの北側には「ペル＝トゥト〈彫像の家〉」と呼ばれる小部屋（セルダブ）がある。内部にはその名の通り、ジェセルの彫像が置かれ、のぞき穴から像が見えるようになっていた。

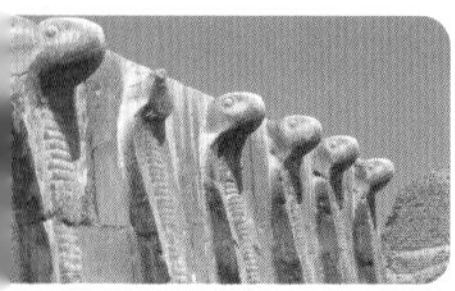

（アフロ）

周壁

複合体は高さ10m、全長1645mの周壁に囲まれており、前壁は1680枚の青緑色のタイルで装飾されていた。建物の一部には聖蛇ウエラウスの装飾壁が残っている。

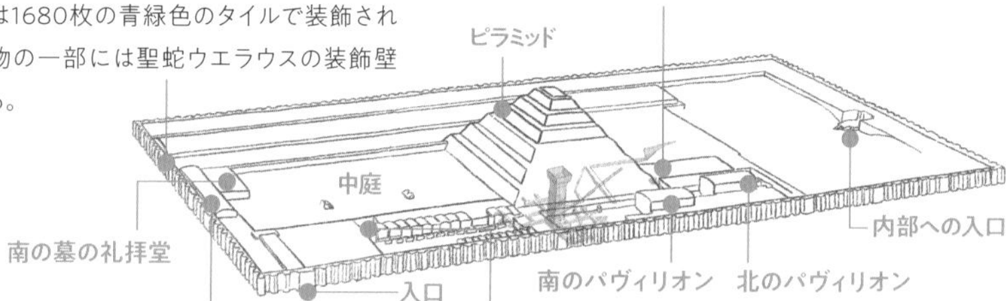

南の墓

中庭南側には、階段ピラミッド本体の地下構造と類似した「南の墓」がある。ピラミッドに比べて盗掘の被害が少なく、大量の壺や木製の担架、美しい青のタイルに囲まれた、セド祭で走る王のレリーフが発見されている。

列柱室

古代エジプト最古となる石灰岩の列柱室。

階段ピラミッドの内部

階段ピラミッドは3年ごとに計6回の拡張工事を繰り返して造営されたのかもしれない。増設によって複雑化した内部は、マスタバ墳墓から掘られた7m四方、深さ28mの竪坑(たてこう)を中心に、埋葬室、王の部屋、倉庫、後世の盗掘者が掘った通路が全長約5.7kmにわたって混在し、迷宮のようである。中央の埋葬室からいくつかの通路が伸び、そのうちの一つが青タイルで装飾された王室へと続いている。

(鈴木革/アフロ)

入口

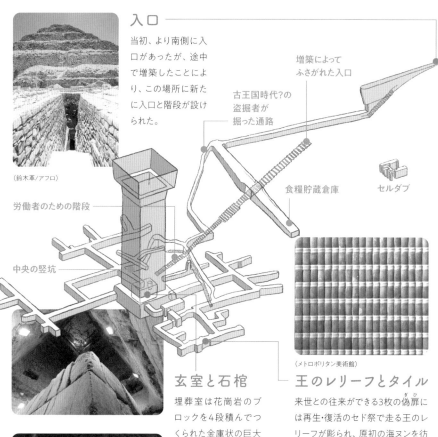

当初、より南側に入口があったが、途中で増築したことにより、この場所に新たに入口と階段が設けられた。

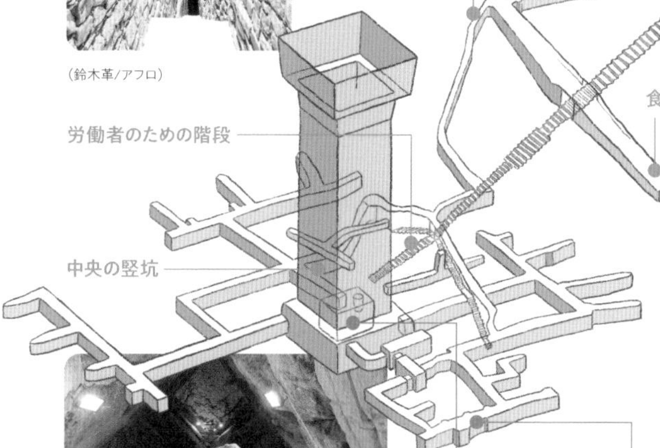

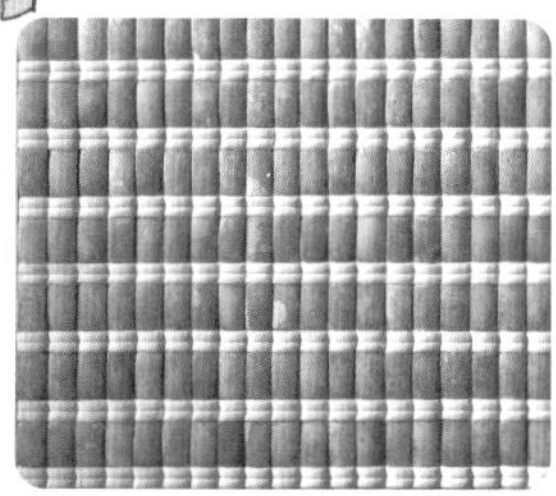

(メトロポリタン美術館)

(ロイター／アフロ)

玄室と石棺

埋葬室は花崗岩のブロックを4段積んでつくられた金庫状の巨大な建造物で、3.5tの花崗岩で蓋(ふた)がされていた。写真下は埋葬室を上から見た様子。ミイラの一部が発見されているがジェセルのものとは特定されていない。

王のレリーフとタイル

来世との往来ができる3枚の偽扉(ぎひ)には再生・復活のセド祭で走る王のレリーフが彫られ、原初の海ヌンを彷彿させるファイアンス製の青緑のタイルで装飾されていた。南墓にも似た施設があり、比較的よくタイルが残っているが、ピラミッド内部のタイルははぎとられ世界中に散らばっている。写真はメトロポリタン美術館で展示されているタイル。

スネフェルのピラミッド

メイドゥムのピラミッド

スネフェルは、ピラミッド発展の重要な通過点となる4基のピラミッドを造営した。そのうちの1基が、王都メイドゥムに建造した7段の階段ピラミッドの階段部に新たに石を積み、真正ピラミッドとして再生させた「ジェド・スネフェル〈スネフェルは不朽なり〉」である。しかし、完成時、トゥーラ産の化粧石で覆われていた美しいピラミッドの外装は新王国時代に崩落し、「崩れピラミッド」となってしまう。

内部構造はシンプルで、周極星（沈むことのない星）につながる北の入口と下降通路、持ち送り構造の玄室で構成される。また、王を太陽神とみなす太陽信仰の台頭を反映して、ピラミッドの東側に初めて葬祭神殿が建設された。

最初の真正ピラミッドであったが、現在は化粧石部分が崩れてしまったため階段構造がむき出しになっている（写真上）。持ち送り構造の玄室（写真左）。

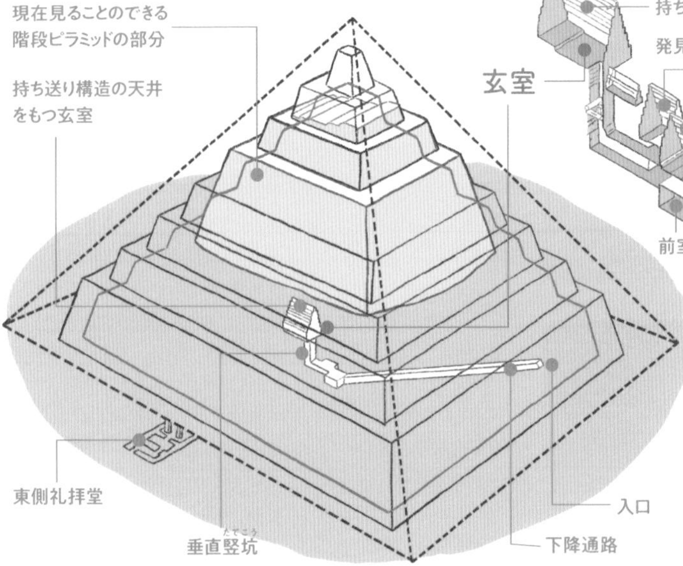

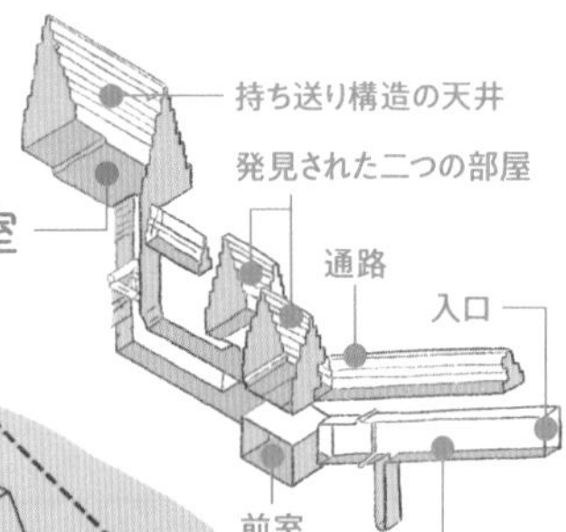

近年の調査で、玄室のほかにも持ち送り構造をもつ二つの部屋が発見された。この二つの部屋の用途は明らかになっていない。

屈折ピラミッド

ダハシュールに拠点を移したスネフェルは「屈折ピラミッド」と「赤いピラミッド」で、真正ピラミッドの建造に挑戦した。底辺長188m、高さ105mの屈折ピラミッドは、当初傾斜角度60度の急な角度の真正ピラミッドを目指していたが、地盤沈下を危惧し55度に変更。さらに基礎部から45mに達したところで傾斜は43度になり、そのまま緩やかな「屈折ピラミッド」となってしまった。

内部構造には、これまで地下にあった玄室を地上よりも高くもち上げる試みが見られる。また、周極星につながる北と、太陽が沈む西の二つの入口が設けられた。北側の長く傾斜した通路は持ち送り構造の前室と玄室につながる。西側通路は盗掘除けを経て、もう一つの玄室に通じている。

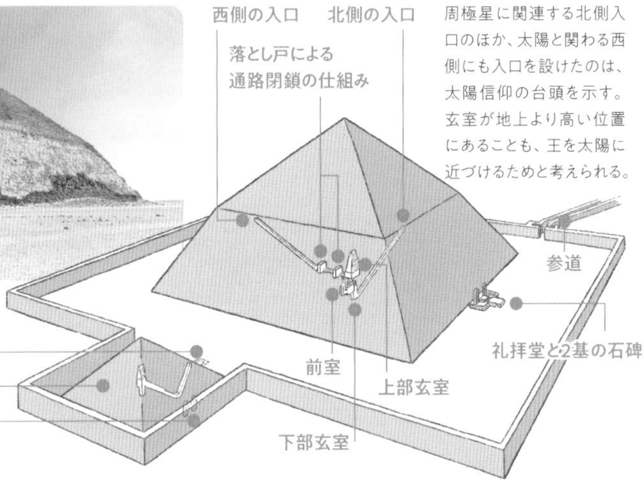

赤いピラミッド

赤みがかった石灰岩でつくられたスネフェル最後のピラミッドである「赤ピラミッド」は、屈折ピラミッドの北2kmの地点に造営された。底辺の長さ220m、高さ105mの赤ピラミッドの傾斜角度は、屈折ピラミッド上部とほぼ同じ43度である。屈折ピラミッド建造時の失敗を活かしたものと考えられる。持ち送り構造の天井をもつ2部屋や、その奥にある玄室の部屋すべてが基礎部より高い場所につくられている。

第5王朝の太陽神殿

第5王朝は太陽信仰へのさらなる高まりを見せた時代で、この時代の王たちは太陽神への信仰の証しとして、ピラミッド複合体のほかに太陽神ラーを祀る太陽神殿を築いた。最古の太陽神殿は、太陽信仰の聖地ヘリオポリスを望む南限の地アブ・グラーブに、第5王朝初代の王ウセルカフが築いたものである。第5王朝時代には計六つの神殿が築かれたとされるが、現存するのは二つのみである。

太陽神殿の構造は、ピラミッドの代わりに原初の丘を象徴するオベリスクを据える点を除けば、ピラミッド複合体と類似している。河岸神殿からの参道の壁は彫刻で装飾されたが、ピラミッドと太陽神殿の二つを造営する経済的な負担から質の悪い石に漆喰を塗って彫られた。祭壇には毎日2頭の雄牛と2羽のガチョウが供えられたとされる。

ニウセルラーの太陽神殿想像図

〈ラーの歓喜〉と名づけられた、太陽神殿。河岸神殿や参道をもつことなど、ピラミッド複合体との共通点も多い。ピラミッドの代わりに、基底部の上にオベリスクが建つ。

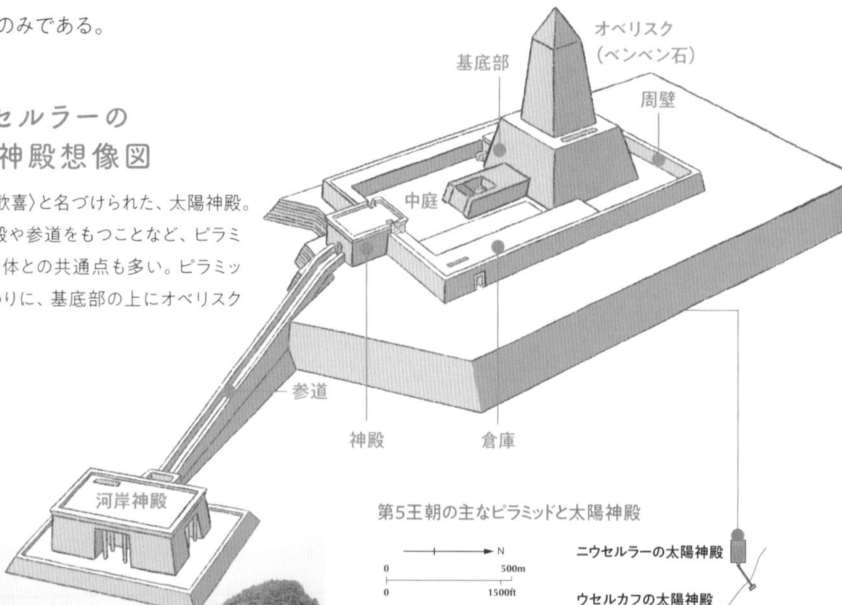

アブシールのピラミッド群。アブシール湖を天然の波止場として、ピラミッド複合体の河岸神殿を隣接させていた。ウセルカフの太陽神殿が建設されたことを皮切りに、第5王朝のネクロポリスとしてピラミッドと太陽神殿が次々に建設された。

第5王朝の主なピラミッドと太陽神殿

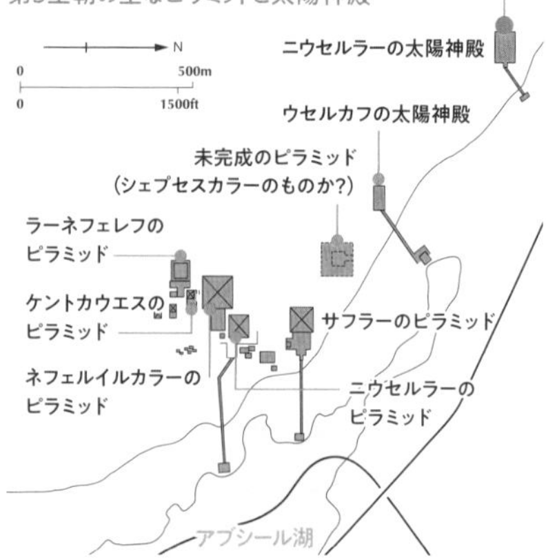

センウセレト2世のピラミッド

第12王朝の王センウセレト2世は、日干し煉瓦を用いて初の巨大ピラミッドを造営した。造営地に選ばれたのは、ハワラ運河がナイル河谷からファイユーム盆地へ流入するアル・ラフーンの黄色石灰岩の丘で、この時代にファイユーム地方の干拓、灌漑事業が本格化していたことやヌビアとの交易が盛んだったことが関係している。

内部の入口がピラミッドから離れた南東の垂直竪坑に設けられているのは盗掘を防ぐためで、ピートリが調査をした際は入口を探し当てるのに数ヶ月を要したという。物資の運搬にはさらに南の工事用竪坑が使用されていた。花崗岩に包まれた切妻屋根の玄室はピラミッドの南東下にあり、石棺とアラバスターの碑文が置かれていたが、黄金のウラエウスの頭飾り以外に副葬品は発見されなかった。

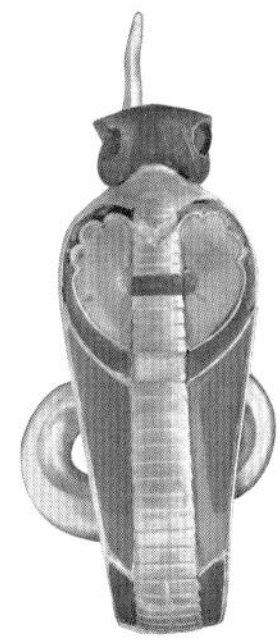

(Bridgeman Images/アフロ)

内部で発見された黄金のウラエウス(コブラ姿の女神)の頭飾り。金でつくられ、ファイアンス、ラピスラズリ、紅玉ずいなどで飾られ、目はガーネット。

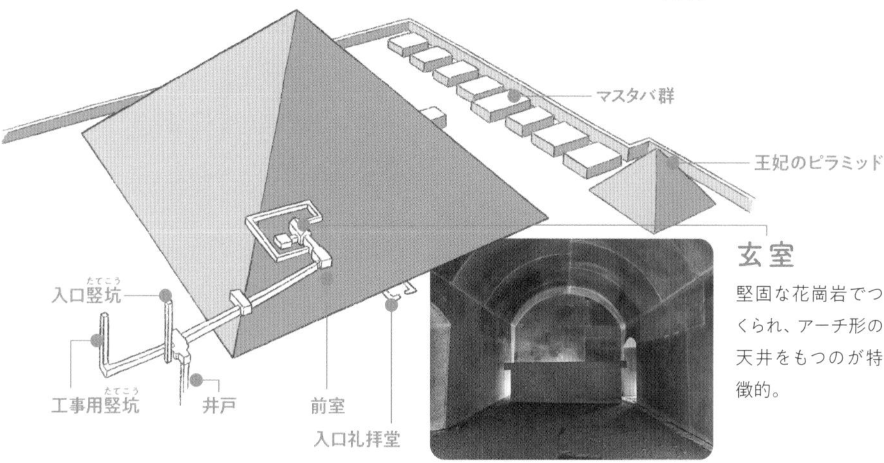

玄室

堅固な花崗岩でつくられ、アーチ形の天井をもつのが特徴的。

アメンエムハト3世の黒のピラミッド

第12王朝のアメンエムハト3世の治世は、内外の戦いもなく中王国時代で最も安定していた時代で、彼はスネフェル以来初めて2基以上のピラミッドを造営した。良質石灰岩の外装がはがれ落ち、日干し煉瓦の核が露出した「黒のピラミッド」は、スネフェルゆかりのダハシュールに建造され、第3王朝期のピラミッドのような東西配置が復活している。内部への入口は東西2箇所にあり、ここにも第3王朝式の階段が設けられている。内部は第3王朝以後では最も多い通路と墓室をもち、ジェセルの「南の墓」を内部にもち込んだかのような石灰岩張りの礼拝堂、王妃のピラミッドの代わりとなる二人の王妃のための通路と墓室が用意されている。

石灰岩の化粧板がはがれ、黒いレンガでできた核の部分がむき出しになっている。東側基底部から、頂上部にのせられていたベンベン石(p.87)が発見された。

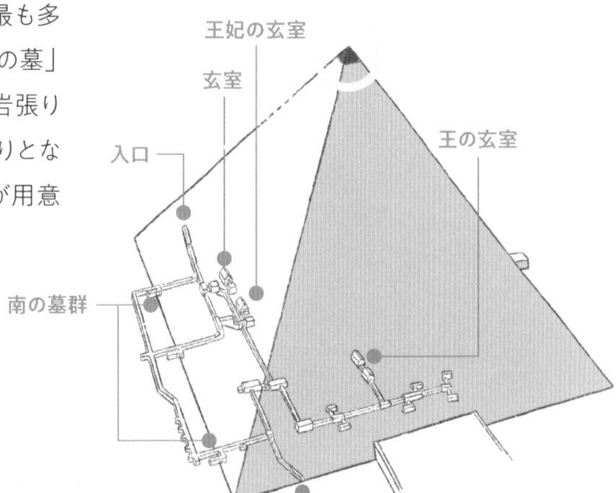

二つの入口をもち、内部は迷路のような入り組んだつくり。

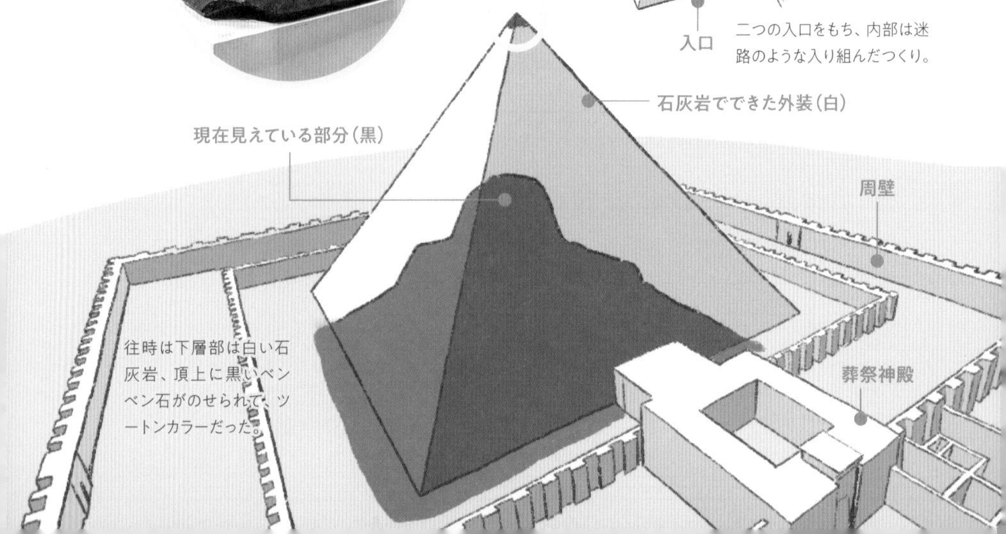

往時は下層部は白い石灰岩、頂上に黒いベンベン石がのせられて、ツートンカラーだった。

4章

王の埋葬施設❷ 王家の谷

ピラミッドから岩窟墓(がんくつぼ)へと変わりゆく王墓。
そこで見つかったほぼ未盗掘の墓である
ツタンカーメン王墓に注目しながら、
王家の谷について学んでいこう。

王家の谷とは？

巨大なピラミッドとして建設されていた王墓は、
時代の変遷とともに山の麓に新様式で建設されるように変化した。

ピラミッドから岩窟墓へ 王墓の変遷

新王国時代第18王朝の初代の王であるイアフメスがヒクソスを追放してエジプトを再統一した後、王権の立て直しの一環として新しい王墓の造営が計画された。第6代目のハトシェプストは、テーベの西岸の奥に墓泥棒の侵入を阻む切り立った谷がある地形を選び、王墓と葬祭神殿を切り離した新様式の墓の造営を行った。それが王家の谷の始まりである。

王墓は東谷と西谷に分かれる。ピラミッドがその威厳ある姿によって盗掘被害を被った経験から、初期の王墓は谷の隠れた岩肌の奥で人知れずつくられた。しかし、第19王朝後期には王家の谷が墓地であることは周知のことだった。

訳：私は秘密裏にされている、陛下の墓の開削を視察した。誰にも見られることなく、誰にも聞かれることなく。

トトメス1世の墓の建設に関わった高官イネニの碑文。初期の王墓の造営が秘密裏に行われたことがうかがえる。

王墓の基本構造と構造の変遷

王家の谷の王墓に共通するのは、入口から玄室に向かって傾斜する通路のみで、王墓を飾る葬祭文書の選別や設計には造営者である王の個性が反映されている。

第18王朝の初期は、緩やかに傾斜する通路と階段からなり、玄室へ至る途中でL字に折れ曲がっており、古王国時代のピラミッドの構造に似ている。第19王朝になると、主軸からややずれるものの直線に近くなり、これはアクエンアテンの王墓の影響かといわれる。第20王朝では完全な直線となり、通路の一番奥に玄室が置かれた。

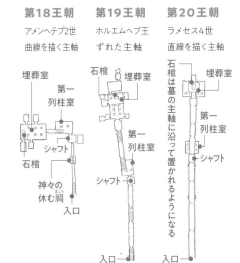

第18王朝
アメンヘテプ2世
曲線を描く主軸

第19王朝
ホルエムヘブ王
ずれた主軸

第20王朝
ラメセス4世
直線を描く主軸

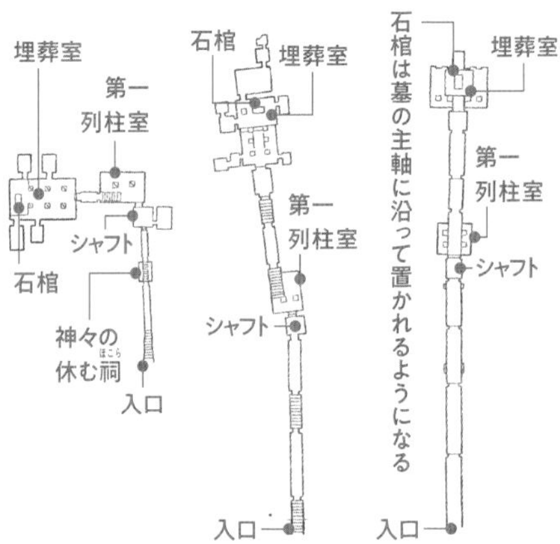

王家の谷 東谷マップ

王の葬送はナイル川沿いの葬祭神殿から太陽の運行に沿って、西に向かった。王家の谷を見下ろすエル=クルンと呼ばれる丘陵は、原初の丘あるいは古王国時代のピラミッドを模しており、王たちはこの聖なる丘陵の麓に墓を設置することにしたのだろう。王家の谷は東谷と西谷に分かれ、64基の王墓はほとんどが東谷にある。各王墓につけられたナンバリングの「KV」とは「Kings Valley」の略である。

エル=クルン

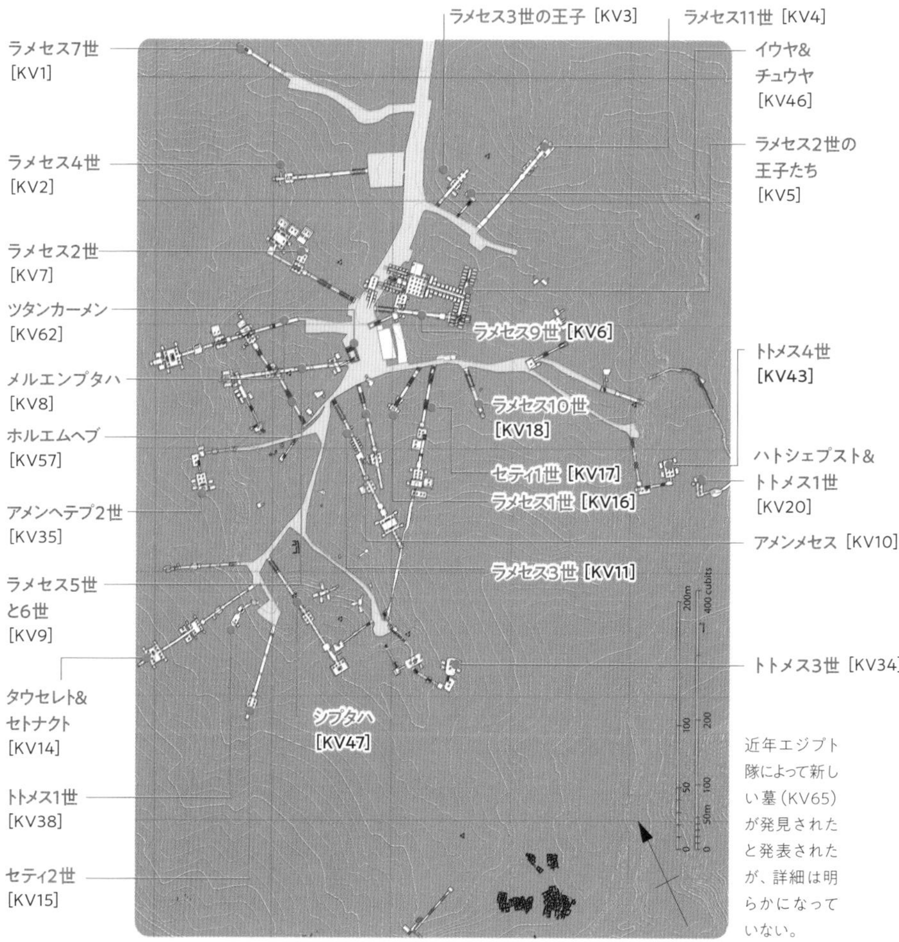

近年エジプト隊によって新しい墓（KV65）が発見されたと発表されたが、詳細は明らかになっていない。

歴史的大発見 ツタンカーメンの墓

黄金のマスクで知られるツタンカーメンの謎は、
最新のDNA鑑定などの調査技術の発達により解き明かされつつある。

謎多きファラオ、ツタンカーメンとは?

わずか9歳で王となった少年王ツタンカーメンは、最も有名なファラオでありながら、その短い生涯や出自は謎に包まれている。ツタンカーメンという名も、英語表記を日本独自に読んだ呼び方で、より正確には「トゥトアンクアメン」である。彼の治世は10年足らずで、1922年にハワード・カーターが王墓を発見するまで、歴史から消された存在であった。父とされるアクエンアテンの強引な一神教への宗教改革によって、その一族の名がアビドスの王名表などから削除されていたためである。

即位後、アメン神を含めた多神教を復活させ、メンフィスへ遷都したツタンカーメンだが、実権は老臣アイと将軍ホルエムヘブが握っていた。19歳という若さでの死は、臣下による暗殺という憶測を呼んだが、近年のCT調査やDNA鑑定から、死因はマラリア感染であると推測されている。生まれつき足に疾患があったことも解析され、近親婚からの遺伝子疾患で病弱だったことが若年死を誘発したとも考えられる。

ツタンカーメンの系譜

長年の謎であったツタンカーメンの両親が、王家の谷の小さな墓で見つかったミイラのDNA鑑定で明らかになりつつある。父親として最も可能性が高いのは、アクエンアテンである。母はKV35から発見されたミイラで、アクエンアテンの実姉か実妹であることが明らかになっている。ツタンカーメン唯一の妃アンクエスエンアメンは異母姉弟で、彼らの二人の子は乳幼児期に亡くなっている。

カーターが目にしたとき、思わず声を失った光景!

1922年の発見当時の、ツタンカーメン王墓。
(Bridgeman Images/アフロ)

ハワード・カーター物語

大発見までの道のり

頑固者カーターの紆余曲折

1874年、カーターはイギリス東部の静かな村で生まれた。生家は貧しく、満足な教育が受けられなかったカーターは動物画家だった父のように自分も水彩画を描いて生きていくのだろうと漠然と考えていた。だが、17歳のカーターの運命を変える奇妙な仕事が舞い込む。その仕事は、エジプト考古学の遺物を模写して記録するというものだった。完璧主義の彼の仕事ぶりは高く評価され、大英博物館で三カ月働いたあと、エジプト調査の一員となって現地を訪れることになった。エジプト考古学に情熱を感じたカーターは異例の出世で遺跡監督官に任命。しかし、酔ったフランス人観光客と起こしたつまらないトラブルが外交的な大事件に発展してしまう。考古局は「謝罪すれば不問に処す」という寛大な処置を申し出たが、カーターは自身の正義を貫き、あっけなく監督官を辞任してしまった。

ラストチャンスでの大発見

解任後もカーターはエジプトにとどまり、観光ガイドと画業で生計を立てていた。やがてガイド仕事で訪れた王家の谷の壁画や葬祭文書に、さらに魅了されていく。そんな彼に手を差し伸べたのが、イギリスの大富豪のカーナヴォン卿だった。卿は、療養地としていたエジプトで考古学と遺跡発掘にのめりこみ、知識と経験豊かなパートナーを探していたのだ。

カーターとカーナヴォン卿の目標は「未開の王墓を発掘すること」。戦争などで作業を中断されながらもカーターは7年間王家の谷の発掘を続け、その間にアメンヘテプ1世らの墓を発見したが、それらはすでに盗掘されており、費用に対し見返りが多いとは言えなかった。1922年、カーターはついに卿から支援打ち切りの宣告をされてしまう。諦めきれない彼は「最後にもうワンシーズンだけ発掘させてほしい」と卿を説得。そして、「新たな墓が見つかるとしたらここしかない」と確信したラメセス6世の墓の作業小屋下の発掘に取り掛かった。

ラストチャンスの発掘は1922年11月1日始まり、その3日後、ついに階段を発見。これが第18王朝の墓の入口だ

ハワード・カーター
(1874〜1939年)

と確信を得たカーターは、イギリスにいる卿に電報を打ち、いったん卿の到着を待った。卿の到着後、入口の封印に穴を開け、まずはカーターがのぞき込む。そのまま立ち尽くすカーターに、卿は待ちかね「なにか見えるかね?」と声をかける。カーターは「ええ、すばらしいものが」と答えるのが精いっぱいだった。そこかしこで輝く黄金を前に、声を失っていたのだ。世紀の大発見の瞬間であった。

ツタンカーメンの墓の構造

ツタンカーメンの王墓は、規模こそ当時の私人墓に近いが、その構造は第18王朝の基本的な王墓の構造をもつ。入口の階段を降りた先の通路は、発掘当時、盗掘防止のためにガレキで埋め尽くされていた。障害物を取り除いた通路は、付属室のある前室に向かって傾斜し、前室の右に玄室、さらに宝庫が続いている。通路には装飾がなく、玄室の四方の壁にのみ、レリーフが施されている。その装飾はアマルナ様式と、伝統的な様式とが折衷されたものだった。そして、墓からは5000点を超える副葬品が発見された。

付属室

前室の北側の南端に出入口がある付属室は、前室より一段低い位置にある。この小さな空間からは、香油、軟膏、食物、ワインの壺など2000点を超える遺物が取り出された。

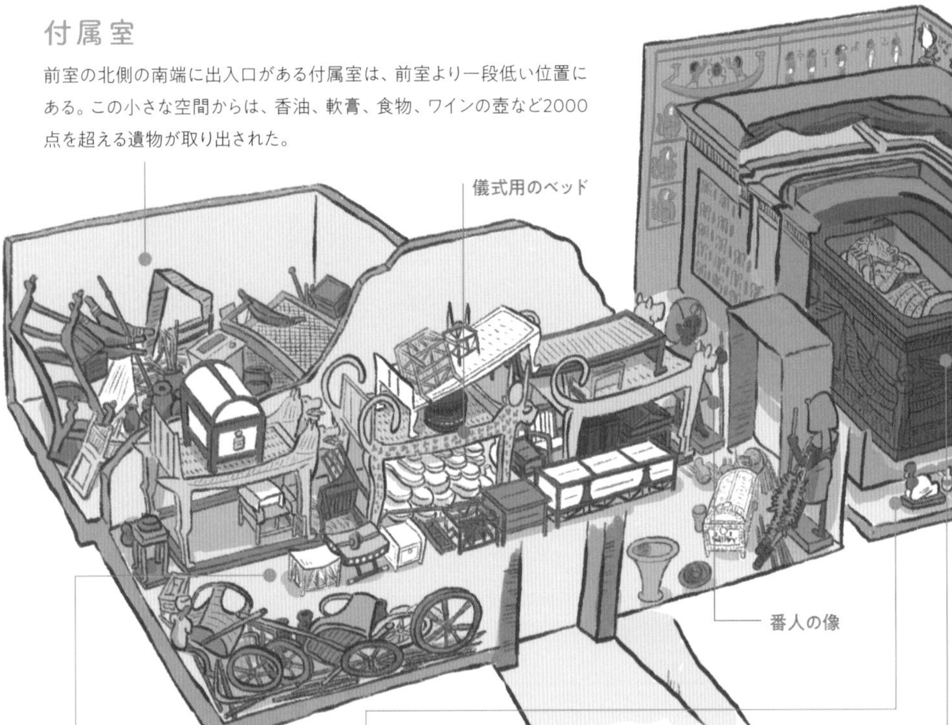

前室

王のための黄金のチャリオット(二輪戦車)、3台の儀式用のベッド、ツタンカーメンの姿を再現した等身大のカー(通称「番人」)の像などが収められていた。

玄室

玄室の東の壁には、ツタンカーメンの棺が王宮の友人たちと宰相たちによって運ばれる様子や北の壁には後継者であるアイが口開けの儀式を行う場面が描かれている。葬列の図は私人墓によく見られ、王墓に描かれることは珍しい。

棺

玄室の中央に置かれた赤色珪石の棺。イシス、ネフティス、セルケト、ネイトの4神が彫られ、石棺の中に金箔や純金の人型棺が三重となって安置されていた。

副葬品コレクション

未盗掘の墓として知られるツタンカーメン墓だが、実際は少なくとも古代に二度、墓泥棒に侵入されている。しかし、幸運にもほぼ未盗掘で残り、そのすばらしい副葬品の数々は王の名を一躍有名にした。彼が歴史から消され忘れられた王であったことも、盗掘をまぬがれた一因である。

マネキン?

ツタンカーメンの生前の姿を伝える木製の像。石膏を下塗りした上に彩色が施されている。発見者カーターは儀式用の衣服をかけるマネキンだと考えたが、用途は明らかになっていない。

番人の像

玄室の入口の両脇に王を守るように立っていた2体のツタンカーメンの彫像。頭部の装飾以外、ほぼ同じ様相をしており、1体はネメス頭巾、もう1体は儀式用のかつらを被っている。

王の名が記された腰布

黒い樹脂で塗られた肌

アテン神

「ツタンカーメン（トゥトアンクアメン）」の名前

ツタンカーメン

「アンクエスエンアメン」の名前

アンクエスエンアメン

王座

木製の椅子は全体が彩色された金箔、薄い板状の金で覆われている。背もたれには妻アンクエスエンアメンが夫ツタンカーメンの前に立ち、香油を塗るアマルナ様式のくつろいだ様子が煌びやかな準宝石と色ガラスによって表現されている。アメン神とアテン神、両方の名の表記がある。

(Bridgeman Images／アフロ)

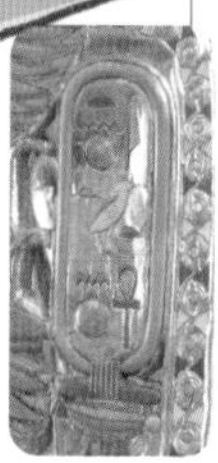

(akg-images／アフロ)

アテン神名

肘掛部分にはトゥトアンクアテンという、アテン神の名前が組み込まれた彼の最初の名前がある。

宝庫

カーターが宝庫と呼んだ第2の付属室。カノプス厨子（ずし）やアヌビス像の厨子（ずし）、ツタンカーメンの二人の嬰児のミイラがおさめられた宝庫の整理に、カーターは2年近い月日をかけたという。

黄金のマスクを徹底解剖！

ネクベト神

ラピスラズリを象嵌したネメス頭巾の額に、上下エジプトの王を象徴する二つの女神が並ぶ。ハゲワシのネクベト神は上エジプトの守護女神。

金の合成粉末

マスクは2枚の23金の板を合わせたもので、打ち出しで形状が整えられている。X線分析の結果、マスクを輝かせるために18金と22金の合成粉末がふりかけられていることが明らかになった。

ラピスラズリのアイライン

太陽光から目を守るコール墨のアイラインの化粧をラピスラズリの粉末で表現。粉末をニカワで形成し、固定している。

ウアジェト神

コブラの姿のウアジェト神は、下エジプトの守護女神である。額を飾る二つの女神はどちらも黄金で、ラピスラズリやファイアンス、カーネリアンなどが装飾されている。

目元の石英と黒曜石

目の白い部分は石英、瞳は黒曜石でつくられており、目の端は赤い色の塗料で塗られている。

耳たぶの穴

ピアスで飾られていたと思われる穴。

(Bridgeman Images／アフロ)

ツタンカーメンのミイラは、四重の厨子、石棺、さらに三重の人型棺によって厳重に守られていたため、墓の発見からオシリス神の姿をした第3の人型棺が開かれるまでに2年の歳月を要した。重さ10kgの黄金のマスクは、推定19歳の若さで亡くなったツタンカーメンの姿を忠実に再現したといわれる。アマルナ時代の優れた職人の手によるもので、王の装飾品の最高傑作とされる。

黄金のマスクが発見された玄室。王のミイラは外に出され、ガラスケースの中で眠っている。王墓内で、壁のレリーフが施されているのは玄室のみである。

新たな発見か!? ツタンカーメン王墓に隠し部屋?

2009年、イギリス人のエジプト学者ニコラス・リーブスが「ツタンカーメンの玄室の北と西に未知なる空間がある」という内容の研究論文を発表し、世界中で物議を醸した。彼の仮説によれば、ツタンカーメンの墓は、未だ発見されていないネフェルトイティの埋葬室を再利用した可能性があるという。しかし、その後、2015年、2016年、2018年の三度にわたり、日本やアメリカ、イタリアのチームによって調査が行われ、「未知なる空間はない」と結論づけられた。だが、2020年に地盤工学の専門家ジョージ・バラードが再度データ検証を行った結果、玄室の壁の奥に人工的につくられた何かが詰まったような反応が認められたという。もしもツタンカーメンの墓に未知なる空間が発見されれば、エジプト学の新たな1ページとなることは間違いない。

玄室の奥に隠し部屋の可能性

最新の仮説では、兼ねてから論争の絶えない二つの未知の空間のほかに第3の空間がある可能性も示唆されているが、真相は明らかになっていない。

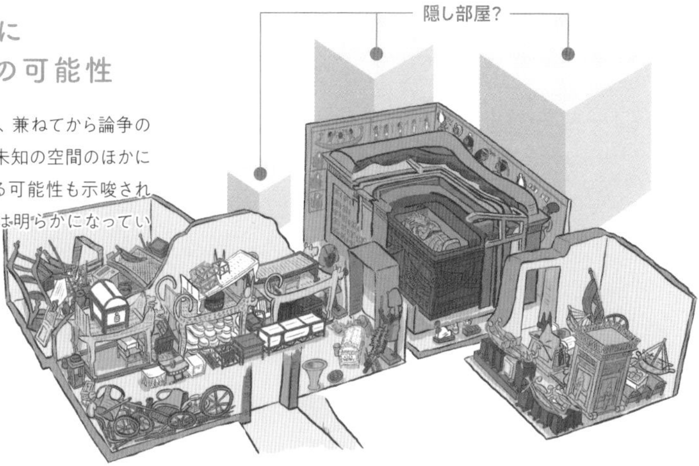

カノプス壺(つぼ)

カノプス壺(つぼ)の栓は、胃が山犬、肺がヒヒ、腸がハヤブサ、肝臓が人間の頭をもつのが一般的であるが、ツタンカーメンのエジプト・アラバスターのカノプス壺(つぼ)の蓋(ふた)は、四つすべてが人間の頭である。ネメス頭巾を被った人頭はアーモンド型の目、やや口角の下がった唇などツタンカーメンの肖像とは異なる特徴がある。女性的な雰囲気から義母ネフェルトイティのものではないか、と考える学者もいる。

ネフェルトイティ(GRANGER.COM/アフロ)

その他の王家の谷の王墓

ツタンカーメンのほかにも、王家の谷には数多くの王墓がある。
とくに注目すべき王墓を時代順に見ていこう。

KV34・第18王朝

トトメス3世

トトメス3世は、積極的な遠征を行い、エジプト領土を最大にした偉大な王として知られる(p.41)。その王墓は王家の谷の中でも荒々しい岩肌の峡谷にあるが、1898年にヴィクトル・ロレが墓を発見したときには、すでに大方の副葬品が略奪されていた。

設計の特徴は、水の侵入を防ぐための井戸が初めて追加された点、急傾斜する通路と階段が交互に続き、玄室の前で大きく曲がっている点にある。通路には装飾はないが、そのほかの部屋には漆喰(しっくい)が塗られ、玄室の壁には「アム・ドゥアトの書(冥界の書)」が描かれている。楕円形の石棺や玄室は第18王朝初期の特徴で、カルトゥーシュ(王名を囲む長円形の枠)やパピルスの巻物を開いた形を模しているとされる。

天井の星の図

漆喰(しっくい)が塗られ
初めて彩色が施される

アム・ドゥアトの
書の壁画

石棺
黄色珪岩(けいがん)でつくられたカルトゥーシュ形の石棺が置かれた玄室。棺の蓋(ふた)の内側には、両手を広げて王を抱きかかえるヌト女神が描かれている。ヴィクトル・ロレが石棺を発見したときには、すでに盗掘者によって蓋(ふた)が破壊されていた。

玄室

玄室は楕円形で、壁には「アム・ドゥアトの書(冥界の書)」の抜粋、2本の列柱の1本には「ラーの賛歌」、もう1本には女神イシスの木から乳を飲む王の姿が描かれている。女神イシスは、トトメス3世の実母イシスを象徴している。

(Bridgeman Images/アフロ)

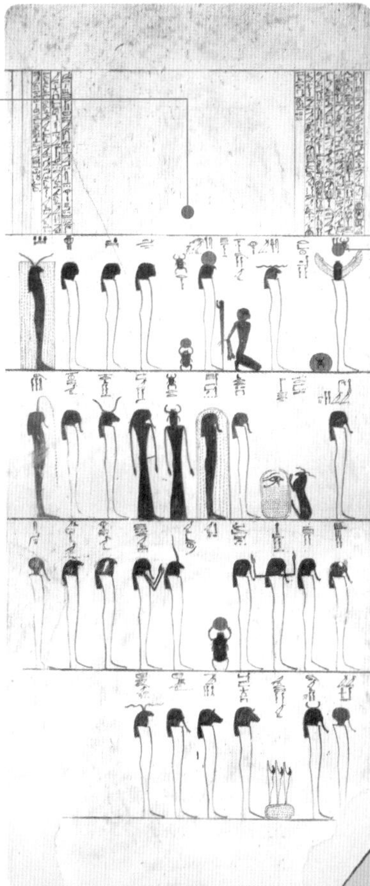

(New Picture Library／アフロ)

太陽神ラーの讃歌が列柱に描かれる

トトメス3世の墓で初めて描かれ、その後、貴族や王族の墓で見られるようになる。玄室の柱に描かれた「ラーの賛歌」には、冥界で変容する74のラーの姿とオシリスと一体化したラー神が冥界の罪人を罰し、善行を行ったものを救済する場面などが描かれる。

フンコロガシやネコ、ヒツジ、マントヒヒなど、変化する74のラー神の姿。

初めて井戸の間（シャフト）がつくられる

垂直に掘られた深い井戸は、トトメス3世以前の王墓には見られなかったもので、もともとは浸水と盗掘を防ぐためのものだった。葬送の神ソカルとの関わりで神話的な意味が加えられ、井戸が掘られなくなったラメセス3世（第20王朝）以後の墓にも象徴として残されている。壁の装飾はなく、天井のみ天体図が描かれる。

前室

盗掘防止の井戸（竪坑）の奥にある前室。2本の列柱が設けられ、階段で玄室へ向かう。壁には「アム・ドゥアトの書（冥界の書）」から抜粋した神々が描かれる。

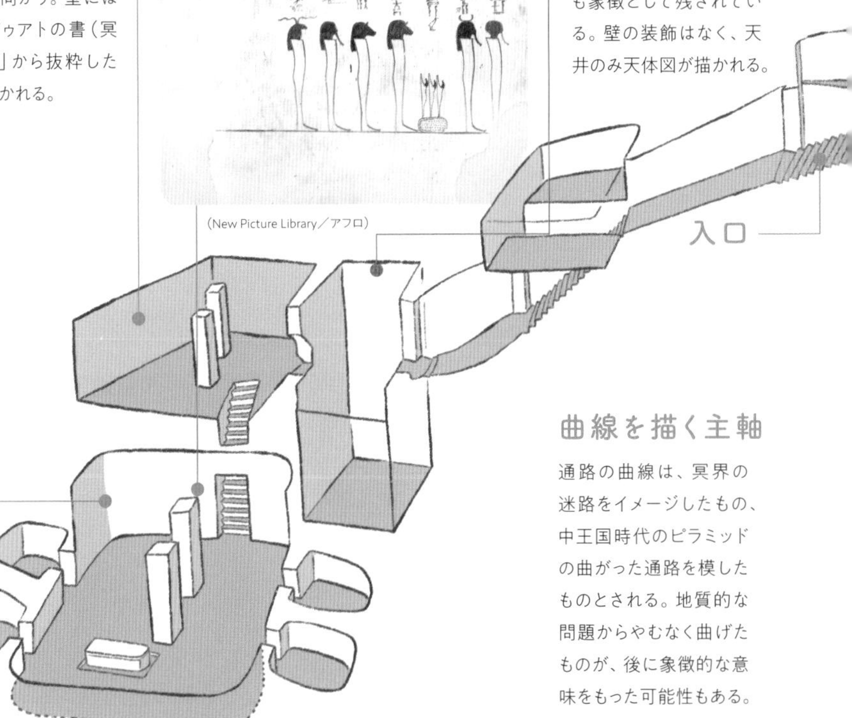

曲線を描く主軸

通路の曲線は、冥界の迷路をイメージしたもの、中王国時代のピラミッドの曲がった通路を模したものとされる。地質的な問題からやむなく曲げたものが、後に象徴的な意味をもった可能性もある。

KV17・第19王朝

セティ1世

ベルツォーニ (p.18)

第19王朝2代目の王セティ1世の墓は、1817年、異色の冒険家ベルツォーニによって発見された。雨水の排水速度の違いに気づいたことで発見されたこの墓は、別名「ベルツォーニの墓」とも呼ばれ、発見当時は架空の王プサミスの墓とされていた。

深さ100m、長さ120m超の王墓は、これまでに見つかった王家の谷で最大規模のもので、墓の全域に施された装飾の美しさでも群を抜いている。急傾斜の通路は竪坑、列柱室へとつながり、列柱室には新たな要素として副室が追加されている。前室から一段下がった玄室のアーチ型の天井は、セティ1世の墓以前には見られないもので、装飾様式を含め、以後の王墓の基本形となった。

第1通路

「死者の書」から抜粋された「ラーの賛歌」、セティ1世がラー・ホルアクティ神の前に立ち、冥土へ旅立つ挨拶をする様子が描かれている。

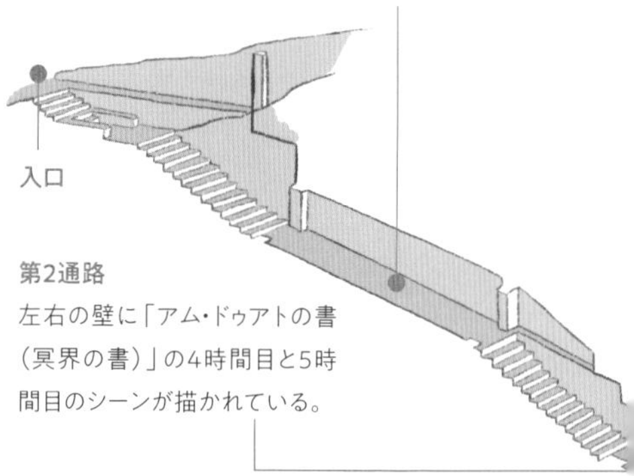

第2通路

左右の壁に「アム・ドゥアトの書(冥界の書)」の4時間目と5時間目のシーンが描かれている。

第一列柱室

4本の柱が立つ高さ8mの列柱室、その奥に2本の柱が立つ未完成の部屋が続く。4本の柱には12の門をくぐり、現世から来世へ向かう「門の書」が描かれている。未完成の部屋の壁には「アム・ドゥアトの書」の第9、10、11時間目の場面が描かれている。

シャフト

盗掘や雨水や土砂の侵入を防ぐための井戸(竪坑)。深く暗い竪坑は冥界へ向かう難所を想起させる。壁面にはセティ1世がイシス神やハトホル女神などの神々に挨拶をする様子が描かれている。

玄室で発見された石棺

ベルツォーニが玄室で発見した、長さ3mほどある石棺。見事な白いエジプト・アラバスター製で、「門の書」の抜粋が描かれている。現在はロンドンの私設博物館にある。

(New Picture Library／アフロ)

玄室

発見時はエジプト・アラバスターの棺が置かれていた玄室。ドーム型の天井には主要な星座と天空の星を描いた天体図、壁には「アム・ドゥアトの書」の場面が描かれている。冥界に続く水源を想起させるトンネルがあるが、用途は不明。

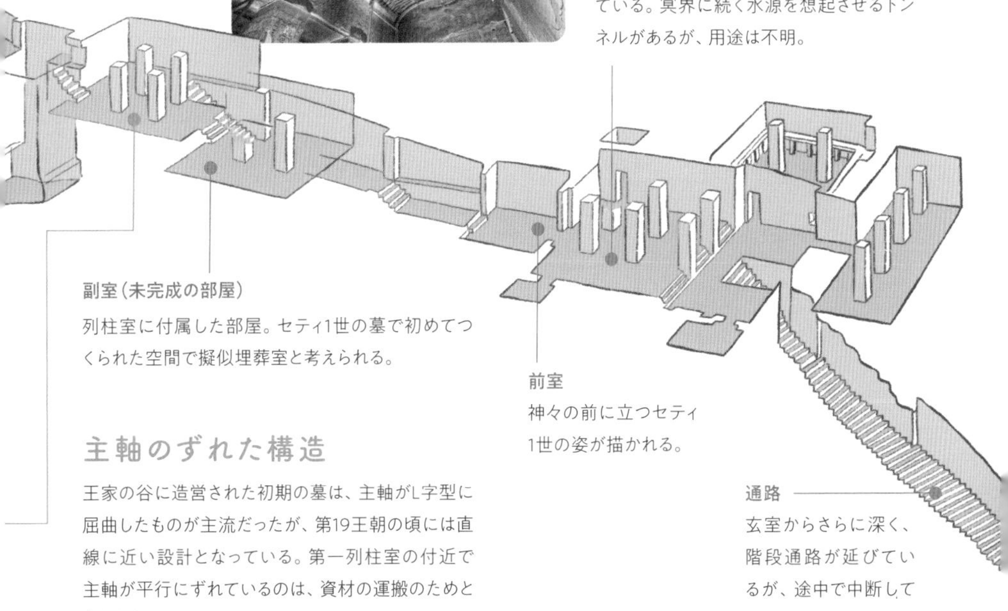

副室(未完成の部屋)

列柱室に付属した部屋。セティ1世の墓で初めてつくられた空間で擬似埋葬室と考えられる。

前室

神々の前に立つセティ1世の姿が描かれる。

主軸のずれた構造

王家の谷に造営された初期の墓は、主軸がL字型に屈曲したものが主流だったが、第19王朝の頃には直線に近い設計となっている。第一列柱室の付近で主軸が平行にずれているのは、資材の運搬のためと考えられる。

通路

玄室からさらに深く、階段通路が延びているが、途中で中断している。

KV9・第20王朝

ラメセス6世

王家の谷が王家の墓地であることが周知された第20王朝になると、谷全体に盗掘を防ぐための警備体制が敷かれ、これまで隠れされていた王墓の入口が堂々と表に現れるようになった。ラメセス6世の墓のファザードには昼と夜を示すスカラベと羊頭の太陽神の姿が描かれている。

後期ラメセス朝において最も完成度が高いとされるラメセス6世の墓は、もともとは先代の王であるラメセス5世のためにつくられたものをラメセス6世が改造したとされる。有名な玄室の壁画や天井画もラメセス6世が手を加えたものである。二人の王の治世は短く、エジプトの勢力が弱体化した時期と重なっていることから、経済的な理由で王墓を共有した可能性も示唆されている。

保存状態の良いレリーフは、天文に関する碑文(ひぶん)や図案が多く、ラー神への信仰が強まっていることがうかがわれる。

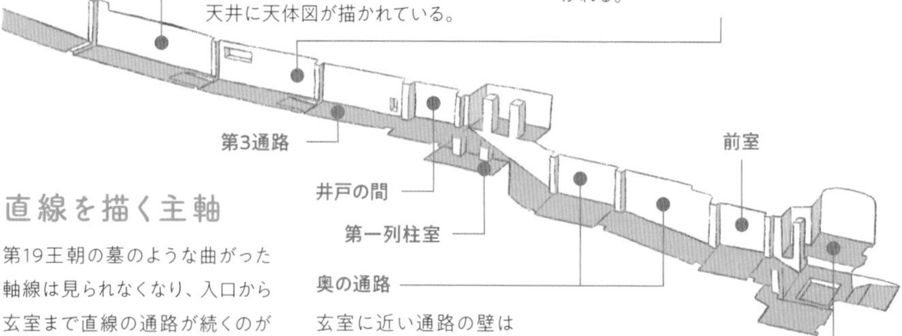

第1通路
入口に近い通路には左右に「門の書」と「洞窟の書」が描かれ、どの通路も天井に天体図が描かれている。

第2通路と竪坑(たてこう)
引き続き、「門の書」と「洞窟の書」が描かれる。

奥の通路
玄室に近い通路の壁は「アム・ドゥアトの書(冥界の書)」が見られる。1時間目の太陽神が冥界に入る様子や5時間目のオシリスと太陽神が一体化する場面などが描かれている。

玄室
巨大な石棺は主軸に沿って配置された。人型の石棺が見上げる天井にはヌト神が横たわる「昼の書」と「夜の書」、壁には太陽神ラーが冥界を旅し、夜明けに再生する「大地の書」が描かれている。

直線を描く主軸

第19王朝の墓のような曲がった軸線は見られなくなり、入口から玄室まで直線の通路が続くのが第20王朝の王墓の特徴である。また、玄室へ向かう傾斜は時代とともに緩やかになっていく。墓の構成もシンプルで、第1、2、3の通路の先に竪坑(たてこう)と列柱室、続いて奥の通路を抜けると前室、埋葬室が設けられている。

玄室：大地の書

大地の神「アケル」を描いたレリーフで、大地の深淵からもち上げられる太陽円盤や地獄で苦しめられる敵の図が描かれている。

❶ ヌト神

「洞窟の書」からの第5の場面が抜き出されている。ヌト神が手のひらに太陽神の魂バーと太陽円盤をのせて立つ。ヌトを守るヘビやワニが周囲に描かれている。

❷ 太陽円盤

太陽円盤の創造図。原初の海ヌンから2本の腕が伸び、太陽神ラーが立つ太陽円盤を支えている。ラーの両脇はウラエウスが守護し、頭上には昼の時間を表す12の太陽と夜の星々が描かれている。

❸ オシリスの厨子

ヘビが守る厨子の中に立つ白冠のオシリス神。その両脇には鳥の姿で描かれる魂バー、大地の神ゲブがいる。

（New Picture Library／アフロ）

❹ アペピの捕獲

羊頭の神々が太陽神の航海を邪魔する大蛇アペピを捕獲し、首を切ろうとしている。アペピの下にはオシリス神の祠を大地の神ゲブ、地下の神タチェネンが囲む。

❺ 地獄に落ちる人々

首を切られ、逆さにされた敵をもつ神、ひざまずく四人の男をつかむ神が描かれる。ひざまずく男たちの頭には「火」を表すヒエログリフがあり、地獄の火に焼かれることを示している。

❻ ケプリ神の誕生

ケプリ神が誕生する場面。太陽円盤から小さな太陽円盤を押すスカラベが現れる。その周りに羊頭の夜の太陽神が立ち、オシリス、ゲブ、シュー、ホルスなどの神々の体がおさまる棺が描かれている。

❼ ヌンと太陽円盤

原初の水ヌンの腕が太陽円盤を支え、大きな太陽円盤からはハトホル女神の頭とヘビが現れる。太陽円盤はウラエウスに守られ、太陽の再生を想起させる。

玄室の天井：昼の書・夜の書

アーチ型の天井には「昼の書」（写真下）と「夜の書」（写真上）が対として描かれる。天の女神ヌト神は、部屋の主軸に沿って背中合わせに描かれ、昼と夜の二つの場面を表現している。

昼 1時間目

写真左端から1時間目が始まる。昼の書では朝、東の空で太陽がヌト神によって生み出され、ヌトの体内にある川を船に乗って航海していく。

夜 白む空

「夜の書」終わり部分で、白んできた空を表現するためか、神々の姿から色がなくなっている。

昼 パドルをもつ神々

太陽神とともに様々な神々が乗船し、航海の邪魔をする大蛇アペピなどを追い払い、太陽神の安全な旅路を手助けしている。船頭となるのは、認識を司るシアで、太陽神の代行者として、王が失った感覚をサポートする。また、船尾には言葉を司るフゥが乗っている。

夜 夜の書

写真上部には夜の書が、下の昼の書と対になって描かれる。羊頭の太陽神が、入口や門を通過していく様子を、縦に11分割して描く。「昼の書」は写真左から右へと進行していくが、「夜の書」では逆で、写真右から左へと進む。

夜 星

星が表現されたヌト神。下の「昼の書」のヌト神には太陽が表される。

ヌト神

天井に横たわるようにして描かれたヌト神。昼の太陽を示す赤い球は12の時間を表現している。ヌトの頭部と2本の腕の間は1時間目の原初の黒闇を示し、足が夜の終わる12時間目となる。

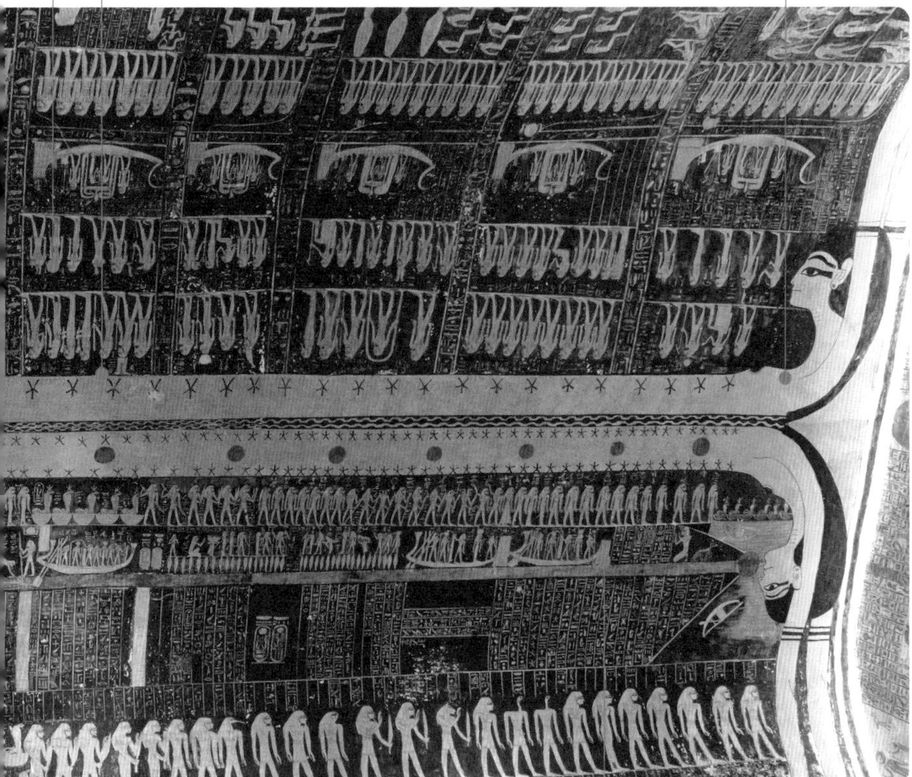

昼 太陽神の船

朝、ヌト神によって生み出された太陽神は船に乗り、ヌトの体に沿って流れる海を渡り、夕方、再び女神に飲み込まれる。太陽神の船は大蛇メヘンで守られ、船の上の太陽神は蛇の祠(ほこら)で守られている。「昼の書」の太陽神は、ハヤブサの頭をもつ太陽神として描かれる。

QV66・第19王朝

ネフェルトイリ

王妃の谷とネフェルトイリの墓

王家の谷の南にある「王妃の谷」には、第18王朝以降の王妃、王女、王子、宮廷で暮らす王族らが埋葬された。中でもラメセス2世の最愛の王妃ネフェルトイリの墓は、古代エジプトで最も美しい墓として名高い。発見当時、墓内には冥界の神オシリス、アヌビス神、ケプリ神などの神々、また「死者の書」から抜粋した文書が色彩豊かに描かれていたが、石灰岩の質が悪く、当時の労働者が分厚い漆喰(しっくい)で内部を覆ったため、一部が剝落していた。しかし、近年、国際専門チームによる修復が施され、往時の姿を蘇らせた。埋葬室からはウシャブティやミイラの断片が発見されており、分析の結果、ネフェルトイリの遺体で間違いないとされている。

❷第2階段に描かれたネフェルトイリ。神々に供物を捧げる様子。ネフェルトイリは、これまで「ネフェルタリ」と表記されることが多かったが、現在はより原音に近い「ネフェルトイリ」とされる。
(Heritage Image/アフロ)

❶控えの間に描かれた「死者の書」の一場面。太陽神ラーの聖鳥のベヌウ鳥(アオサギ)、王妃のミイラを守るハヤブサ姿のイシス神とネフティス神などが描かれる。
(Bridgeman Images/アフロ)

❸天井には天体図、4本の石柱の全側面にも壁画が描かれた豪華な埋葬室。

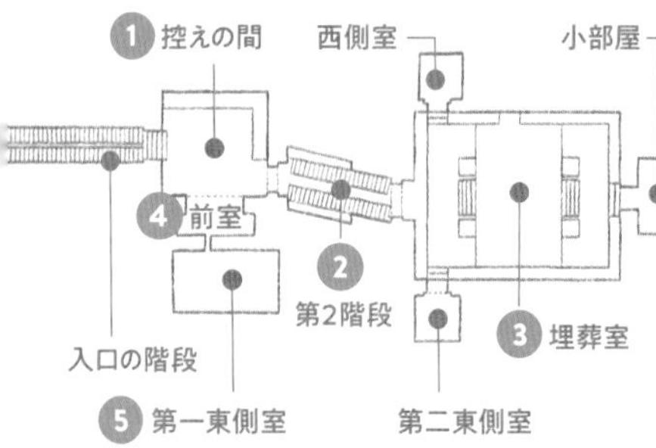

❹前室の内部。スカラベ姿のケプリ神、ラー・ホルアクティ、ハトホル神などが描かれる。

❺第一東側室の南側。「死者の書」に登場する雄牛と雌牛と、4本の天の舵が描かれる。
(New Picture Library/アフロ)

5章

古代エジプトの神殿

現在のエジプトの観光名所となっている神殿の数々。
一度は訪れたい著名な神殿と、
その歴史や構造を解説していこう。

神殿とは？

古代エジプトの各地に建造された神殿。その役割と発展の経緯を見ていこう。

祭儀を行う神が住む場所

神殿は、古代エジプト語でフウト・ネチェルウ〈神々の館〉と呼ばれ、神像を祀って、そこに供物を捧げ、祭儀が行われる場所だった。故王の祭儀が行われる葬祭神殿は〈数百万年の館〉と呼ばれた。こういった神殿には信者たちはある一定の場所までしか訪れることができず、神殿の奥は王や神官のみ出入りすることができた。

神殿の発展

初期王朝時代

初期王朝時代の神殿想像図。

神殿の起源

建造物としての最古の神殿は、エジプト南部の古代都市・ヒエラコンポリスにある神殿である。神殿には広大な楕円形状の中庭があり、その南には祠があった。祠の屋根は傾斜し、正面から奥へと高さが低くなる。これは、後世におけるエジプト神殿の、正面から奥へと天井が低くなる構造へと受け継がれたと考えられる。

古王国時代

死した王と神殿

古王国時代の王の墓であるピラミッドは、河岸神殿や葬祭神殿との複合体として建設された。河岸神殿は、ナイル川の運河から複合体に入る際の入口で、葬祭神殿とは壁のある長い参道で結ばれていた。

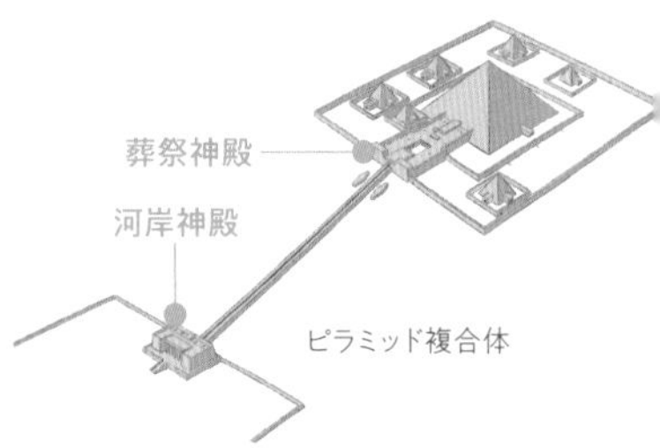

ピラミッド複合体

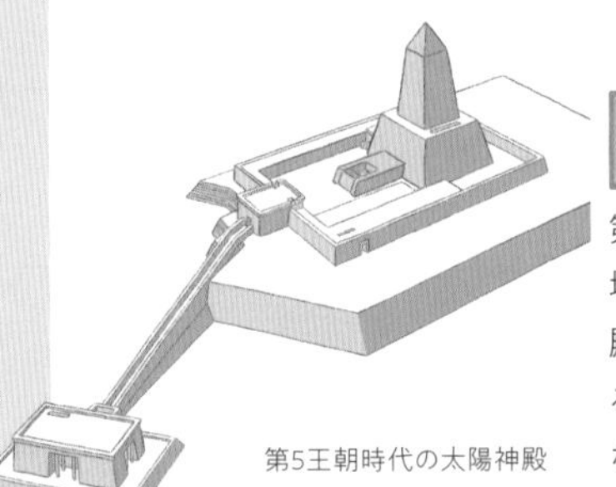
第5王朝時代の太陽神殿

太陽の神殿

第5王朝の王たちは、王の祭儀の場を太陽神ラーの領域において行うために、太陽神殿を造営した。太陽神殿の構造はピラミッド複合体に似ているが、中心となる構造物がピラミッドではなく巨大なオベリスクであるなど、大きな違いも見られる。

中王国時代

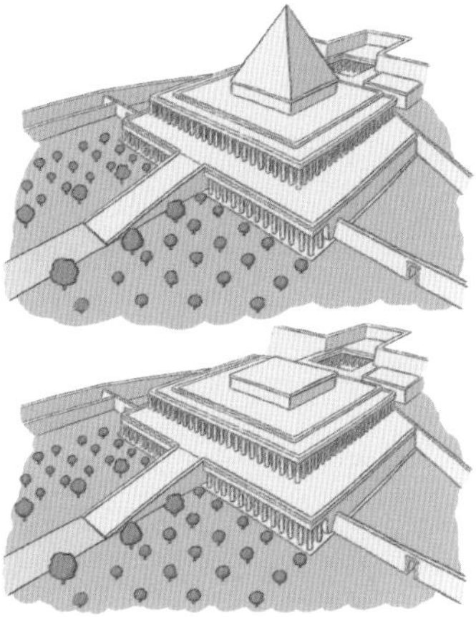

第11王朝メンチュヘテプ2世の葬祭神殿復元図。神殿頂上部はピラミッド状か平らな屋根の構造物の二説ある。

葬祭神殿と墓が合体

広範囲にわたって宗教建造物が造営された中王国時代には、王の葬祭の場である葬祭神殿と、王の墓が組み合わさった建造物が出現する（新王国時代には再び分離）。多層構造になったテラスをはじめとして、柱廊や、中心部にあるピラミッド形の上部構造など、新王国時代に造営された、ハトシェプスト女王葬祭神殿の構造の着想の源にもなった。

新王国時代

「標準的」神殿と葬祭神殿

エジプトの神殿建築は、新王国時代に最盛期を迎えた。大きく荘厳な神殿が多く造営され、建材としては主に砂岩が用いられて建設された。また、神殿の入口である塔門から中庭、列柱室と並び、最奥部に至聖所があるという、神殿の「標準的」構造も確立し、この構造は、王たちの葬祭神殿にも用いられた。

新王国時代に大幅に増築されたカルナク神殿。

プトレマイオス朝

プトレマイオス朝時代に建造されたエドフのホルス神殿。

最後の神殿

アレクサンドロス大王のエジプト征服後に興ったプトレマイオス王朝は、これまでの神殿建築様式に従った神殿を、エジプト全域に造営した。過去の王たちと同じく砂岩や花崗岩などの石材を大量に用い、大規模な建築を行ったこの時期の神殿は、エジプトの宗教建造物の中では、破損の少ない状態で残っているものが多い。

神殿の祭礼

神殿内部では、どんなことが行われていたのだろうか。
神殿の祭礼や、神殿で働く人々に迫る。

王の代わりを神官が行う

古代エジプトでは、神を「神の住まう家」である神殿に祀り、祭礼を行っていた。主な祭礼は王が行うとされていたが、実際は多くの祭礼を神官が代理で行っていた。古王国および中王国時代には、一部をのぞき神殿において専従する神官はいなかったが、新王国時代には、それぞれの神殿に専任の神官が登場した。また、祭礼には、神々が必要とするものを用意するために毎日行われるものと、定期的または特別の機会のときにだけ行われるものがあった。

アビドスの供物を捧げる王を描いたレリーフ。図像表現上では、王が祭礼を行う様子が描かれた。

祭礼の種類

日々の祭礼

神殿の至聖所（しせいじょ）の封印を解き、神像の覆いを外して祈りを捧げる。その後、神像の洗浄や着替えを行い、供物を捧げる。この祭礼を、神官たちは毎日朝晩に行っていた。

主な仕事

- 全身を清める
- 至聖所（しせいじょ）の神像の祠（ほこら）の封印を解く
- 神像に供物を捧げる
- 神像の服を脱がし、洗い清める
- 神像に香油を塗る
- 新しい衣服に着替えさせる
- 呪文を朗唱（ろうしょう）する
- 香を焚きしめる
- 扉を封印する

様々な祭礼

古代エジプトでは年間を通して絶えず祭礼が行われた。テーベでは毎年約60、地方では150以上の祭礼が行われたことが知られている。最も重要なのは増水季の最初に行う「新年祭」だが、ほかにもオペト祭（p.159）やセド祭（p.25）といった国家的行事があった。墓地の神ソカル、愛と美の女神ハトホルなど、特定の神と結びつく祭礼も多々あった。多くは、神輿にのせられた神像を外に出し、行列で別の神殿へと運ぶことが儀式の中心だった。

谷の祭り（谷の美しき祭り）

エジプト最大の神殿で行われた有名な祭礼として、テーベの三柱神（アメン、ムト、コンス）の神像を、カルナク神殿からナイル川の対岸にあるデイル・エル＝バハリへと運ぶ、毎年開催された祭礼がある。運ぶ際の行列は、数日間にも及んだとされる。

神官の種類

古代エジプトにおける神官は、もともと宗教の専門家ではなく、神々のお世話をする者と考えられていた。しかし、後に神官の階級は厳密に構成され、非常に細かく分かれ、専門の神官職が一般的となった。

大司祭（ヘム・ネチェル・テピ）

ヘム・ネチェル・テピ〈神の第一の僕(しもべ)〉と呼ばれる神官の首長。本来、神殿の神像に直接接することができるのは王だけだったが、実際は大司祭が王の代理として神像に接した。あらゆる特権を王からあたえられた役職で、多くは王によって任命されたが、世襲も少なくなかった。時代を経るごとに国の経済や政治への影響が大きくなり、第20王朝末期のアメン大司祭のように、王に等しい権力を得る者もいた。

ヘム・ネチェルとワアブ

多くの神官は、ヘム・ネチェル〈神の僕(しもべ)〉と、それよりも位の低いワアブ〈清き者または清い者〉に分けられた。ヘム・ネチェルは至聖所(しせいじょ)に入ることが許され、大司祭などの高官が行う祭礼をサポートした。一方でワアブは、至聖所(しせいじょ)に入ることは許されず、儀礼に関わらない職務を行うことが多かった。

ヘム・ネチェル
→至聖所(しせいじょ)に入れる
ワアブ
→至聖所(しせいじょ)に入れない／祭礼とは関係ない職務を行うことも

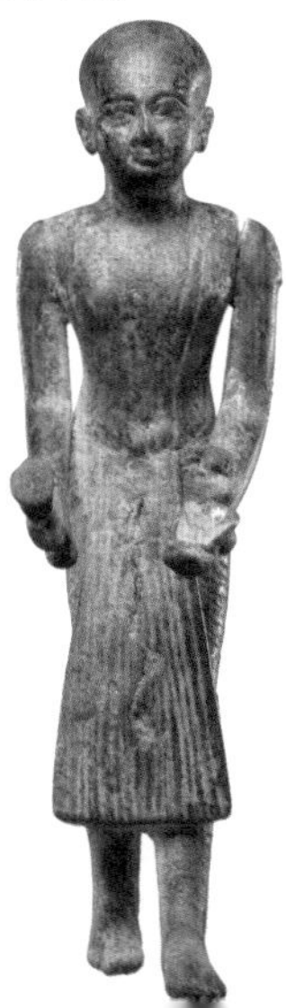

第三中間期の神官の像。神官は体毛を剃り、日中と夜に各2回ずつ沐浴をする、羊毛や革を身に着けてはいけないなどの決まりがあった。特定の位の神官には、特別な衣服の規定もあったようだ。結婚は禁じられていなかった。
（メトロポリタン美術館）

カルナク神殿にある第21王朝大司祭パネジェムの像。

専門的な神官

ヘム・ネチェルやワアブを率いる管理者だったセヘジュや、祭礼などで呪文を詠唱する朗唱(ろうしょう)神官であるケリ・ヘベト、神々に仕える楽団員であるケネルなど、専門的な役職に就く神官も存在した。

女性の聖職者

古王国および中王国時代の多くの上流婦人が、ヘメト・ネチェル〈神の僕(しもべ)（である女性）〉という称号を得て、ハトホル女神の女性神官として奉仕していた。新王国時代以降は、女性神官はあまり見られなくなるが、神の歌い手であるシェマイエトとして、女性が神事全般に関わっていたとされる。

神殿ができるまで

神殿づくりはまず儀礼から始まる。完成までの手順を追っていこう。

神殿の定礎（ていそ）の儀礼

神殿の造営は、非常に古い起源をもつ儀礼を、実際の建設作業が始まる前に行ったうえで、開始された。これらの儀礼は、理論上は王自身が執り行うことになっていた。

1 ひもを張る

夜間に星座の星を観測して方位をはかり、それに合わせて2本の杭を打ち込んで、まわりにひもを張る。星の観測には、エジプト語で〈知ることの道具〉という意味のメルケトと呼ばれる木製器具が使われた。

2 ひもをはじく

(Alamy／アフロ)

神殿を建てる敷地の四隅に杭を打ち、新たにひもを張る。そのひもをはじくことで、ひもについた清めの石膏を撒（ま）く。これは「縄張り」の儀礼とされ、文字と測量の女神セシャトの手助けのもとで行われると考えられていた。

3 地面を掘り起こす

神殿のそれぞれの壁の基礎部となる、最初の溝を掘る。この溝を、王が鍬（くわ）をもって掘る姿が壁画に残っている。

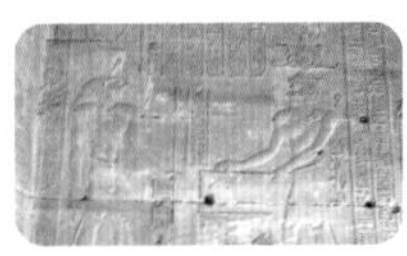

4 煉瓦（れんが）をつくる

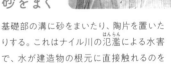

古代エジプトの建材として多く用いられたのは、石と日干し煉瓦（れんが）だった。日干し煉瓦（れんが）は、土や藁（わら）などを混ぜたものを木製の鋳型で形成し、型から出した後に乾燥させてつくる。

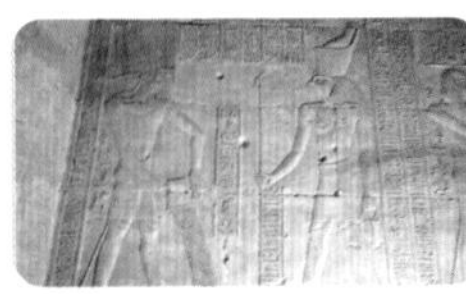

5 砂をまく

基礎部の溝に砂をまいたり、陶片を置いたりする。これはナイル川の氾濫（はんらん）による水害で、水が建造物の根元に直接触れるのを防ぐためであった。

6 鎮壇具（ちんたんぐ）を埋める

基礎部の溝の角には、その地を祀り鎮めるための鎮壇具（ちんたんぐ）を埋める。鎮壇具（ちんたんぐ）は煉瓦（れんが）や建設用具や供物などの模型といった象徴的なもので、質素な素材でつくられていた。碑文（ひぶん）はほとんど書かれず、あっても短いものか建造を命じた王の名前だけだった。

7 建築作業・神殿の建造

建築用建材には、主に石灰岩と砂岩が使われた。神殿の壁は、ブロック状にした石材の接合面をぴったり合わせたうえで積み上げ、最後に壁面を削って平らにした。石材ブロックを高く積み上げるために、日干し煉瓦などでできた傾斜路を用いた。傾斜路は、建設中の壁面や柱などにつける形でつくられ、石材をその上で引っ張るなどして運搬し、積み上げげた。完成後には、傾斜路は取り払われた。

カルナク神殿には建設用の傾斜路が一部取り壊されず残っている。

神殿の装飾

神殿の内外のレリーフによる装飾には、図像の背景をすべて削る「高浮彫」と、図像を削って背景よりも低くする「沈め浮彫」の2種類がある。外壁のモチーフには、王が外敵を打ちのめす場面を取り入れられることが多かった。また、王が神々の前に立つモチーフも多く用いられたが、王が直接神に礼拝する場面は、主に神殿の奥深くにある至聖所などに描かれた。

(Alamy／アフロ)

(Robert Harding／アフロ)

高浮彫と沈め浮彫

メディネト・ハブの沈め浮彫(左)と、エドフのホルス神殿の高浮彫(右)。日光で陰影ができる屋外は沈め浮彫、室内は高浮彫が多い。

8 完成～供犠 (p.148)

神殿の増築

できあがった神殿は、後世の歴代の王によって拡張・増築された。その多くは、新たな装飾を加える程度にとどまっていたが、先王たちの上を行こうと考えた王が、神殿入口の正面に新しい中庭と塔門を増築することが増え、神殿の規模が拡大していくようになった。

新王国の神殿の基本構造

神殿は神話に基づいて創設されているため、
本質を構成する要素には共通する構造様式がある。

塔門・中庭・列柱室・至聖所がスタンダード

一般的な構造の神殿では、正面入口である塔門を入ると、内部に中庭と列柱室があり、最奥に至聖所がある。これらはすべて、創世や宇宙のしくみを表現するものとして設けられている。星座や天空の女神ヌトの身体が描かれた天井は、奥に行くほど低くなり、床面が高くなっている。そのため、最奥部の至聖所は最も床面が高く、天井が低い場所になる。これは、至聖所が「原初の丘」を表現しているためとされている。

塔門

神殿の正面入口となる巨大な門。左右にある台形の塔をつなぐことで門にしている。正面部分は、神々や王の姿のレリーフなどで装飾されていることが多い。

中庭

天井がなく、解放された空間。聖なる場所と俗世界の境界とされた。また、太陽の光が降り注ぐ場所でもあったことから、天と地を結ぶ場とも考えられた。

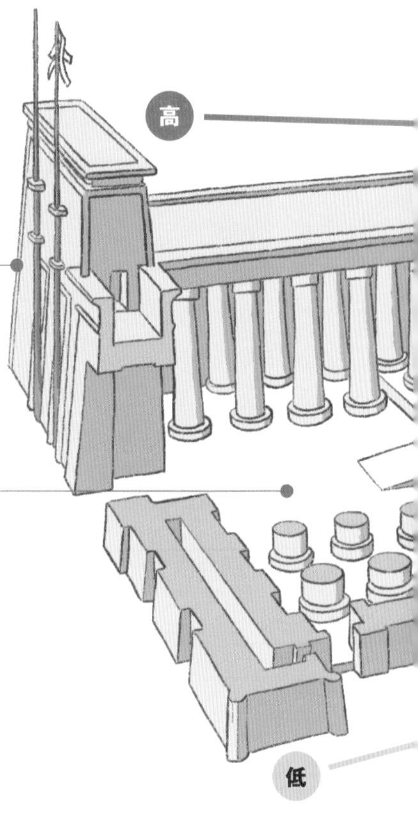

至聖所

神像が安置されている、神殿で最も神聖な場所。外部の邪悪なものから神を守るため、わずかに採光用の隙間だけを残し、密閉されている。原初の丘をイメージし、天井は低く、床面は高くなっている。

列柱室

宇宙を支える一種、あるいは原初の丘を囲む湿地をイメージしており、パピルスやロータスといった水生植物をモチーフに装飾された円柱が並んでいる。

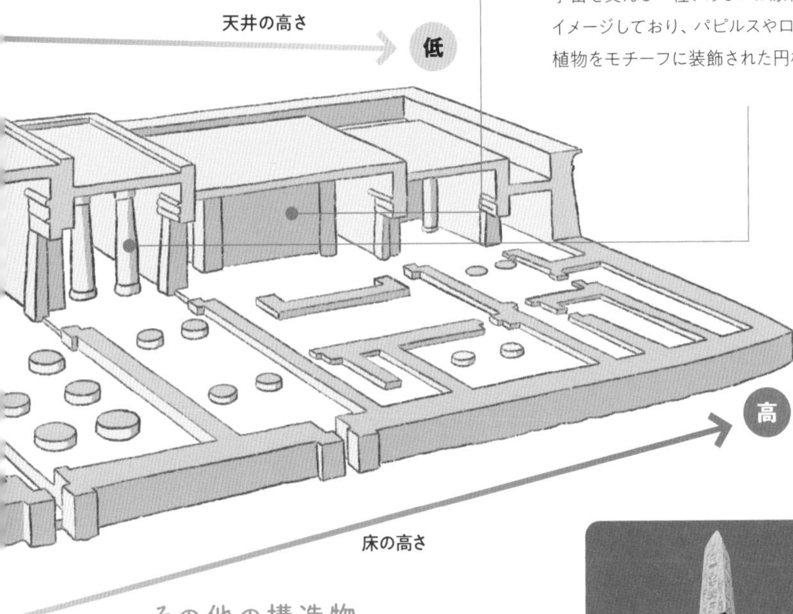

その他の構造物

多くの神殿の塔門の前などには、オベリスクが建てられていた。オベリスクは針のように尖った巨大な石塔で、ピラミッド形になった先端には、太陽の光を浴びて光るように、黄金が貼られることもあった。

主な神殿を徹底解説

古代エジプトの繁栄を物語るかのような巨大神殿。
著名な場所を解説していこう。

カルナク神殿

場所:**カルナク**　造営年代:**中王国時代〜ギリシア・ローマ時代**

カルナク神殿は、新王国時代の王都テーベ（現在のルクソール）につくられた、エジプト最大の神殿だ。テーベの守護神アメンと、その妻ムト女神、ハヤブサの神であるメンチュウを祀った三つの神域と、プタハ神、オペト神、コンス神（アメン神とムト女神の息子）に捧げられた小神殿などからなる、神殿複合体である。古くは中王国時代から造営され、新王国時代の王たちが増築を行い、現在のような巨大な神殿複合体となった。

三つの神域 1

アメンの神域

アメン神に捧げられた、カルナク神殿全体の中核となる部分。塔門や小神殿、祠（ほこら）、中庭などが連続する軸が東西と南北にそれぞれ存在する。南にあるルクソール神殿と、スフィンクスが並ぶ参道で結ばれている。また当時は、20本ほどのオベリスクが立てられていたことがわかっている。

第19王朝
スフィンクス参道
第30王朝
第1塔門

塔門が並ぶ入口

東西の軸は六つの塔門で区切られている。当時の第1塔門は高さ40mほどで、塔門としては最大級。その前の参道には、羊頭のスフィンクスが並んでいる。

第19王朝

大列柱室

幅102m、奥行53mの空間に、巨大な柱が134本も立てられている。とくに中央の2列にある12本の柱は、高さが21mにも及ぶ。セティ1世が着工、ラメセス2世が完成させる。

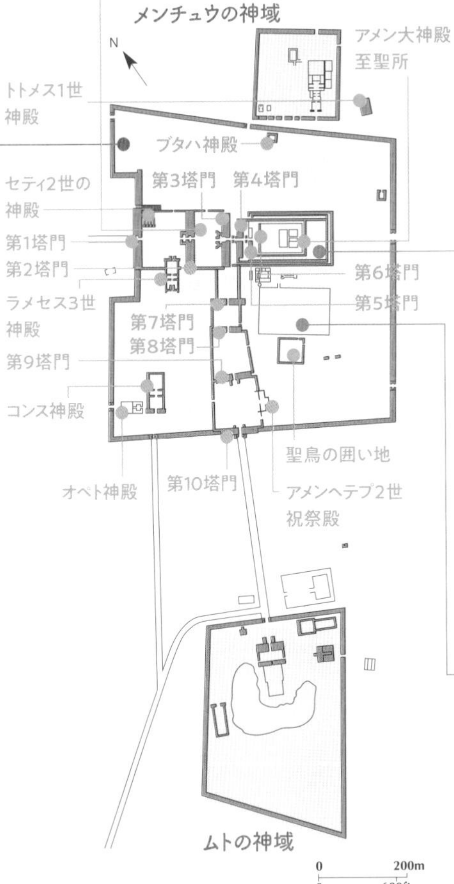

第18王朝

トトメス3世の祝祭殿

トトメス3世のセド祭（王位更新祭）のために建立されたとされ、テーベの重要な祭礼であるオペト祭の儀式にも使われていた。

第25王朝

聖池

地下水で満たされており、神殿に水を供給するだけでなく、神官たちが儀式の前などに身を清める場所としても使われた。

(鈴木革／アフロ)

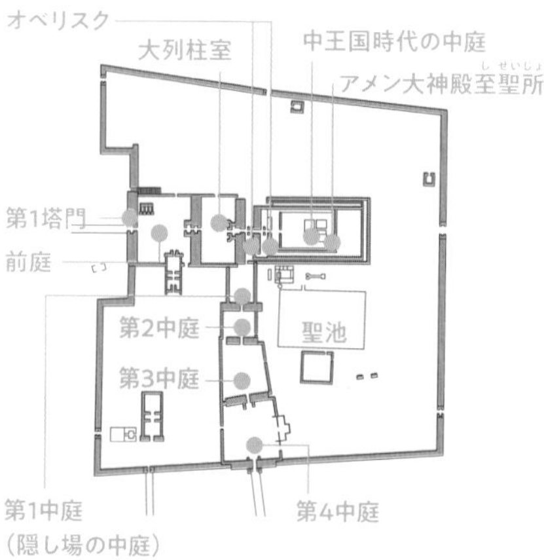

様々な王が増築を重ねた

現在のカルナク神殿の基盤は第18王朝アメンヘテプ1世がつくったとされているが、その後の王たちが手を加え、今日のような巨大神殿となった。上写真は前庭で、このエリアを見るだけでも様々な時代の王が関わっていることがわかる。

隠し場の中庭

南北の軸にある第7塔門の中庭。1902年に、ここにある神殿の床下から、王や貴族の彫像がいくつも発見されたため、この名で呼ばれるようになった。最終的には、彫像をはじめとする2万点ほどの品が見つかった。

第7塔門の中庭、壁のレリーフや像は第19王朝のメルエンプタハによるもの。このエリアで、トトメス3世像など、多くの彫像が発見された。像は第20王朝からプトレマイオス朝時代のものが多かった。

(New Picture Library／アフロ)

(Alamy／アフロ)

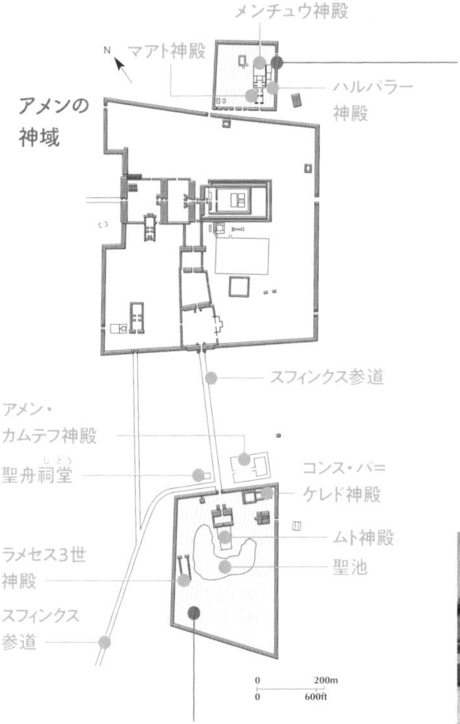

三つの神域 2

メンチュウの神域

テーベ地方の古いハヤブサの神で、戦いの神でもあるメンチュウに捧げられた神域。アメン大神殿の北に位置し、三つの神域のうちで最も小さい。四角い形をした神域には、メンチュウ神殿と、いくつかの神々に捧げられた神殿、聖池、プトレマイオス3世とプトレマイオス4世の記念門などがある。メンチュウ神殿はアメンヘテプ3世によって設計されたが、タハルカなど数人の王によって設計が変更されている。

（新華社/アフロ）

メンチュウ神殿
メンチュウ神殿はアメンヘテプ3世の造営だが、この記念門はプトレマイオス3世・4世による。神域内には、メンチュウの息子ハルパラー、マアト、オシリスなどの小神殿もある。

プトレマイオス朝
メンチュウ神殿記念門

三つの神域 3

ムトの神域

アメン神の妻ムト女神に捧げられた神域。ムト神殿と、それを囲む三日月形の聖池（イシェルの池として知られる）、いくつかの小さな神殿が含まれている。正面から伸びる羊頭のスフィンクスが並ぶ参道は、アメン大神殿の第10塔門とつながる。ムト神殿はアメンヘテプ3世が構築したが、後に数人の王が増築を行っている。

第18王朝
セクメト像
ムト神殿を構築したアメンヘテプ3世は、花崗岩製のセクメト像を奉納した。かつては数百体もあったという。

ルクソール神殿

場所:**ルクソール**　造営年代:**第18王朝～ギリシア・ローマ時代**

カルナク神殿から南に2kmほど、スフィンクス像が並ぶ参道を進んだ先に、ルクソール神殿がある。カルナク神殿にあるアメン大神殿の付属神殿で、おそらく中王国時代に建てられた小さな神殿をもとに、アメンヘテプ3世がメインの部分を造営し、その後ラメセス2世が大改築した。第1塔門前に建てられた2本のオベリスクは1本だけが残り、もう一方は19世紀にフランスに贈られ、現在はパリのコンコルド広場にある。

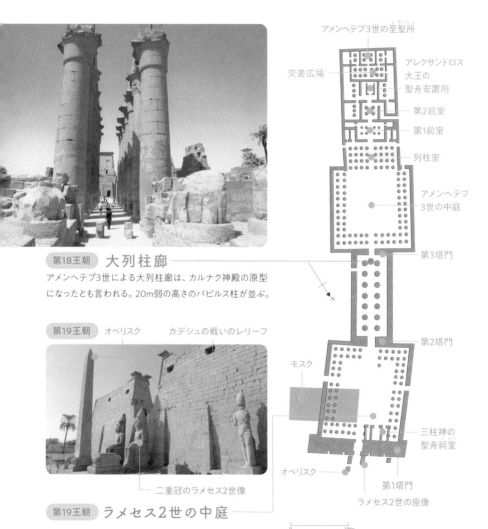

第18王朝 **大列柱廊**

アメンヘテプ3世による大列柱廊は、カルナク神殿の原型になったとも言われる。20m弱の高さのパピルス柱が並ぶ。

第19王朝　オベリスク　カデシュの戦いのレリーフ

二重冠のラメセス2世像

第19王朝 **ラメセス2世の中庭**

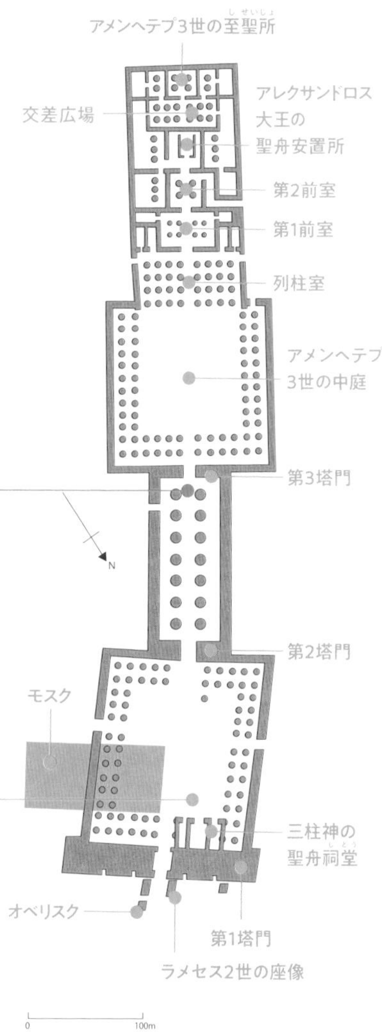

マケドニア王朝

アレクサンドロス大王の聖舟安置所

マケドニア王国のアレクサンドロス大王は、エジプトを征服後、アメンヘテプ3世の至聖所の内側に聖舟安置所（神々が乗る舟をおさめる場所）を設けた。その壁画では、アレクサンドロス大王はエジプトの王として描かれている。

ルクソール神殿最奥部にあるアレクサンドロス大王の聖舟安置所。もとはアメンヘテプ3世が築いた至聖所であったが、アレクサンドロス大王がその内側に祠を築いた。壁にはエジプトの王の姿で表された大王が、アメン神に捧げものをするレリーフが描かれる。

（鈴木革／アフロ）

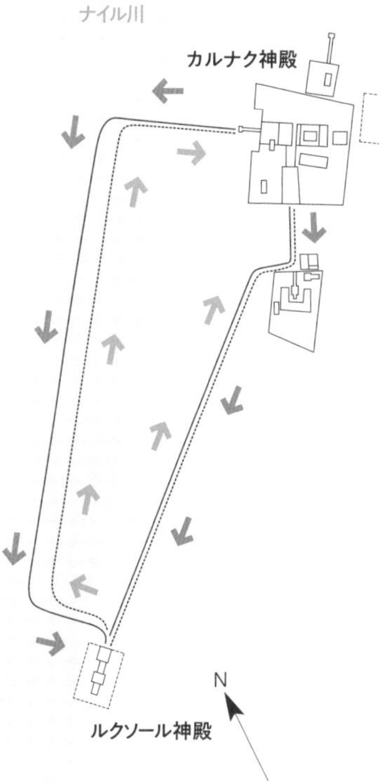

オペト祭のルート

オペト祭でアメン神像が往復したルート。神像はカルナク神殿を出発し、ルクソール神殿に滞在後、再びカルナク神殿に戻る。ルートは時代によって陸路や水路があった。

オペト祭とルクソール神殿

オペト祭は、毎年ナイルの増水時期に行われる祭礼で、王と神の結合や神の婚礼とも関わるものだった。祭礼では、カルナク神殿にあるアメン神とムト女神、二人の息子であるコンス神の神像を神輿にのせ、ルクソール神殿へと運んだ。神像は、数日間ルクソール神殿に安置され、その前で王が儀式を行うことで、王と神との結びつきが強まるとされた。ルクソール神殿内の三柱神の聖舟祠堂などは、この祭りのための施設であった。祭りの最中にアメン神による神託がおりることもあった。

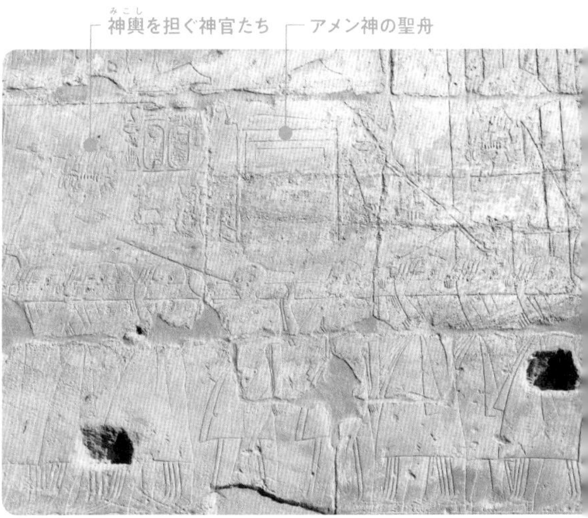

ルクソール神殿の列柱廊に描かれるオペト祭のレリーフ。

ハトシェプスト女王葬祭神殿

場所:**デイル・エル=バハリ**　造営年代:**第18王朝**

ハトシェプスト女王葬祭神殿は、第18王朝の女王ハトシェプストのための葬祭神殿だ。3階建てで、それぞれの階に中庭(テラス)があり、中央にあるスロープでつながっている。葬祭神殿の至聖所(しせいじょ)は、女王と父のトトメス1世、そしてアメン神に捧げられている。隣にあるメンチュヘテプ2世の葬祭神殿とともに、デイル・エル=バハリ(アラビア語で「北の修道院」)とも呼ばれている。後に、トトメス3世により壁画が削られるなどの損壊を受けた。

(New Picture Library/アフロ)

崖に囲まれて建つ

ハトシェプスト葬祭神殿は、王家の墓がある「王家の谷」の東側の断崖を背にしている。

第1中庭

第1中庭には、ハトシェプストが交易を行っていたプント国からもたらされた樹木や灌木(かんぼく)(低木)が植えられていたとされる。

第2中庭

第2中庭の前にある列柱廊には多くのレリーフがあり、南の端はハトホル女神の礼拝所が、北の端にはアヌビス神の礼拝所がある。

第3中庭

第3中庭の奥には、岩盤を掘り込んでつくられたアメン神の至聖所(しせいじょ)があり、そこを守るように、前廊にはオシリス神の像がついた柱がある。

メンチュヘテプ2世の葬祭神殿

新王国時代の神殿構造の基礎に？

ハトシェプスト女王葬祭神殿は、王の埋葬地とは分けてつくられている。以降の新王国時代の王も、埋葬地と葬祭神殿を分けるようになった。また神殿の最奥部には王、アメン神、太陽神の礼拝堂が設けられた構造で、これらはほかの葬祭神殿の基礎になったともいわれる。

オシリス柱

第3中庭の前に並ぶ角柱の前には、オシリス神の像が立っている。これは、ひげをつけて男装したハトシェプストとされている。

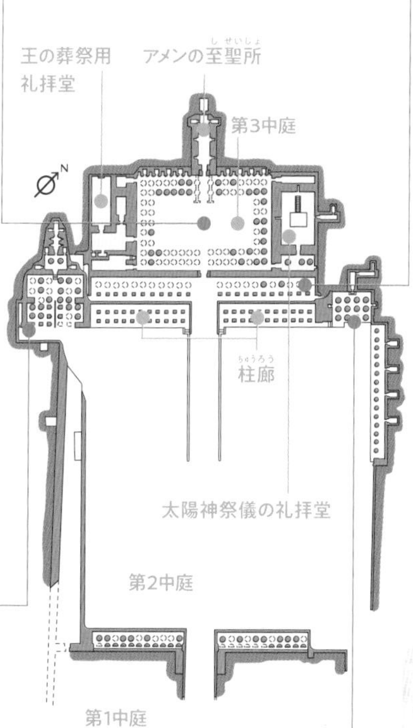

柱廊

第2中庭にある柱廊の南側には、ハトシェプストが行ったプント国との交易の様子が、北側には女王が神を父として生まれたことを表すレリーフが残っている。

女王の誕生を描いたレリーフ。

ハトホル女神の聖域

この葬祭神殿のあるデイル・エル=バハリ一帯は、ハトホル女神の聖域であった。そのため、第2中庭の南端にはハトホル女神の礼拝所が設けられ、列柱にはハトホル女神の顔や、ハトホルがもつ「シストルム」という楽器がかたどられている。

アヌビスの礼拝堂

第2中庭の北端には、アヌビス神の礼拝所がある。12の柱がある列柱室やいくつかの部屋があり、アヌビスの姿が描かれたレリーフが残っている。

ラメセウム

場所:**グルナ**　造営年代:**第19王朝**

ラメセウムは、テーベ西岸にあるラメセス2世の葬祭神殿の通称だ。多くの神殿建築を行い、「建築王」とも呼ばれたラメセス2世は、即位2年目にこの葬祭神殿の建設にとりかかったとされている。ラメセウムは、伝統的な神殿構造にもとづいたつくりになっているが、王が儀式のために滞在する「神殿内王宮」が含まれており、王の葬祭だけではなく、生前の儀式にも使われていたと考えられる。現在ラメセウムは、ナイル川の氾濫(はんらん)などにより多くの部分が破壊された状態にあるが、当時の大規模な葬祭神殿の姿を思い起こさせる跡が残っている。第2中庭の前後にある巨大なオシリス像や、頭部のみの王像、オジマンディアスの巨像(詩人シェリーが作品でラメセス2世の即位名をギリシャ語読みしたことから、この名がついた)などがその代表で、二つの塔門にはカデシュの戦いの場面のレリーフが残っている。この建造物は、メディネト・ハブのラメセス3世葬祭神殿のモデルとなったともいわれている。

ラメセス2世像頭部
頭部のみ残る黒色花崗岩でできたラメセス2世の像。もとは2体の像であった。

オシリス柱
第1中庭のラメセス2世のオシリス柱。頭部は失われているが、手を組むポーズでオシリスだとわかる。

オジマンディアスの巨像

第2中庭に横たわっている巨石。これは通称「オジマンディアスの巨像」といわれる、ラメセス2世の石像である。現在は倒壊しているが、当時は重さ1000トン以上と考えられ、巨像が多数つくられた古代エジプトでもトップクラスの大きさ。耳の部分だけでも1mほどもある。もとは1対の像として計画されたが、もう1体はつくられることはなかった。

(アフロ)

若きメムノン像

入口前にはラメセス2世の像が2体立っていたが、現在は黒色花崗岩でできた1体の頭部だけが中庭に残されている。もう1体の上部は、大英博物館で「若きメムノン像」として展示。メムノンとはギリシャの英雄で、古代ギリシャの旅行者が命名した。

倉庫

ラメセウムには倉庫の跡が残っている。供物などを保存していたとされる倉庫は、日干し煉瓦(れんが)を4段に積み、ヴォールト天井(曲面天井)を備えている。日干し煉瓦(れんが)でヴォールト天井をつくるのは難しいため、当時の建築技術が高かったことがわかる。

アブ・シンベル神殿

場所:**アブ・シンベル(下ヌビア)**　造営年代:**第19王朝**

「建築王」ラメセス2世が、古代エジプトの領地の南にあったヌビアに造営した神殿。王宮から遠く離れたヌビアの人々にも、王の力を見せつけるために建てられたとされている。1813年、砂に埋もれていた神殿の一部が、スイス人の東洋学者ヨハン・ルートヴィヒ・ブルクハルトによって発見された。アブ・シンベル神殿は、岩山を掘り込んでつくられた二つの神殿の総称で、大きいほうは太陽神ラー・ホルアクティに、小さいほうはハトホル女神と王妃ネフェルトイリに捧げられたものである。1960年代には、アスワン・ダムの建設によってナイル川の水位が上昇し、水没の危機にあったが、ユネスコの指導のもと、約60m上の場所へと移築・再建された。その際には、年に2回、至聖所(しせいじょ)へと朝日が差し込むしくみも再現された。

(アフロ)

太陽を礼拝するヒヒたちの像

神殿入口上部には、帯状に装飾されたフリーズ（装飾帯）があり、ヒヒたちが太陽を礼拝する姿が彫られている。

太陽神ラー・ホルアクティ像

神殿の入口の上には、「権力（ウセル）」と「真理（マアト）」を意味する記号をもった、太陽神ラー・ホルアクティの像がある。

入口の巨像

神殿の入口には、ラメセス2世の巨大座像が4体ある。高さは約20mで、岩山を高さ33m、幅38m削ったうえで彫られている。神殿の完成後に発生した地震により、左から2番目の像は壊れており、頭部が像の下に落ちている。王像のそれぞれの足元には、家族の像が彫られている。

二重冠とネメス頭巾をつけたラメセス2世像

神殿内部

入口から入ると、広い大列柱室があり、次にやや狭い列柱室と、至聖所の前室が続き、最奥に至聖所がある。至聖所の左右には葬祭用の物品をおさめる倉庫がある。大列柱室の柱には、通路に向き合う形でラメセス2世の顔をしたオシリス神の姿が彫られている。これは冥界をイメージした装飾であることから、神殿入口の装飾に見られる太陽信仰と、冥界の神オシリス信仰との融合の例といえる。

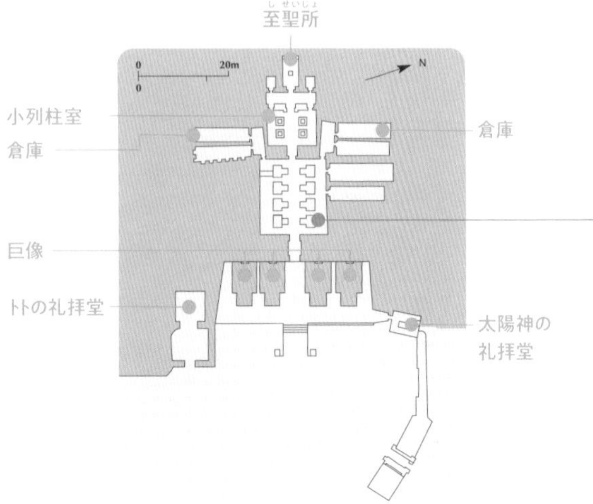

年に2回太陽の光が届く至聖所

至聖所には、プタハ、アメン・ラー、ラー・ホルアクティといった神々と、神格化されたラメセス2世の座像がある。ここには、年に2回だけ朝日の光が差し込み、冥界の神であるプタハ神以外の3体の像に当たるようになっている。誕生日と即位日といわれるが、実際には不明。四つの像の前には供物を捧げる台が置かれ、至聖所の入口の壁には、供物を捧げる王の姿のレリーフがある。

大列柱室

神殿内部の大列柱室には、オシリス柱が並ぶ。神殿入口には太陽神やヒヒの像など、太陽信仰を意識した装飾が見られるが、列柱室は冥界を意識している。床面は奥に進むにつれて高くなり、幅も徐々に狭くなる。壁にはカデシュの戦いなどの王の功績を記したレリーフがある。

王妃の小神殿

大神殿の北にある、ハトホル女神と王妃ネフェルトイリに捧げられた神殿。入口にはラメセス2世の像4体、ネフェルトイリの像2体が交互に置かれ、足元には王子と王女が彫られている。ネフェルトイリ像には、ハトホル女神のように牡牛の角がついている。列柱室の柱の柱頭にはシストルム（楽器）がかたどられ、奥の至聖所（しせいじょ）には、ラメセス2世を守護するハトホル女神の像が彫られている。

エドフのホルス神殿

場所:**エドフ**　造営年代:**前237~57年**

プトレマイオス朝時代に、ホルス神崇拝の中心地であったエドフに造営された神殿である。プトレマイオス3世の時代に建設が始まったものの、完成したのは180年後のプトレマイオス12世(クレオパトラ7世の父)の時代だった。プトレマイオス朝時代の神殿建設では、伝統に沿った形で行われることが多く、その代表例がこのホルス神殿といえる。規模が非常に大きく、第1塔門はカルナク神殿のアメン大神殿にも迫る最大級の大きさだ。中庭には、黒色花崗岩でできた、ハヤブサ姿のホルス神の巨像が置かれている。また、この神殿はナイル川の近くに建てられているものの、高所にあるため氾濫の被害を免れ、列柱の装飾やレリーフなど、当時の姿を多く残している。

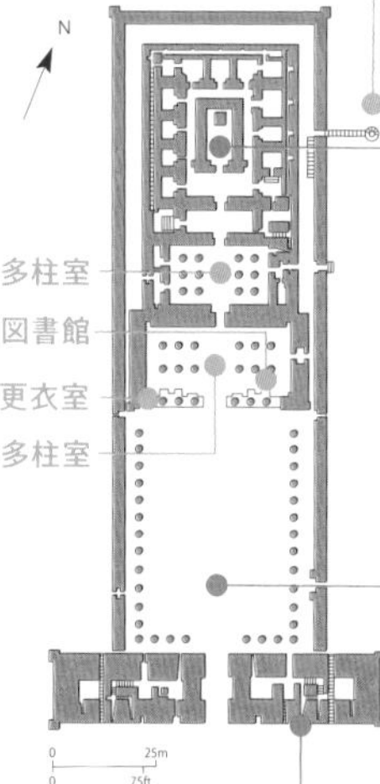

至聖所

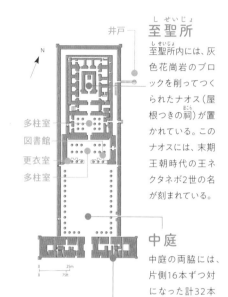

至聖所内には、灰色花崗岩のブロックを削ってつくられたナオス(屋根つきの祠)が置かれている。このナオスには、末期王朝時代の王ネクタネボ2世の名が刻まれている。

中庭

中庭の両脇には、片側16本ずつ対になった計32本の柱が並ぶ。

第1塔門

高さ40m、幅67mの塔門。表面には、プトレマイオス12世が神々の前で敵を打ち据える様子のレリーフが、左右対称で施されている。

6章

古代エジプト人の暮らし

古代エジプト人の衣食住はどんなものか?
どんな仕事をしていたのか?
市井の人々の暮らしぶりに迫り、
古代エジプト人をより身近に感じよう。

古代エジプト人の一生

古代エジプト人はどんな人生を送っていたのだろうか。
ここでは誕生から子ども時代、青春期を経て晩年までを解説する。

古代エジプト人の平均寿命は30代だった？

時代にもよるが、当時のエジプト人の平均寿命は30〜36歳と推測されており、危険を伴う出産のために女性の寿命は男性よりもさらに短かった。そのため、結婚年齢も若く、女性は10代前半、男性は遅くとも20代前半には結婚していたようである。

当時は原則的に父親の職業を継ぐことがほとんどだったので、職業選択の自由もあまりなかったようだ。男の子は子どもの頃から父親の姿を見て育ち、大人になると同じ職業に就いた。若くして結婚した女の子は母親になって子どもを育て上げるのが仕事だった。乳幼児の死亡率も高かったので、女性たちは一生に何人もの子どもを生むことになった。

幸運にも長生きできた人は、40〜100歳までを労働と知識によって得た人生最良の時間を楽しむことができただろう。

誕生

産科や婦人科の専門医はいなかったようで、出産による合併症が起こったときに医師が呼ばれた。病弱な新生児に生命の危険があるときは、泣き声の大きさと顔つきから生存の見込みがあるか判断された。

ハトホル神殿のレリーフ。しゃがんだ女性が、二柱の女神ハトホルに助けられて出産している。

(akg-images／アフロ)

子ども時代

子どもたちは主に屋外で遊び、小石や木の枝を素材にした玩具を使ったり、競争やゲームをして楽しんだ。野鳥やペットと遊ぶこともあった。

割礼の儀式を描いたレリーフ。石器で包皮を切断され暴れる少年を、背後の人が取り押さえている。儀式が行われた年齢に、明確な情報はない。

若き日のハプの子アメンヘテプ。張りのある肉体。お腹がたるんで見えるが、これは裕福な証拠。

年老いたハプの子アメンヘテプ。たるんでしまった腹部を隠すためか、ここでは長いキルトを腹の上で結んでいる。

晩年

死は終わりではなく、適切な処置で克服できる、病気のようなものと定義づけていた。そのため、遺体をミイラにして墓に自分の姿と名前を記し、墓には日々の食事を運んでもらっていた。

家庭

男性は肉体的に成熟し、自分の仕事で家族を養うことができるようになると、結婚したと考えられている。女性は初潮が始まる12～13歳頃が多いが、最も早い者は8～9歳という記録もある。また、夫婦は同じ社会階層であることが原則だったが、外国人との結婚もできた。

アクエンアテン夫婦と三人の子どもたちの、仲睦まじい様子を表す彫刻。身分が高く裕福な家を除いては、一夫一婦制がほとんどだった。

青春時代

古代エジプトの教育理念は『教育の書』と呼ばれる論説に集約されていた。男の子の養育は主に父親に、女の子の養育は母親に委ねられていた。王家では特別な養育係にすべてを任せていた。恋愛は同じ社会階級で行われるのが一般的だったが、比較的自由でもあった。左のような壁画が描かれていることから、同性愛があったともいわれている。

ニアンククヌムとクヌムホテプという、二人の青年が見つめ合う様子を描く壁画。

古代エジプトの職業図鑑

古代エジプトには様々な職業があり、社会を支えていた。
官僚をはじめ、芸術家や農民などが社会や文化の発展に寄与していた。

王を頂点とする階級社会

古代エジプトは完全なピラミッド型社会だった。絶対的な権力をもつ王を頂点にその下に行政や軍事を取り仕切る官僚、神官などがいて、それらの地位は王族や高級官僚によって独占されていた。ピラミッド型国家の土台を支えていたのは農民だったが、エジプトの国土はすべて王のものであったため、農作物を自由にできなかった。古王国時代から農業は国家の管理下にあり、耕地面積や収穫量は書記によって細かく記録され、租税の徴収が行われた。その余りが、農民に分配される仕組みだったのである。

農民にとっては理不尽な社会に思えるが、この租税システムが国庫を潤し、国民の生活を支えていた。そのため、このような構造の社会制度が王朝の終わりまで続いたのである。

国王に仕える

官僚

官僚の重要な役職に「宝物庫の監督官」と「倉庫の監督官」があった。宝物庫の監督官は財政に対する責任を有していた。とくに新王国時代になると、外国との交易から得られるすべてのものを管理する重要な職務だった。一方、倉庫の監督官も国庫収入の重要な役割を果たしていたと考えられる。穀物は税を徴収する際の手段であるばかりか、国が支払いを行う場合にも穀物が使用されたからである。

高官および州知事と思われる男性の像。
(メトロポリタン美術館)

新王国時代の行政組織

王

北と南の宰相(二人)

行政	宮廷	軍事	宗教
宝庫長、穀倉長、家畜長など財政に関する役人、州知事や市長など。	王宮の監督官や、執事など。	軍事を取り仕切る最高司令官、副司令官、将軍。	神官長、神々の司祭など、王に変わって神に奉仕する者。

あこがれの職業だった

書記

書記は文字の読み書きを習得した人物が就ける職業であり、男性が担っていた。国家の行政機構の中で文字を獲得している能力と、王家の業務につながる神聖さが知的エリートのイメージを形づくっていた。上層階級への立身には書記の訓練は必須であり、必要な知識を学ぶ養成学校もあったという。書記の業務である執事のような仕事全般や、神殿で行われる祭儀においても高い教養に支えられた。

サッカラのホルエムヘブの墓にある、書記官たちのレリーフ。

古代エジプト芸術をつくった

職人

芸術家という言葉はなく、それぞれの分野に専門の職人がいた。彼らが用いた道具や手順、生活様式はどれもあまり変わらなかった。木彫(きぼり)師は大工や指物(さしもの)師と同じ道具と技法を用いていたし、彫刻師は石工や石製容器をつくる職人の技術を習得していた。

上流階級の人々が身につける装飾品をつくる職人たちのレリーフ。

彫刻師（ケスティ）

ケスティという言葉は彫刻師を指し、石や木の浮き彫り彫刻家のことも意味していた。具体的には下絵師が描いた線画をのみと木槌で掘る仕事である。浮き彫りは職人が多く依頼される仕事の一つだった。

絵師（セシュ）

セシュは絵師を指すほかに書記を意味する言葉でもあったとされ、線画と文字書きとの密接な関係を示している。絵師は下絵師と密接な関わりがあり、下絵師が描いた線画を仕上げていくのが絵師の仕事だった。

下絵師（セシュ・ケドゥト）

セシュとは〈輪郭を描く人〉という意味をもっていて、下絵師の仕事は書記の仕事内容と似ていた。古代エジプト文字は線画で描かれた事物の標準化を通じて発達したもので、下絵師は書記と同じ道具を用いていたという。

様々な専門技術をもった職人たち

天秤棒を使ったシャドゥフという灌漑器具の導入により、新王国時代の食料生産高が爆発的に増大した。そのため多くの人々が農業以外の労働に従事できるようになり、物をつくって他人に提供するという新たな職業が生まれた。

彼らがつくるものは、日常生活で用いられる簡素な大量生産品であれ、芸術性の高い贅沢品であれ、デザイン、仕上げ、装飾の三つが高いレベルでそろった逸品だった。道具は原始的だったが、職人たちは技術で補っていた。

そして多くの職人たちの中でも「黄金の指」をもつ者だけがその仕事を立派に果たすことができたのである。そのため、才能のある息子が父親の跡を継ぎ、従弟として父親の仕事ぶりを見て模倣することで技を磨き、技術を受け継いでいくのが普通だった。職人は、一部を除いてほとんど男性が就く職業だったといわれている。

レクミラの墓の壁画　(New Picture Library／アフロ)

パン職人と織工は女性に多かった

古代エジプトでは、大麦の粉挽きは主に家庭の主婦の仕事で、その流れでパン職人には女性が多かったとされる。同様に家庭で織物を編んでいたことから、織工も女性が多かったといわれている。そのほか美容師や家の掃除なども、女性が雇われることが多かった。

ニアンククヌムとクヌムヘテプの墓の壁画に描かれた、パンづくりをする女たち。

つくられていた加工品

石製ナイフ

熟練した技法でつくられたナイフ。黄金の柄をもち、宗教的な式典や儀式で用いられたと考えられる。

ファイアンス

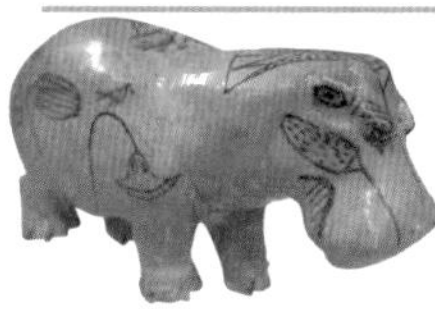

ファイアンス製のカバの置物。ファイアンスは人工的につくられた青い陶磁器で、宝石の代用品としても使われた。

石製容器

サッカラの階段ピラミッド内部で発見されたもの。硬質で極めて加工が困難であったことがうかがえる。

彩文土器

5500~5100年前の土器。手ろくろでこねた粘土を使用し、表面には赤い顔料で、船や動植物が描かれている。

1 鋳物工

鉱石を溶かし鋳物型に流し込んだり、「足踏みふいご」という器具を使って火に空気を送ったりしている。

3 冶金職人

金属の先端の葦のパイプ(管)で火をかきたて、神に捧げる金や銀の容器をつくっている。

4 建築労働者

傾斜路をつくるために石灰岩で骨組みをつくり、その間に日乾し煉瓦や瓦礫などを詰め込んでいる。

5 職人の監督官

金細工師に渡す金属の重量と、完成品の重量を確認する作業を行っている。

2 日乾し煉瓦をつくる奴隷たち

日乾し煉瓦をつくるための泥を型に入れ、乾燥したものを運んでいる。

上流階級は神官や書記、庶民は農作や商業を職業とした

職業の身分階級のイメージ

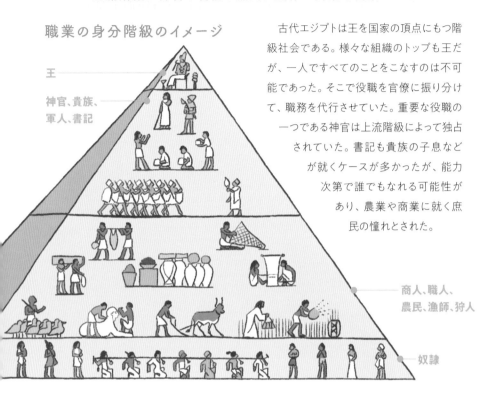

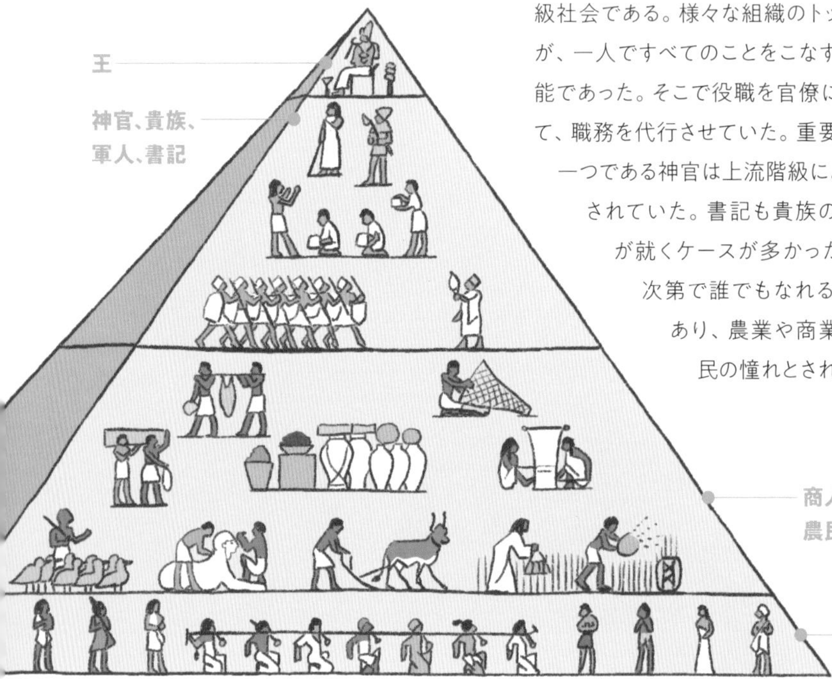

古代エジプトは王を国家の頂点にもつ階級社会である。様々な組織のトップも王だが、一人ですべてのことをこなすのは不可能であった。そこで役職を官僚に振り分けて、職務を代行させていた。重要な役職の一つである神官は上流階級によって独占されていた。書記も貴族の子息などが就くケースが多かったが、能力次第で誰でもなれる可能性があり、農業や商業に就く庶民の憧れとされた。

古代エジプトに奴隷はいたのか?

古代エジプトの歴史において、労働の強制や個人の自由の制限は様々な形で存在した。ピラミッドが奴隷によって造営されたという説に根拠はないが、古王国時代には囚人や異民族の戦争捕虜に採石や採鉱などを行わせていたことは知られている。

中王国時代には、「自由人」、「使用人」、「徴用者」、「逃亡者」などの違いが明確に意識され、真の奴隷制は外国人捕虜に限られたと推測されている。後代のヘレニズム時代になると、奴隷市場での購入、債務者の奴隷化など、法的・継承的な意味での奴隷制が展開されるようになった。

アブ・シンベル神殿にあるヌビア人の捕虜の壁画。

そのほかの様々な職業

訓練されたヒヒを使って、犯罪者を捕まえる警察。(akg-images／アフロ)

警察

古代エジプトの警察は警備や巡視などの軍隊に近い性格の官吏と、法を執行したり刑罰を与えたりする官吏の二つの役割を担っていた。ただし住民が住むすべてのところに配置されていたわけではなく、特別な地域において活動する者たちだった。

踊り子

古代エジプトでは神殿の祭儀や宴会などで舞踊や音楽は欠かせない要素で、職業的な踊り子が存在していた。踊り子は髪を振り乱して体を大きく曲げたポーズをとり、カスタネットや拍子木のリズムにのって激しく踊っていた。

曲芸師とハープ奏者。

医者

医者は「セウヌウ」と呼ばれ、当時すでに専門化が進んでいたとされる。目の医者もいれば、頭部の医者、腹部の医者など様々な分野の医者が存在していた。医者にも階層があり、専任医師や医者たちの管理官、医師長がいた。

現在知られている最古の歯科医ヘスィラー。

古代エジプトの農業

肥沃な土壌に恵まれていたエジプトでは、ナイル川のほとりで
古くから農業が盛んに行われ国民の多くが従事していた。

大きく三つの時期に分かれていた農業のサイクル

農民の生活はナイル川の増水のサイクルに合わせて決められていた。「アケト」と呼ばれる増水季は、農作業を休んで川の堤防や溜め池の増築などを行っていた。水が引く時期は「ペレト」と呼ばれ、農地が乾かないうちに耕して種が撒(ま)かれた。水位が低くなる「シェムウ」と呼ばれる時期は収穫を行った。しかし、現代でいう閏年(うるうどし)というが概念がなかったため、実際の季節とはズレが生じた。

アケト

7月中旬~11月中旬 降水量が増え、ナイル川が増水。農作業には向かず食料は漁労でまかなった。

ペレト

11月中旬~3月中旬 川の水が引き、農作業ができるようになる。農地を耕し、種撒(ま)きを行った。

シェムウ

3月中旬~7月中旬 気候もよく多くの食物が育つ、農作に最も適した時期。収穫を行った。

ナイル川の増水サイクル

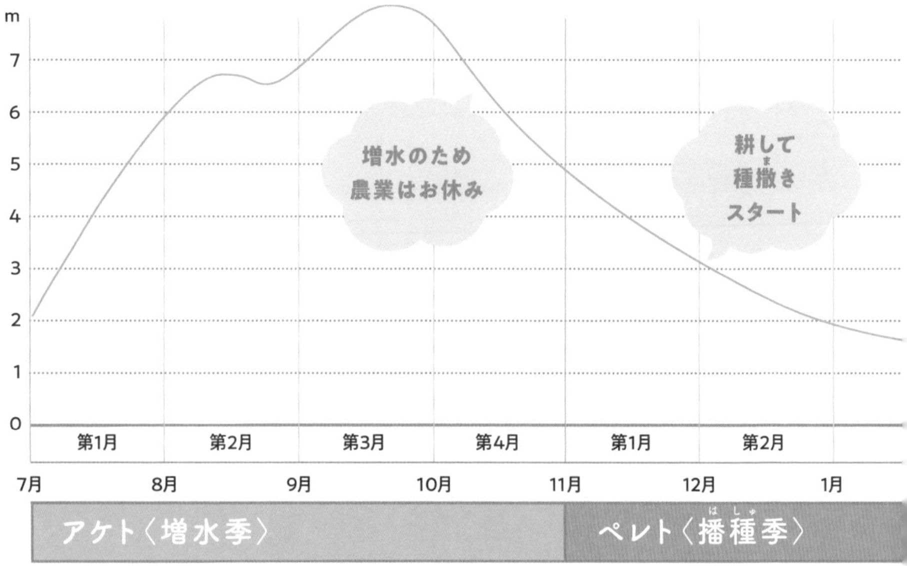

確立した課税制度

古代エジプトには穀物を対象として収税を行う「倉庫の監督官」がいた。大土地所有者への課税は穀物5袋程度を目処に収穫の約30%を徴収したが、小土地所有者への課税は1アロウラ（約0.3ヘクタール）につき、1～1.5袋だった。もし、この規定の量が納められなかった場合は鞭で打たれたり、家族ともども縛られて監獄に放り込まれたという。

租税を滞納した者たちが裁判を受ける場面。滞納するとこん棒で殴打する刑に処された。

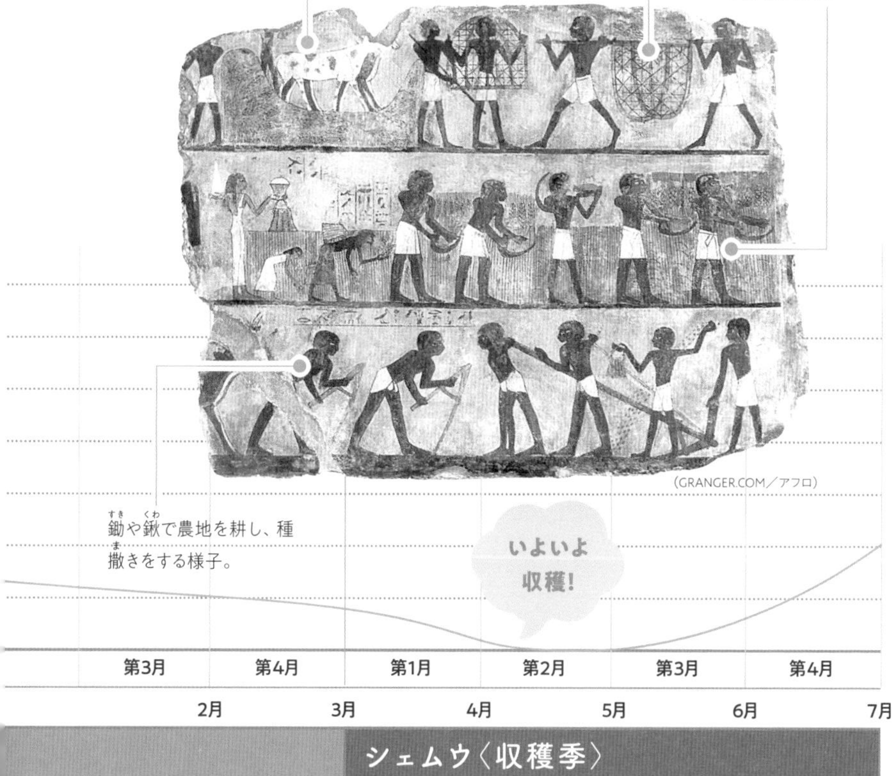
家畜に穀物をふませて脱穀している。
かごに収穫した穀物を入れて運ぶ人々。
収穫をする人々。女や子どもたちも加わり、家族みんなで行う。
鋤や鍬で農地を耕し、種撒きをする様子。
いよいよ収穫！
第3月
第4月
第1月
第2月
第3月
第4月
2月
3月
4月
5月
6月
7月
シェムウ〈収穫季〉
（GRANGER.COM／アフロ）

果樹園と野菜栽培

古代エジプトでは大麦や小麦などの穀物のほかに野菜や果物も栽培されていた。この時代に栽培されていた野菜の一つがレタス。祭儀には欠かせないものだった。

一方、果物は日常生活の必需品というよりも、市場で取引される作物だった。果樹園はたび重なる灌漑と余剰耕作地が必要とされることから、砂漠の緑に接するような小高い場所が選ばれた。古王国時代のデルタ地域にはすでにブドウの果樹園がつくられ、新王国時代のワイン壺には醸造された年や園の名前まで記された。また、油を採取するためのオリーブも栽培されていた。

栽培されていたもの

野菜	マメ類	亜麻
レタス、ニンニク、ネギなど	ソラマメ、レンズマメ、エンドウマメなど	麻布、糸、ロープの材料

果物を提供する女性

第18王朝アメンヘテプ3世時代の重臣ネブアメンの墓にある庭園の壁画。中央にブドウ園、その周囲に様々な樹木が植えられている。
(Erich Lessing／K&K Archive／アフロ)

規則正しい配置
古代エジプトの庭園は、死後の楽園をイメージするものとされ四角い池や樹木などが規則正しく左右対象に配列されていた。

池
池の周りで庭園栽培が行われていた。池の水は庭園栽培の作物を育てるのにも使われていたと考えられる。

身分の高い家で行われた庭園栽培

庭園は神殿や身分の高い者の邸宅につくられた。新王国時代のレリーフには、人工の四角い池に観賞魚や水鳥が飼われ、周りには様々な樹木が植えられた庭園が描かれている。気候が乾燥しているエジプトでは庭の手入れには灌漑が欠かせず、シャドゥフ(灌漑器具)によって水路から水をくみ上げることもされていた。近年では古王国時代のスネフェル王の屈折ピラミッド複合体の下から、さらに古い時代の庭園も発見されている。

畜産農業

ウシやヒツジ、ヤギなどの家畜は新石器時代に西アジアからナイル沿岸に入り込み、先王朝時代にエジプトに定着すると、普通に飼われるようになった。

哺乳類だけでなく、沼沢池で捕獲したカモやガンなどが神殿の祭儀で犠牲にされたり、食用としての鳥が小屋で飼われたりもしていた。そういったレリーフがピラミッド時代から貴族の墓の中に残されている。

養蜂　（Alamy／アフロ）

養蜂は新石器時代にすでに確認されており、王の呼称にもミツバチが含まれることからその重要性は示されている。古王国時代には組織化されて飼われていた。

養豚

ブタは不浄とされ食用にはタブーと思われていたが、ギザのピラミッド・タウン、ツタンカーメンが暮らしたアケトアテンなど各所で養豚の証拠が見つかっている。

酪農　（New Picture Library／アフロ）

酪農も行われ、ミルクやチーズなどの乳製品がつくられていた。壁画や浮き彫りには乳しぼりをしたり、家畜に餌をやる様子が残されている。

漁業

漁業は先史以来の伝統で、ナイル川や運河のほか、ファイユームのモエリス湖でも常に専門の漁師がいて、魚を捕っていた。獲物はナマズやウナギ、ナイル・パーチなどで、貴族の食卓にのるだけではなく、貧しい庶民の家庭にも届いていたとされる。彼らにとっては魚が貴重な動物性タンパク源だったと考えられている。釣り針は骨で、後には青銅でつくられるようになった。

カゲムニの墓のレリーフ

古代エジプト人の食生活

壁画などに残されているエジプト人の体型はすらりと引き締まった体つきをしている。古代エジプト人はどのような食生活を送っていたのだろうか。

パンが主食。貴族の食事はバラエティ豊富

古代エジプトの主食はパンだった。パンづくりもこの時代から始まったと考えられ、新王国時代では40～50種類ものパンがあったことが知られている。古代エジプト人は無類のパン好きとして知られ、庶民・貴族問わず、常に食卓に並んだ。

さらにパン生地を使ってビールも醸造した。ワインも初期王朝時代は基本的には輸入する高価なものだったが、新王国時代にはいくつものブドウ園があり国産のものがつくられた。魚は王朝時代を通じて常食する重要なタンパク源だった。最近の調査ではピラミッド建造に携わった人たちはヒツジやヤギも食べていたことがわかっている。

貴族は牛肉、とくに仔牛を好み、狩りで得た野生動物も食べていた。葉茎菜類やマメ類など野菜や、果物も豊富だった。

食事の回数は、おそらく庶民は1日に2回程度、貴族階級は3回取っていたと考えられている。

ネブアメンの墓に描かれた供物の一部。(Bridgeman Images／アフロ)

古代エジプトの食事

パン

ワイン壺
（メトロポリタン美術館）

パン	庶民も上流階級も主食はパンだった。三角形や丸型など様々な種類のパンがあったことが壁画から判明している。
肉	鳥肉は庶民も口にしていたようだが、牛肉は高級品で、庶民は祭日など限られた日にしか食べられなかった。煮込む、焼く、炒めるなどの調理法があり、メインディッシュとして牛肉を口にしていた。
魚	ナイル川で捕獲される様々な魚は庶民の貴重なタンパク源だったとされる。調理法は煮る、焼く、揚げるなどで塩漬けや天日干しなどの方法で保存食もつくられていた。
酒	ビールはピラミッド時代から庶民の酒として親しまれてきた。ただし、ワインは高級品で上流階級しか口にすることができなかった。
野菜	庶民の食卓には様々な野菜料理が並んだと推測される。レタス、ニラ、タマネギなどの葉茎菜類のほか、ナツメヤシ、イチジク、ザクロなどの果物も好まれていた。
乳製品	ミルクが日常的に飲まれていたほか、チーズやバターといった乳製品もつくられ、上流階級の人々の食卓に並ぶことがあった。
調味料	クミンやコリアンダーなどの香辛料は当時から使われていたとされる。なお、甘味料はハチミツだったが、高価だったので庶民はなかなか口にすることができなかった。
デザート	主に上流階級の食卓に並んだ。果物のほか、ハチミツやゴマなどで風味をつけたケーキが出ることもあったという。

貴族には生活習慣病になる者も多かった

庶民は野菜を中心とした健康的な食生活を送っていた一方で、古代エジプトの貴族たちは現代人とあまり変わらない、贅沢な食生活を送っていたようだ。日常的に肉料理などの動物性脂肪分やハチミツなどの糖質、高カロリーのワインなどを口にしていたため、肥満になる者もいて、糖尿病や痛風といった生活習慣病に悩まされていたことがわかっている。

酒をついでもらっている宴会の女性たち。
（メトロポリタン美術館）

古代エジプトのパンづくり

古代エジプトのパンの原料は主に大麦で、その栽培の歴史は新石器時代まで遡る。当時つくられていたパンは40種類を超え、形や粉の違いだけでなく、果物を加えた菓子パンのようなもの、動物の脂やハチミツを加えたものなど、バラエティに富んでいたようだ。

パンづくりの工程

1. ふるいなどで、穀粒だけを取り出す。
2. 平らなすり鉢で穀粒を粉にする。
3. 再度ふるいにかけて、異物があれば除去する。
4. 乳棒でさらに細かく製粉する。
5. 水と混ぜて生地をつくり、発酵させる（塩やスパイスを加えることも）。
6. ストーブなどで焼く。

平たい石の上でパン生地をこねてかたまりにする人。

小麦粉になるまで粉砕する人。

乳棒を使って穀物を粉砕する人。

パン屋と醸造所の様子を表す模型。メケトラーの墓。（メトロポリタン美術館）

ワインは上流階級の飲み物だった

エジプトでワインが飲まれるようになったのは、紀元前4000年ごろ。先王朝時代のアビドス遺跡にある支配者の墓の副葬品からは700個以上のワイン壺（つぼ）、実に4500リットルにもなるワインが見つかっており、おそらく国産ではないかと考えられている。

ナクトの墓の壁画に描かれたワインづくりの様子。つんだブドウを水槽に入れ、ふみつぶしてしぼっている。（メトロポリタン美術館）

円形ストーブでパンを焼く人。

発酵させたビールを水差しに注ぐ人。

古代エジプト人はビール好き

パンと並んで先王朝時代からエジプト人に好まれていたのがビールである。パンとビールはどちらも基本的に同じ材料であるため、つくりやすかったのかもしれない。ビールは「ヘンケト」と呼ばれていて、国民的な飲み物だったと考えられている。

古代エジプトのビールの原料には大麦とエンマー小麦が使われていたことが判明しているが、当時のものはホップの添加がなく、濾過（ろか）も不十分だったため、現在のビールのような香りや苦味のある味わいはなかったという。製造方法にはいくつかの説があり、現在もはっきりとはわからない。近年も新たな仮説が提示されるなど、今後の解明に期待される。

古代エジプト人のファッション

古代エジプト人は高温な気候から、軽くて風通しの良い衣服が必須である。
古王朝時代は簡素な衣服だったが、時代とともに進化した。

肉体労働者には軽くて風通しの良い衣装

王朝時代の衣服の素材は主に亜麻で、綿になったのはプトレマイオス朝時代から。男性は上半身は裸で腰の周りに帯をつけ、陰茎を小さな布で覆うだけのふんどしスタイルで、常に太陽にさらされることが多いファッションだった。女性たちの衣服は男性ほど簡素ではなく、全身を覆うものだったとされる。そのため、日光にさらされる機会が少なく、男性よりも皮膚の色が薄かった。

船頭や漁夫、パピルスや葦を集める人々はまったく何も身につけていなかった。また、村人たちは出かけるときだけキルトを着用した。中王国時代には田舎でもキルトが一般的になり、新王国時代になると袖のあるシャツやチュニックが加わった。

ふんどし

三角形の布の両端についている帯ひもを腰に巻くだけの簡素なつくり。

ラップドレス

体の周りに長い布を巻きつけるだけのもの。社会的地位に関係なく、ほとんどの女性の一般的な衣装。

キルト

男性は短いもの、女性は長いものを着用した。男性のほうが女性のものより精巧につくられていたという。

チュニック

肩からふくらはぎ、またはくるぶしまでを覆い、男女とも着用した。女性はぴったりとしたチュニックが一般的。

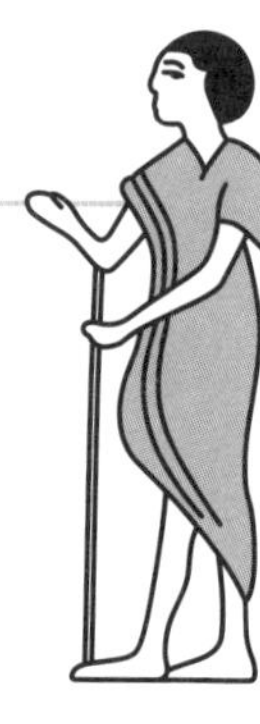

アレンジいろいろ

衣服はそれ単体だけでなく、複数のアイテムを自由に組み合わせて着こなしていた。新王国時代の上流階級では、柔らかい布にしわを寄せた飾り帯（サッシュキルト）が流行した。

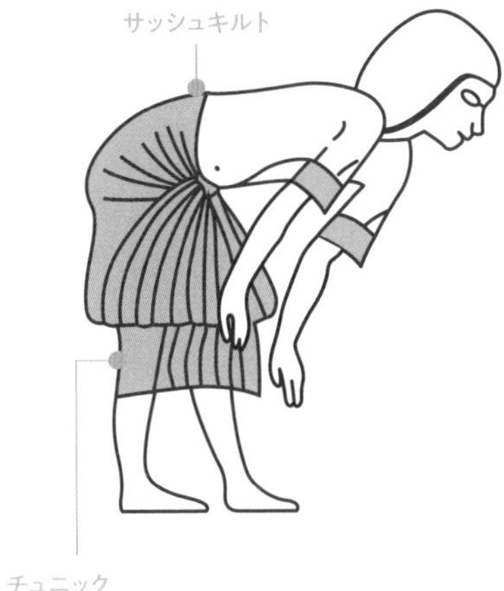

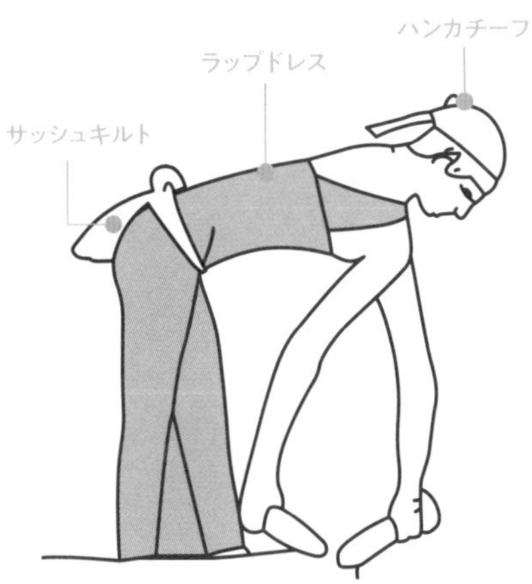

子ども時代は貴族の子でも裸

（Erich Lessing ／ K&K Archive ／アフロ）

温暖なエジプトの気候では、子どもは裸で過ごしていた。裸は子どもの象徴として強調されたようで、細い腰帯、首飾り、腕輪などの装飾具をつける以外は裸だった。

古代エジプトの衣服の着方

今ほど洋服のつくりが複雑ではない古代エジプトでは、どのように衣服を
身につけていたのか。ここでは、四つのスタイルを紹介しよう。

一般的なラップドレス

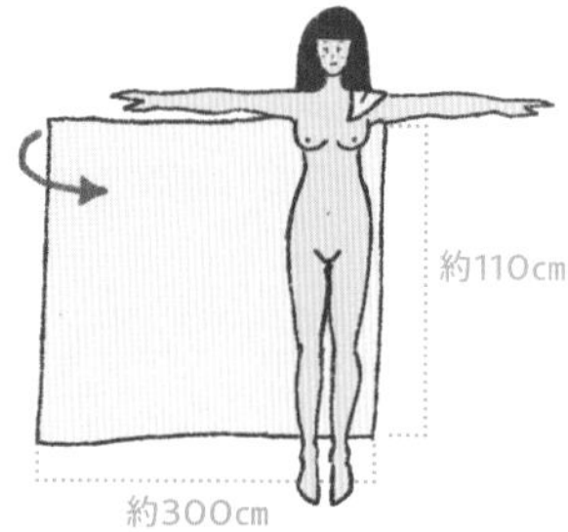

❶ 四隅の1端を肩にかける。

❷ 巻きつける。

❸ 布の端と端で結ぶ、または
ストラップで固定する。

キルト

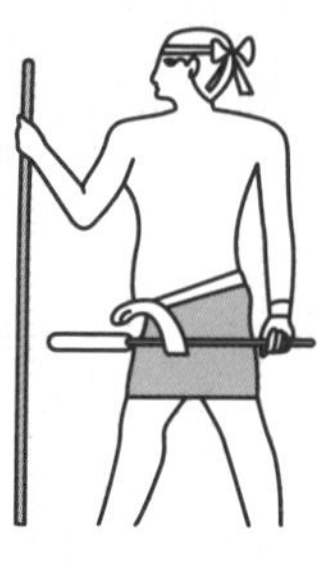

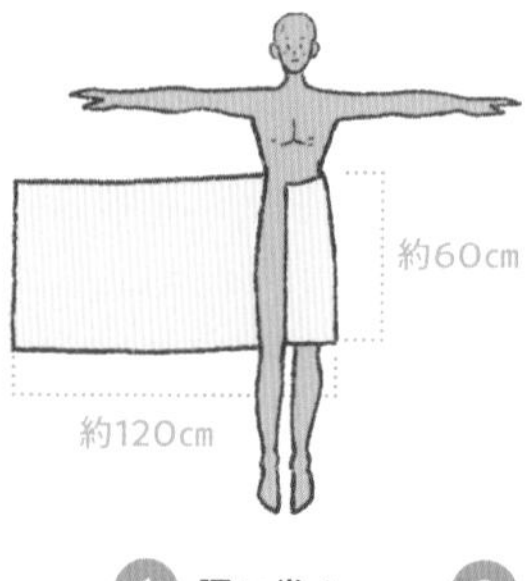

❶ 腰に巻く。

❷ 端を巻きつけた中に
入れるか、帯ひもで縛る。

サッシュキルト

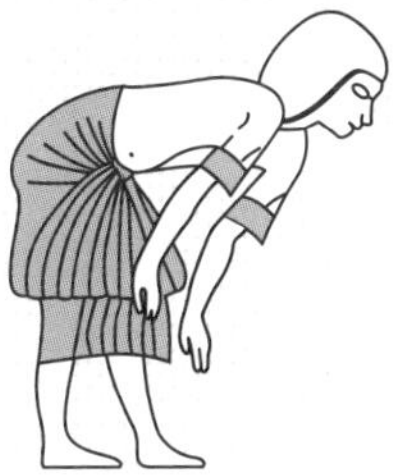

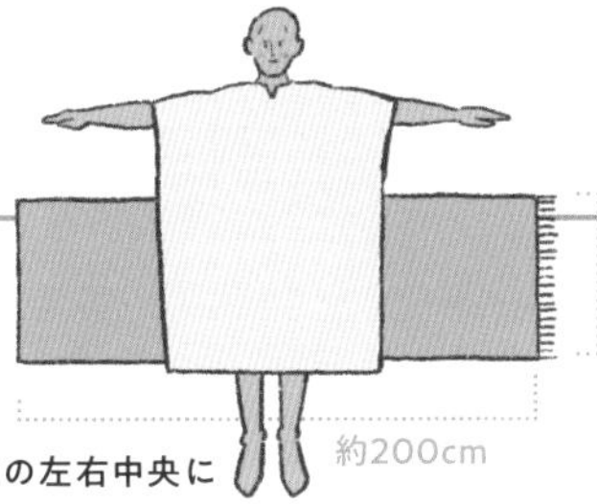

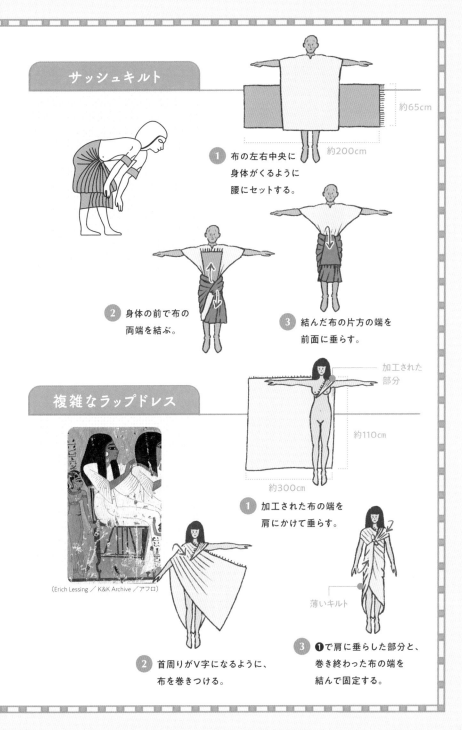

❶ 布の左右中央に身体がくるように腰にセットする。

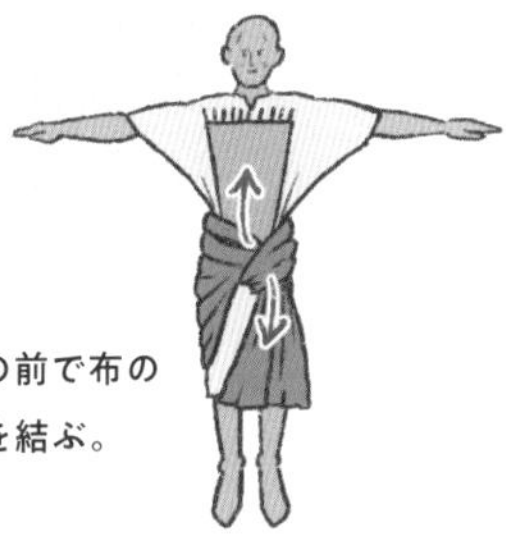

❷ 身体の前で布の両端を結ぶ。

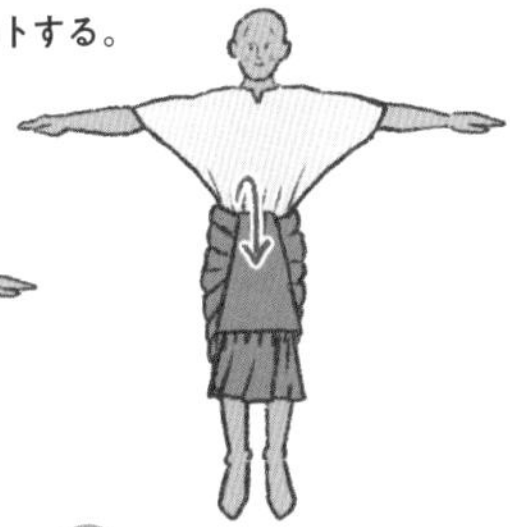

❸ 結んだ布の片方の端を前面に垂らす。

複雑なラップドレス

（Erich Lessing／K&K Archive／アフロ）

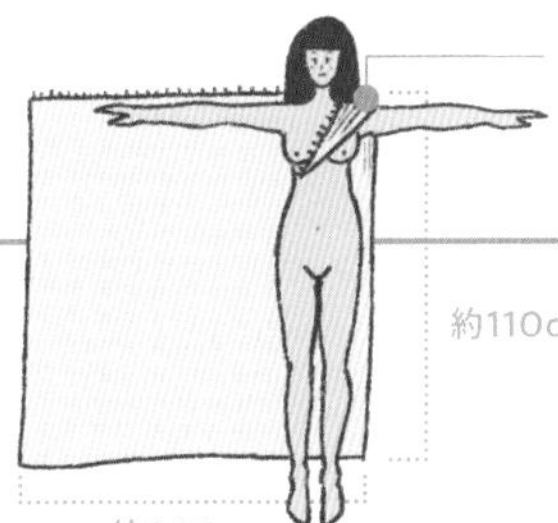

❶ 加工された布の端を肩にかけて垂らす。

❷ 首周りがV字になるように、布を巻きつける。

❸ ❶で肩に垂らした部分と、巻き終わった布の端を結んで固定する。

優雅と美を求めて変化した貴族のファッション

貴族は古王国時代からキルトとともに様々な装身具を身につけていた。新王国時代になると、貴族たちの間でひだのついたキルトが愛好されるようになる。また、ひだのないキルトの上に折り返しのある前掛けをつけ、ひだのあるシャツとともに着るという服装も好まれた。

袖つきのチュニックやシャツの丈は時代を追うごとに長くなり、チュニックは幅が広がり、よりゆったりとした着心地の良いものへと進化した。キルトの上端を突き出して着用することもあり、キルトに加えて細長い亜麻布を肩に緩やかにかけることもあったという。この亜麻布はやがて袖がつけられたが、この袖も次第に長くなっていった。新王国時代になるとシリア風の透けるマントも流行した。

妻の女性は、透ける素材のぴったりとしたチュニックの上に肩飾りがある短い袖のドレスを重ね着し、胸のところで留めている。

（鈴木革／アフロ）

サッシュキルトを腰に巻いている墓造営職人のセンネジェム。

女性たちは化粧も入念

化粧は日光から目を守る効果もあったという。
（メトロポリタン美術館）

センネジェムの墓で発掘された化粧箱。貴族の女性たちは大きな化粧箱をもち歩いていた。
（メトロポリタン美術館）

古代エジプトにはすでに化粧文化があった。当時の女性たちはまぶたのアイシャドーを好んだ。古代王朝時代には方鉛鉱や輝安鉱などの鉱物からつくる黒い顔料が使用されるようになり、これを木片か石や金属の小型のスプーンで塗っていた。

人気があったのはヒョウの毛皮

ヒョウの毛皮は人気があり、セム神官と呼ばれる特別な神官や王族、一部の貴族が羽織った。この毛皮はきちんと手入れをしてあるものの、縫製されておらず、ヒョウの4本の足と尾もついたままの状態だった。遠目にも派手な斑点がついたヒョウの毛皮は、それを着用している者の権威をはっきり示すもので、この時代のステイタス・シンボルとされていた。

ヒョウの毛皮をまとうクフの娘のネフェレトイアベト。
(Erich Lessing／K&K Archive／アフロ)

軟膏を頭にのせ、宴会に参加する女性たち。(片平孝／アフロ)

香水の代わりに軟膏を用いた

アルコールをベースにつくられる香水は知られていなかったが、古代エジプトの女性は砂漠ナツメヤシ、テレビン、乳香などの樹木からとった芳香の薬を脂肪油と合わせた、軟膏を使うことができた。軟膏は熱で次第に溶けて香りを放つ。女性たちは円錐形にかためて頭にのせ、体臭防止の防臭剤として用いた。

召使いや踊り子は簡素な衣装

女性の衣装は男性ほど簡素ではなく、先王朝時代でも体全体を覆うものがあったと考えられる。ただ、踊り子は短い前掛けをつけただけの格好が最も都合が良かったとされている。この前掛けは細い帯を胸の前で交差させて留めていた。召使いの少女たちも、上半身には何も身につけず、スカートか前掛けだけを着用して仕事をすることが多かった。

踊り子や宴席で給仕をする少女たちは、体の一部を隠すだけの服装。
(左:メトロポリタン美術館、右:Erich Lessing／K&K Archive／アフロ)

上流階級の華麗な装飾品

上流階級の人々は、当時から華麗な装飾品を身につけていた。腕、くるぶしなどには輪がはめられ、腰には金や銀、準宝石でつくったベルトをまとい、精巧な幅広の襟は様々な祭りや宗教的な行事で着用された。

耳飾りは新王国時代初期にヌビアの文化から取り入れられ、ピアスを含め様々な種類の耳飾りが流行った。興味深いことに、王のミイラから耳たぶに穴があいていることは確認されているが、ピアスをつけた姿で描写されることはなかった。

装飾に使われた主な宝石

- 金
- 銀
- トルコ石
- ラピスラズリ
- ファイアンス

装飾のモチーフとなったもの

- 動物（コブラ、鳥、猛禽類）
- 植物
- 太陽
- 神話に登場する神々

頭飾り

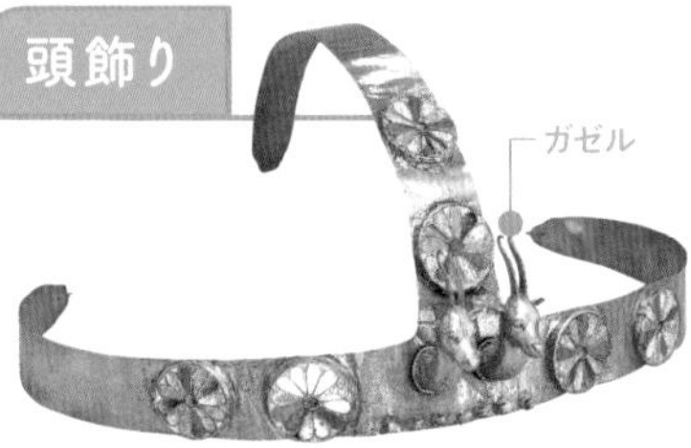

トトメス3世の外国人妻の墓で見つかった王冠。二匹のガゼルは偉大な女神を象徴している。上流階級の女性はかつらの上に冠や髪飾りをまとった。

（メトロポリタン美術館）

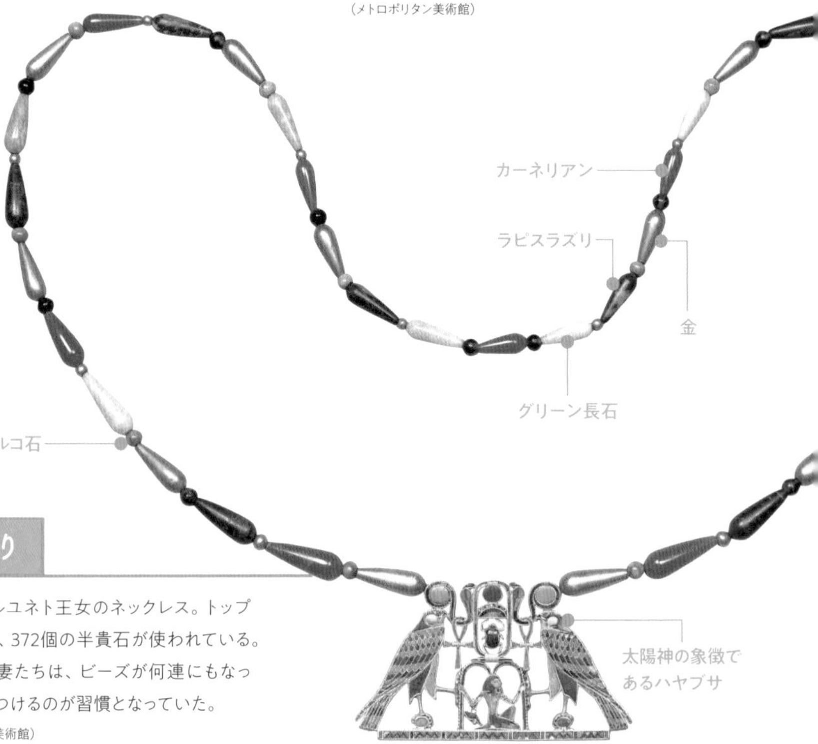

胸飾り

シトハトホルユネト王女のネックレス。トップの七宝には、372個の半貴石が使われている。貴族とその妻たちは、ビーズが何連にもなった胸飾りをつけるのが習慣となっていた。

（メトロポリタン美術館）

襟飾り

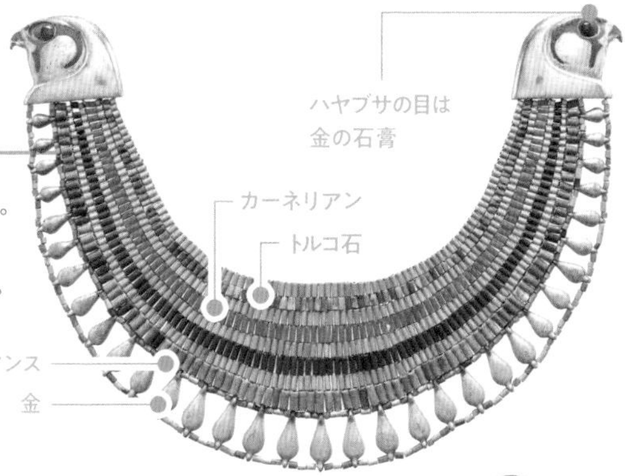

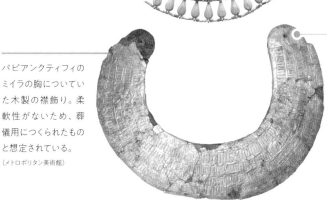

セネブトイスィの襟飾り。両端はハヤブサの頭のモチーフが使われている。
（メトロポリタン美術館）

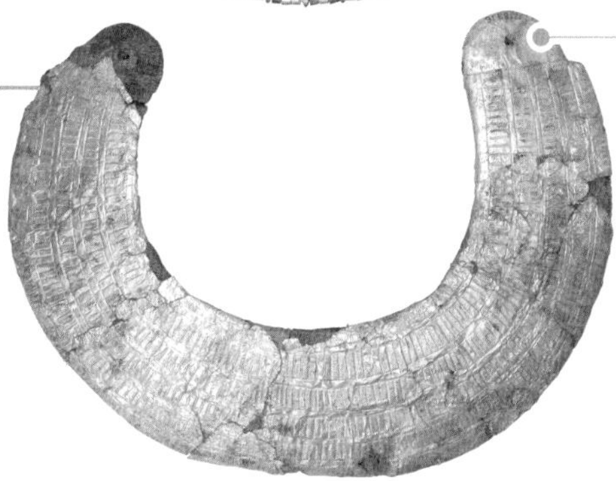

両端の穴にひもを通して身につけていたものと考えられる。

パピアンクティフィのミイラの胸についていた木製の襟飾り。柔軟性がないため、葬儀用につくられたものと想定されている。
（メトロポリタン美術館）

サンダル

金の葬儀用のサンダル。庶民は裸足で過ごしていたが、上流階級では皮革や植物の葉で編んだサンダルを使用していた。
（メトロポリタン美術館）

ブレスレット

トトメス3世の外国人妻の墓で見つかった金のブレスレット。黄金のブレスレットは上流階級に愛好され、美しい彫刻が施されたものもあった。（メトロポリタン美術館）

イヤリング

ライオンの頭をもつ神話上のグリフィン。ヘレニズム時代は、動物の頭をもつフープイヤリングが一般的だった。（メトロポリタン美術館）

指輪

アマルナで発見された金の指輪。王と王妃を意味する象形文字が彫られている。（メトロポリタン美術館）

古代エジプト人のヘアスタイル

古代エジプトで毛髪は衣服や装身具を引き立てるためにも重要とされていた。かつらも見られ、工夫を凝らした髪型が見られたようだ。

男性は短髪が基本。特別な日は巻き髪に

古代エジプトの男性の髪型は、庶民・上流階級問わず、どの時代も短く刈り上げるか、または真ん中で髪の毛を分け、耳を出したおかっぱのような髪型をしていた。

祭礼や儀式などの特別な日だけは、巻き毛のかつらをつけることもあった。供物の前に座る高官だけでなく、供物を運ぶ人、家畜の番人、召使いまでもがこの髪型で表されている。

かつらの長さは社会的地位を示すものであり、身分が高くなればなるほど長く、立派なものであった。そのため、上流階級になるとかつらは必需品であった。

一方で、神に仕える神官たちは清潔を保つために体毛をそるようになり、新王国時代の第19王朝以降、神官は頭髪をそるのが一般的となった。

通常時

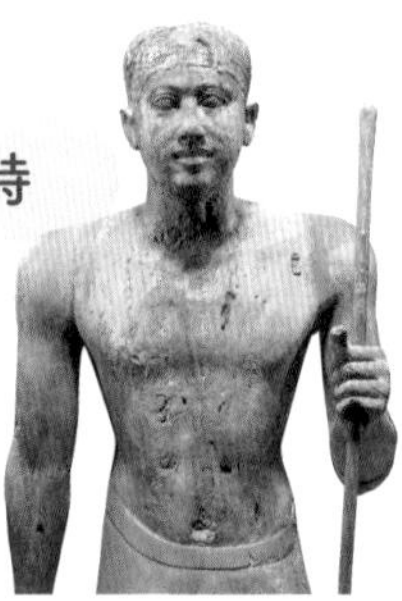

(メトロポリタン美術館)

特別な日

(メトロポリタン美術館)

散髪は床屋に

古代エジプト人は床屋に散髪を任せることが多かった。客が貴族の場合は床屋が客先へ出向いたが、若い新兵などは屋外でまとめて髪を切られた。

集団で散髪される新兵。(Science Photo Library／アフロ)

女性のヘアスタイルは時代によって変化

女性の髪型は滑らかで、整ったものが好まれていたと思われるが、ウェーブのかかった天然の髪や巻き毛なども知られている。古王国時代からかつらがあったようで、貴族の女性はかつら姿で表現されている。男性の髪型が基本的にはあまり変わらなかったのに対して、女性の髪型は時代とともに変化し、様々なヘアスタイルが現れた。

くし

木製のくし。髪型を整えるために、広く使われていた。

(メトロポリタン美術館)

かつら

かつらの材質は人毛で、専門の職人か床屋の手によってつくられた。日除けにも役立っていた。

(メトロポリタン美術館)

1 古王国時代

この時代にはかつらが登場。肩にかかるくらいの長さで中央の分け目から両耳の上にかかり、あごか肩まで垂らした髪型だった。

(New Picture Library／アフロ)

2 中王国時代

女神ハトホルを真似た渦巻型の新しい髪型が出現。髪をくしで二つの束に分け、先端を渦巻き状にして耳の後ろから胸に垂らすものだった。

(Bridgeman Images／アフロ)

3 新王国時代

飾り房のように編んだ長い毛先をたくさん下げる重いかつらが広まったが、アマルナ時代には短く単純な形状のかつらが再び流行した。

(メトロポリタン美術館)

若い女性の使いや踊り子たち

かつらをつけない若い女性や、踊り子たちに流行ったのは、自分の毛髪を長く太く編んだおさげ髪。その先端には玉の形の飾りを編み込んで背中に垂らしていた。

(メトロポリタン美術館)

古代エジプト人の住居

古代エジプト人は石や日乾し煉瓦を用いた住居に住んでいた。
新王国時代にすでに地階や上階を設けた住居もあった。

墓に比べて住居の遺跡はほんのわずか

古代エジプト人の標準的な住居は、礫が敷き詰められた上に建造され、壁の下層と上層はそれぞれ石と日乾し煉瓦が積まれた。壁にはさらに泥が塗られ、滑らかで平らな表面には彩色されることもあったようだ。建材はどれも時間の経過とともに朽ちやすいものが使用されていたため、墓や神殿に比べ住居はほとんど残っていない。

家の大きさには差異があり、身分の高い人が大きな家に住むことができた。外壁に漆喰が塗られていたが、上エジプトでは容赦のない夏の日差しを跳ね返す意味もあった。

使われた主な建材

日乾し煉瓦

粘土を手でこねたり型枠に入れるなどで成形し、天日で乾燥することで固めた建築資材。

植物

丸太や板材、粗朶（細い木の枝を束状にした資材）などの植物素材は日乾し煉瓦とともに住宅建築の主要な建材だった。

石

石材は永続性が求められた神殿や墓の材料で、住宅建築の場合は戸口や柱などに使われた。

アマルナ時代の上流階級の家

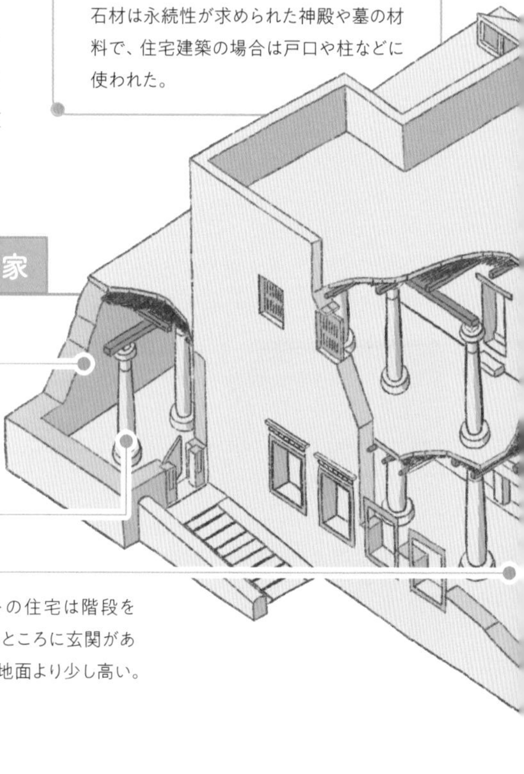

内側の壁

内壁の下部、床から1mほどの高さまで漆喰が塗られていた。絵が描かれることもあった。

柱

リビングルームの中心には柱が1～2本あり、住居で最も高い屋根を支えていた。

床

古代エジプトの住宅は階段を数段上がったところに玄関があるため、床は地面より少し高い。

様々な家具もあった

住宅には家具も備わっていた。住宅の一部には「囲まれたベッドの間」があった。このベッドは出産時に使用したとされる。また、リビングルームには日乾し煉瓦(れんが)を積んだ低い長椅子があって、座ったり横になったりするのに適していた。ディル・エル=メディーナにある新王国時代のカーの墓からは、もち運びが可能な椅子も発見されている。

まくら

ほとんどが木製。固く頭を支えるためのものだった。

(メトロポリタン美術館)

ベッド

トリノのエジプト博物館に収蔵されている、メリトの木製ベッド。長さ177cm。編み込まれた植物繊維でつくられている。

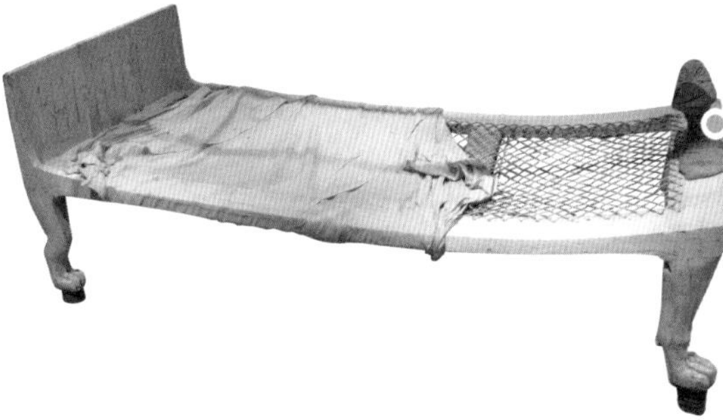

屋根

屋根は屋上になっていて、通じる階段も備わっていたため、上がることができた。

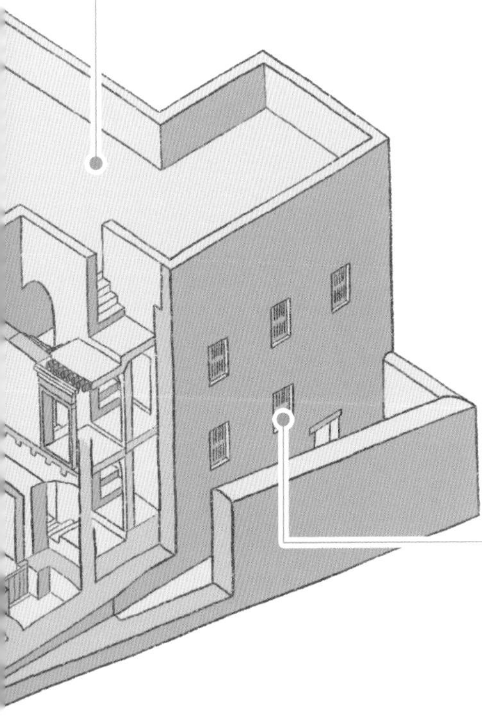

家事の中心はかまど

古代エジプトの調理場には煉瓦(れんが)製の丸いかまどがあり、食事の際の煮炊きに利用していたと考えられる。調理場には穀物を挽くためとみられる床にはめ込まれた石灰岩のすり鉢、パンをこねる容器などもあった。調理場の屋根は煙や臭いを逃すため、しっかりとした屋根ではなく、軽いむしろなどで覆われていた。

窓

採光と通気のため、格子つきの窓が設けられていた。調理場の煙を逃すためでもあった。

古代エジプト人の娯楽

古代エジプトに娯楽はなかったと思われるかもしれないが、
上流階級・庶民を問わず、様々な楽しみがあった。

あふれるエネルギーと時間の中で若者たちは遊びを楽しんだ

古代エジプトにも娯楽があった。例えば宮殿では頻繁に宴会が開かれ、王は食事を楽しむだけでなく、ときには「語り」と呼ばれた創作物語を聴いて余暇を楽しんでいた。王は宗教的儀式としてセド祭で走ることや、日本に伝わる流鏑馬（やぶさめ）のようにチャリオットに乗りながら弓を的を射ることで身体的な力強さを示し、スポーツ文化の盛り上げにも一役を担った。王朝時代を通じて、陸上競技や球技、水泳なども人気のある娯楽となり、様々な形で発展していった。

庶民たちも日中は仕事に追われていたが、日が暮れるとスポーツや踊り、音楽を夜遅くまで楽しんだと考えられている。ナイル川で泳いだり、簡易的なゲームを楽しんだり、歌や音楽も奏でたりしたのだろう。また、彼らは10日に一度の公的な休日もとっていたため、余暇を楽しむ時間もあった。

ゲーム

ボードゲームで有名なのは、チェスのような「セネト」といわれるゲーム。10のマス目が3列並ぶ盤の上で駒を進めて遊ぶものである。王墓からも副葬品として供えられた盤や駒などが見つかっており、王も楽しんでいたことがうかがえる。中王国時代には、犬やジャッカルの頭を模したスティックを用いるゲームも盛んに行われていた。ほかにも神殿や墓からいろいろな種類のボードゲームが発見されている。

セネトをする女性。

猟犬とジャッカルのゲーム。複製。
（メトロポリタン美術館）

セネトのゲームボックスとピース。複製。
（メトロポリタン美術館）

踊り子や演奏者たち。
(Bridgeman Images／アフロ)

音楽

古代エジプトではプロの歌い手がいるほど、音楽が盛んだった。その際、歌い手が伴奏なしで歌うことは少なかったという。古王国時代の伴奏は一つの楽器で行われ、複数の楽器が伴奏につくことは滅多になかった。新王国時代になると、歌い手が自ら竪琴(たてごと)などで伴奏したり、大小の合奏団の伴奏がついたりするようになった。楽器は、フルートやトランペットなどの管楽器のほか弦楽器があった。

スポーツ

貴族や王子たちの間では、格闘技が好まれた。レスリング、ボクシング、棒を用いたフェンシングなどである。とくにベニ･ハッサンにある中王国時代の墓の壁画や新王国時代のオストラコン(陶片)に最もよく現れるのがレスリングだった。古代エジプトのレスリングは、現代のグレコローマン･スタイルに近いと見られている。軍隊では新兵たちが体を鍛える目的で盛んに行われていたようだ。

パピルスのボートに乗り、チームを組んで相手のチームを舟から落とす遊びを楽しむ青年たち。

ベニ･ハッサンにある墓の壁画。若い男性たちが、レスリングや体操、棒を使った競技をする様子が描かれている。(Erich Lessing／K&K Archive／アフロ)

古代エジプトにいた動物

エジプト人たちは古王国時代から様々な動物を飼っていたが、
それは農作業の手助けになるだけでなく、彼らの友でもあった。

家畜は食用だけでなく人間を助ける大事な労働力

古代エジプト人は、現代の形での家畜飼育を北アフリカ経由で小アジアから受け継いだと考えられている。牧畜は新石器時代から日常的に行われており、古王国時代以降も家畜の群れの数と規模も順調に伸びていく。家畜の中でも大きな角(つの)をもったウシは古くから飼われていたようだ。昼間は牧草地や畑に連れ出され、地中に埋めた石につながれていた。

ほかには、毛足の短いヤギや野生のイノシシを家畜化したブタも個々に飼い慣らされていた。これらの家畜たちは、食用としてだけでなく農作業のアシストや荷役用の動物として利用されていた。

労働を助ける動物

ロバ

ロバは荷役の動物として一般的だった。ロバは野生種から家畜化されたもので、国内を陸路で旅するときには荷役を担わせていた。

(New Picture Library／アフロ)

ウシ

畜牛を所有者の査定のために連れ出す牧夫たち。課税のための畜牛頭数調査が行われ、書記が記録をとっている様子が残されている。

(Interfoto／アフロ)

ペットとしての動物

イヌ

イヌも古くから古代エジプト人と暮らしてきたようだ。古王国時代から壁画にしばしば登場する。愛玩されるだけでなく、番犬としても活躍した。

ネコ

エジプト人が最初に家畜化したとされるのがネコ。古代エジプトにいたのは北アフリカの野生の亜種、リビアヤマネコを先祖とするネコであることがわかっている。

第18王朝の貴族ネブアメンの墓の壁画。ネブアメンの野鳥狩りに同行するネコ。
(Erich Lessing／K&K Archive／アフロ)

野生動物

家畜やペットのほかにも、様々な動物たちが壁画やレリーフに残されている。

サッカラのレリーフ。カバ狩りの様子。
(akg-images／アフロ)

レクミラの墓に描かれた壁画。貢ぎものとして、様々な野生動物が連れられている。
(akg-images／アフロ)

メナの墓の壁画に描かれた、ナイル川の鳥や魚の狩猟風景の一部。魚を捕食するワニもいる。
(Science Photo Library／アフロ)

索引

あ

青冠 ---------- 27
赤冠 ---------- 27
アク ---------- 77
アクエンアテン ---------- 44•130
アケト ---------- 178
アテン ---------- 45•57•133
アトゥム ---------- 54•58
アヌビス ---------- 65•161
アブ・シンベル神殿 ---------- 18•47•164
アマルナ ---------- 45
アメン ---------- 56•154
アメン・ラー ---------- 166
アメンエムハト3世 ---------- 126
アメンヘテプ3世 ---------- 42•130
アメンヘテプ4世 ---------- 44
アレクサンドロス大王 ---------- 50•159
アンクエスエンアメン ---------- 130•133
アンクハフ ---------- 34

い

イアフメス・ネフェルトイリ ---------- 37
イアルの野 ---------- 76
イシス ---------- 54•61
医者 ---------- 177

イムヘテプ ---------- 32

う

ウアス ---------- 26
失われた黄金都市 ---------- 43

お

黄金のマスク ---------- 20•134
王の五つの称号 ---------- 24
王名表 ---------- 22•29
王妃 ---------- 28
オジマンディアスの巨像 ---------- 163
オシリス ---------- 54•60•141
オシリス柱 ---------- 161•162•167
踊り子 ---------- 177•191
オペト祭 ---------- 159
オベリスク ---------- 39•97
音楽 ---------- 199

か

カー ---------- 77
階段ピラミッド ---------- 120
課税制度 ---------- 179
カセケムイ ---------- 31
家畜 ---------- 200
かつら ---------- 194
割礼の儀式 ---------- 170
カデシュの戦い ---------- 46
カノプス壺 ---------- 79•135
カフラー ---------- 34

カフラーのピラミッド ------------ 96・104～107
カルナク神殿 -------------------- 147・151・154～157
カルナク王名表 ------------------ 22
冠 -------------------------------- 27
官僚 ------------------------------ 172

き

ギザの三大ピラミッド ----------- 96
行政組織 ------------------------- 172

く

口開けの儀式 -------------------- 81
クヌム ---------------------------- 67
クフ ------------------------------ 34
クフの大ピラミッド -------------- 96～101
供物 ------------------------------ 182
クレオパトラ7世 ----------------- 50
黒のピラミッド ------------------ 126

け

警察 ------------------------------ 177
ゲーム ---------------------------- 198
化粧 ------------------------------ 190
ゲブ ------------------------------ 54・59
ケプリ ---------------------------- 67・141

こ

後宮 ------------------------------ 28
護符 ------------------------------ 82
コフィン・テキスト --------------- 73

さ

祭礼 ------------------------------ 148

し

シェションク1世 ----------------- 49
ジェセル（ネチェリケト） --------- 32
シェムウ -------------------------- 178
死者の書 -------------------------- 74
笏杖（しゃくじょう） -------------- 26
シャブティ ------------------------ 76
シャンポリオン -------------------- 19・50
シュー ---------------------------- 54・59・82
シュウト -------------------------- 77
習合（しゅうごう） ---------------- 53
上下エジプト ---------------------- 12
書記 ------------------------------ 173
職人 ------------------------------ 173・174
白冠 ------------------------------ 27
神官 ------------------------------ 149

索引

す

スネフェルのピラミッド 122
スポーツ 199
スメンクカーラー 44
スメンデス 48

せ

セティ1世 29•138
セト 54•62
セド祭(王位更新祭) 25•155
セベク 66
センウセレト2世のピラミッド 125
センムウト 38

そ

装飾品 192

た

大スフィンクス 97•110〜115
大地の書 141
太陽神殿 124

つ

ツタンカーメン 130•133
ツタンカーメンの墓 130〜135

て

ティイ 42•130
テフヌト 54•58

と

トーマス•ヤング 19
トト 55•66
トトメス3世 41•136•155
トリノ王名表 17•22

な

ナポレオン 17
ナルメル 29•30
軟膏 191

に

二重冠 27

ぬ

ヌト 54•59•141〜143

ね

ネケク 26
ネフェルウラー 38
ネフェルトイティ 44•130
ネフェルトイリ 144•167

ネフティス ---------- 54･61
ネメス頭巾 ---------- 27

の

ノモス ---------- 12

は

バー ---------- 77･82
バステト ---------- 64
ハトシェプスト ---------- 38～40
ハトシェプスト女王葬祭神殿 -- 36･160
ハトホル ---------- 68･161･168
ハプの子アメンヘテプ ---------- 42
パレルモ･ストーン ---------- 22
ハワード･カーター ---------- 131
パン ---------- 182～185

ひ

ピートリ ---------- 20･93
ピエール･ラコー ---------- 20
ヒエログリフ ---------- 19
ピラミッド･コンプレックス ------ 88
ピラミッド･タウン ---------- 116～119
ピラミッド･テキスト ---------- 72
昼の書･夜の書 ---------- 142

ふ

ファイアンス ---------- 175･192
ファラオ ---------- 24
プタハ ---------- 55･69･166

へ

ヘカ ---------- 26
ベス ---------- 69･82
ペット ---------- 201
ヘリオポリス ---------- 54･97
ベルツォーニ ---------- 18･138
ヘルモポリス ---------- 55
ペレト ---------- 178
ベンベン石 ---------- 87･95

ほ

ホルス ---------- 53･63･82･168
ホルス神殿 ---------- 147･168

索引

ま

マアト 25
マネト 22
マリエット 19
マルカタ王宮 43

み

ミイラ 77～81
ミイラづくり 78
身分階級 176

む

ムト 157

め

メニ 29
メムノン 16•43•163
メンカウラー 34
メンカウラーのピラミッド 96•108
メンチュウ 157
メンチュヘテプ2世 36•160
メンフィス 55

や

野生動物 201

ら

ラー 57
ラー•ホルアクティ 57•165•166
ラメセウム 47•162
ラメセス2世 29•46•162•165～167
ラメセス6世 140

る

ルクソール神殿 43•158

れ

レン 77

ろ

ロゼッタ•ストーン 19•50

わ

ワイン 182•185

【参考文献】

亀井高孝、 三上次男、 林健太郎、 堀米庸三(編集) 2021『世界史年表・地図』 吉川弘文館。

河合望 2021『古代エジプト全史』 雄山閣。

河江肖剰 2018『ピラミッド:最新科学で古代遺跡の謎を解く』 新潮社。

河江肖剰 2016『河江肖剰の最新ピラミッド入門』 日経ナショナル ジオグラフィック社。

河江肖剰、佐藤悦夫(著、編集) 2021『世界のピラミッド Wonderland』 グラフィック社。

河江肖剰(監修) 2022『ツタンカーメン100年 ナショジオが伝えてきた少年王の素顔』日経ナショナル ジオグラフィック。

近藤二郎 2021『星座の起源:古代エジプト・メソポタミアにたどる星座の歴史』 誠文堂新光社。

帝国書院編集部(編集) 2022『最新世界史図説タペストリー』 帝国書院。

長谷川奏 2018『古代エジプトの動物 要語の語源つれづれ』 弥呂久。

馬場匡浩 2017『古代エジプトを学ぶ:通史と10のテーマから』 六一書房。

松本弥 2021『図説古代エジプト誌 神々と旅する冥界 来世へ 前・後編』 弥呂久。

松本弥 2016『図説古代エジプト誌 古代エジプトのファラオ』 弥呂久。

村治笙子、 仁田三夫(写真) 2004『カラー版 古代エジプト人の世界』 岩波書店。

村治笙子、 仁田三夫(写真) 1997『古代エジプトの壁画』 岩崎美術社。

吉村作治(編著) 2005『古代エジプトを知る事典』 東京堂出版。

アルベルト・シリオッティ、 矢島文夫(監訳)、吉田春美(訳) 1998『王家の谷』 河出書房新社。

ブリジット・マクダーモット、 近藤二郎(監修) 2005『古代エジプト文化とヒエログリフ』 産調出版。

エヴジェン・ストロウハル、 内田杉彦(訳) 1996『図説 古代エジプト生活誌 (上・下巻)』 原書房。

イアン・ショー、 ポール・ニコルソン、 内田杉彦(訳) 1997『大英博物館 古代エジプト百科事典』 原書房。

ジョイス・ティルディスレイ、 吉村作治(監修) 2008『古代エジプト 女王・王妃歴代誌』創元社。

マーク・レーナー、 内田杉彦(訳) 2000『図説 ピラミッド大百科』 東洋書林。

ニコラス・リーヴス、 リチャード・H・ウィルキンソン、 近藤二郎(訳) 1998『図説 王家の谷百科』 原書房。

ニコラス・リーヴズ、 近藤二郎 2004『図説 黄金のツタンカーメン』 原書房。

ピーター・クレイトン、 吉村作治(監修)、 藤沢邦子(訳) 1999『古代エジプト ファラオ歴代誌』 創元社。

リチャード・H・ウィルキンソン、 内田杉彦(訳) 2002『古代エジプト神殿大百科』 東洋書林。

リチャード・H・ウィルキンソン、 内田杉彦(訳) 2004『古代エジプト神々大百科』 東洋書林。

スティーヴン・スネイプ、 大城道則(監訳) 2015『ビジュアル版 古代エジプト都市百科』 柊風舎。

トマス・ホーヴィング 、 屋形禎亮(訳)、 榊原豊治(訳) 2009『ツタンカーメン秘話』 白水社。

トビー・ウィルキンソン、 内田杉彦(訳) 2015『図説 古代エジプト人物列伝』 悠書館。

Kawae, Yukinori, Yoshihiro Yasumuro, Ichiroh Kanaya, and Fumito Chiba. "The Construction Methods for the Top of the Great Pyramid at Giza." *The Seventh Old Kingdom Art and Archaeology Conference* (2018): 86-89.

Kawae, Yukinori, Yoshihiro Yasumuro, Ichiroh Kanaya, and Fumito Chiba. "3d Reconstruction and Its Interpretation of the "Cave" of the Great Pyramid: An Inductive Approach." In *The Perfection That Endures: Studies on Old Kingdom Art and Archaeology,* edited by Kamil Omar Kuraszkiewicz, Edyta Kopp and Daniel Takacs, pp.231-38, PL. XXXVII-XLII.: Agade Publishing, 2018.

Lehner, Mark, and Zahi Hawass. *Giza and the Pyramids.* Chicago: University of Chicago Press, 2017.

Monnier, Franck, and David Lightbody. *The Great Pyramid: 2590 Bc Onwards (Operations Manual).* Haynes Publishing UK, 2019.

Vogelsang-Eastwood, Gillian. *Patterns for Ancient Egyptian Clothing.* Leiden: Stichting Textile Research Center, 1992.

Wetterstrom, Wilma, ed. *Volume 8 Number 2, Fall 2007.* MA: Ancient Egypt Research Associates, Inc., 2007.

監修 河江肖剰（かわえ ゆきのり）

エジプト考古学者／名古屋大学高等研究院准教授

古代都市ピラミッド・タウンの発掘やドローンを用いた三大ピラミッドの3D計測に従事。2016年米国ナショナルジオグラフィック協会より、エマージング・エクスプローラー（新世代の探求者）に選出。TBS『世界ふしぎ発見！』、NHKスペシャルなどに出演し、エジプト文明についての知見を広めている。著書に『ピラミッド - 最新科学で古代遺跡の謎を解く』（新潮社）、『世界のピラミッド Wonderland』（グラフィック社）など。YouTubeチャンネル『河江肖剰の古代エジプト』を開設し、現在登録者数20万人以上（2023年3月現在）。

Staff

本文デザイン	茂木慎吾
イラスト	イケウチリリー
執筆協力	白柳里佳（プロローグ・1・3・4章）、菅原嘉子（2・5章）、内山慎太郎（6章）
DTP	有限会社ZEST
校正	夢の本棚社
図版制作	大六印刷
編集協力	株式会社スリーシーズン
編集担当	ナツメ出版企画株式会社（田丸智子）

神秘のミステリー！ 文明の謎に迫る
古代エジプトの教科書

2023年5月8日 初版発行
2024年7月20日 第6刷発行

監修者 河江肖剰（かわえ ゆきのり） Kawae Yukinori, 2023
発行者 田村正隆

発行所 株式会社ナツメ社
東京都千代田区神田神保町1-52 ナツメ社ビル1F（〒101-0051）
電話 03（3291）1257（代表） FAX 03（3291）5761
振替 00130-1-58661

制　作 ナツメ出版企画株式会社
東京都千代田区神田神保町1-52ナツメ社ビル3F（〒101-0051）
電話 03（3295）3921（代表）

印刷所 ラン印刷社

ISBN978-4-8163-7368-8 Printed in Japan

本書に関するお問い合わせは、書名・発行日・該当ページを明記の上、下記のいずれかの方法にてお送りください。
電話でのお問い合わせはお受けしておりません。
●ナツメ社webサイトの問い合わせフォーム https://www.natsume.co.jp/contact
●FAX（03-3291-1305）
●郵送（上記、ナツメ出版企画株式会社宛て）
なお、回答までに日にちをいただく場合があります。
正誤のお問い合わせ以外の書籍内容に関する解説・個別の相談は行っておりません。あらかじめご了承ください。